JN323976

人物叢書

新装版

近衛文麿《このえふみまろ》

古川隆久

日本歴史学会編集

吉川弘文館

近衛文麿（毎日新聞社提供）

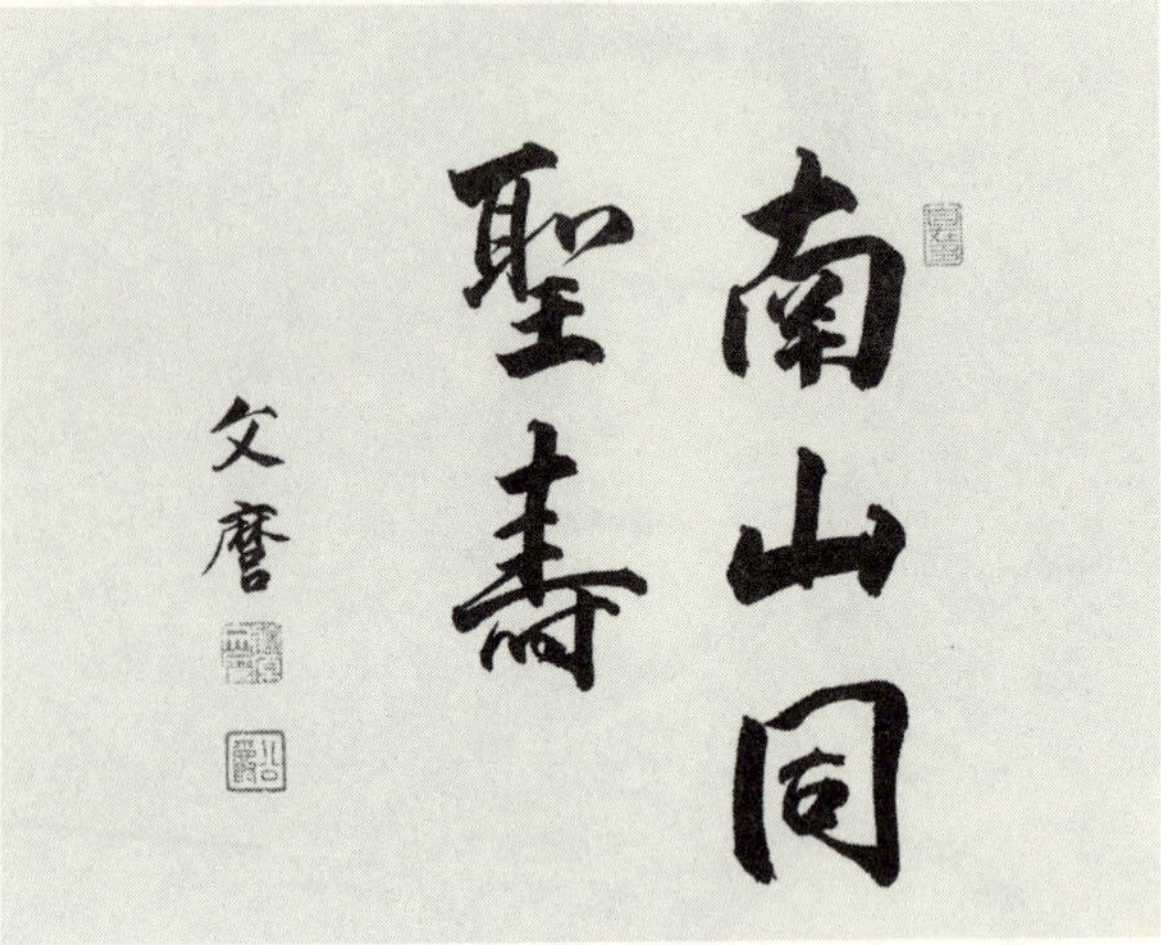

近衛文麿の書

近衛は書が趣味の一つであった（本文37頁参照）．これは昭和３年(1928）に行なわれた昭和天皇の即位大礼の記念写真帳（共進社編『写真交名大鑑　御大典奉祝記念』共進社編集部　昭和4年〈1929〉）に寄せたもの．大礼使長官をつとめた（61頁参照）ためであろう．「南山」は長寿の象徴なので，昭和天皇の長寿を願う意である（国立国会図書館デジタルコレクションより）．

はしがき

近衛文麿（一八九一〜一九四五年）が、戦争犯罪人としての巣鴨拘置所への出頭を拒んで服毒自殺してから、今年で七〇年になる。近衛は、昭和戦前・戦中期に三回首相となった、華族出身の政治家である。首相在任期間は通算一〇三六日で、旧憲法下の首相では第七位であるが、首相在任中の歴史上重大なできごとの数では、歴代首相中でも有数の多さである。

最初の首相在任は、昭和十二年（一九三七）六月四日から昭和十四年一月五日までであるが、日中戦争の勃発、「国民政府を対手とせず」声明の発出、国家総動員法の制定、「東亜新秩序」声明の発出などがあった。二度目の首相在任は、昭和十五年七月二十二日から十六年七月十八日、三度目は同じ日から同年十月十八日までであるが、両方合わせて、日独伊三国同盟の締結、北部仏印進駐、大政翼賛会の発足、国民学校制度の制定、日米交渉、日ソ中立条約の締結、南部仏印進駐などがあった。そして、いずれのできごとについても、近衛は首相として何らかの形でかかわった。近衛の生前から、彼の人物像を論じる人が少なくなく、今にいたるまでさまざまに論じられてきたのは不思議ではない。

近衛の評伝としては、矢部貞治著『近衛文麿』上下二巻（弘文堂、昭和二十六・二十七年）が最もくわしく、新書版の岡義武『近衛文麿』（岩波書店、昭和四十七年）は簡潔に近衛の政治家としての生涯を概観しているが、両者とも近衛に対する具体的な評価はあえて控えられている。なお、政治家以外の側面については、杉森久英『近衛文麿』（河出書房新社、昭和六十一年）がくわしい。

近年の注目すべき評伝としては、筒井清忠『近衛文麿』（岩波書店、平成二十一年）がある。近衛の思想形成過程や言論活動についてあまりふれていないため、未完の近衛伝である山本有三『濁流』（毎日新聞社、昭和四十九年）や、ゴードン・バーガー氏の論文（Gordon. M. Berger, "Japan's Young Prince:Konoe Fumimaro's Early Political Career 1916-1931" *Monumenta Nipponica* XXIX:4, 1974）が提起する、近衛の思想的一貫性の問題の検討は十分とは言いがたいが、近衛をポピュリスト（人気取り政治家）と評している。

庄司潤一郎氏の「近衛文麿像の再検討」（近代外交史研究会編『変動期の日本外交と軍事』原書房、昭和六十二年）以降、最近にいたる一連の近衛を主題とした諸論文は、主に外交政策の分野に関して、近衛の思想的一貫性の問題を検討している。

その他、ジャーナリストや作家による近衛伝は多数あり、近衛論を含む政治史や昭和史にかかわる著作は把握しきれないほど多数にのぼる。それらの大多数は矢部や岡の著作を下敷きにしているが、近衛の評価については、意志薄弱ゆえの戦争責任者として断罪するものから、良心的に平和を追求した平和主義者だったが軍部や共産主義者にだまされたにすぎないとして擁護するものまで、多岐にわたっている。

こうした状況をふまえ、本書では近衛の思想形成過程を明らかにするとともに、多方面にわたる近衛の政治活動について、それらに近衛自身が込めた意味を、彼が残した多数の言説を手がかりに探る作業を積み重ねることで、近衛文麿という政治家の全体像を浮き彫りにし、その上で近衛を歴史的文脈のなかに位置づけてみたい。

叙述にあたっては、従来の近衛研究で重視されてきた、近衛の回想手記や関係者の近衛没後の回想の使用は最小限にとどめ、近衛が生前に行なった言説や関係者の日記類を重視した。近衛の回想手記は、弁明を目的としたため、史実と異なる点がまま見られることが近年の研究でわかってきており（たとえば三輪宗弘「日独伊三国同盟締結時における、日独伊ソ構想への疑問」『日本大学生産工学部研究報告B』第二五巻第一号、平成四年）、関係者の回想も、多分に近衛に同情的なものが多いからである。

本書は、「満洲事変前後の内政と外交―近衛文麿論の視点から―」（奈良県主催「日本と東アジアの未来を考える委員会」歴史部会近現代研究会での口頭報告、平成二十五年九月十二日）、「近衛文麿像の再検討」（『研究紀要』〔日本大学文理学部人文科学研究所〕第八八号、平成二十六年九月）、「新体制運動の歴史的意味」（『歴史と地理』第六七二号、同年三月）の成果をもとに書き下ろした。また、平成二十七年二月二十二日に、山本有三記念館・三鷹ネットワーク大学共催講演会において「近衛文麿と山本有三」と題する講演の機会を与えられたことも大変有益であった。これらの機会を与えてくださった関係者の方々に厚くお礼申し上げたい。なお、近衛に関する先行研究の詳細については、右の二論文を参照されたい。

史料収集にあたっては、近衛関係の多くの先行研究のほか、各種のデジタルアーカイブに多大な恩恵を受けた。未刊行史料の閲覧にあたっては、国立国会図書館憲政資料室、および高綱博文日本大学教授に大変お世話になった。感謝申し上げたい。

最後に、表記上の注意事項について。典拠注記にあたっては、書誌事項の記載は必要上最小限にとどめ、帝国議会の議事録は会議名と開催日を明記することで注記にかえ、新聞記事の見出しの改行は一字分空白とすることで示した。史料引用にあたっては、漢文は読み下し、漢字は原則として新字を用い、かなづかいはひらがなに統一し、撥音の表記はそれぞれの典拠に従い、新聞記事など句読点が少ない史料には適宜句読点を振り、難読語には適宜振りがなを付した。また、明らかな誤記誤植は注記せずに訂正し、引用者の注記は〔 〕内に記した。さらに、引用史料中の一部に現在では不適切な表現がある場合も、歴史的資料としての性格上、そのままとした。

平成二十七年八月

古川隆久

目次

口絵

挿図

第一　生い立ち

一　家系

出生

近衛文麿は、明治二十四年（一八九一）十月十二日、公爵近衛篤麿《あつまろ》の長男として篤麿の自宅で生まれた。この家は借家で、東京市麹町《こうじまち》区飯田町一丁目（現在の東京都千代田区九段南一丁目）、現在の九段会館の向かい側にあった（近衛文麿「荻外荘清談」二、『政界往来』昭和十五年二月号）。生母は篤麿の正妻近衛衍子《さわこ》（旧金沢藩主前田慶寧《よしやす》の五女）である。なお、自宅はその後、貴族院議長官舎などをへて目白に移った。

家系

近衛家は平安時代末期の関白藤原忠通《ただみち》（一〇九七〜一一六四年）の長男基実《もとざね》（一一四三〜一一六六年）を始祖とする。基実の六代前は藤原道長（九六六〜一〇二七年）である。道長は、天皇家の姻戚として、三〇年あまりにわたって、内覧（関白に相当）、摂政、さらに太政大臣を歴任した、平安期摂関政治を代表する政治家である。摂政とは天皇代行のことで、本来は皇族が務めるが、九世紀中ごろからは藤原家が独占した。関白は天皇の最高補佐官に相当する。

五摂家筆頭

さらに先祖をたどれば、大化改新（七世紀中ごろ）の中心人物の一人で藤原家を創始した中臣鎌足《なかとみのかまたり》（六一四〜六六九年）までさかのぼる。藤原家は忠通のころに近衛家と九条家に分かれ、のち近衛家から鷹司家が分立し、九条家からも二条家と一条家が分立、この五家で摂政・関白を独占しつづけたので五摂家といわれて尊重された。近衛家は五摂家筆頭といわれることがあるが、藤原家直系の長男が創始したことを考えれば不思議ではない。

皇室との深い縁

藤原家に続き、近衛家も皇室と姻戚関係にあり、戦国末期には後陽成《ごようぜい》天皇（一五七一〜一六一七年）の子供を養子として迎えたほか、近世期には中御門《なかみかど》天皇（一七〇一〜一七三七年）と桃園《ももぞの》天皇（一七四一〜一七六二年）の側室も出している。篤麿の父忠房《ただふさ》も幕末に左大臣を務めたが、明治六年に三十六歳の若さで死去した。しかし、忠房の父で、文麿の曽祖父にあたる忠煕《ただひろ》は文化五年（一八〇八）に生まれ、左大臣や関白を歴任、明治三十一年に死去するまで九十一歳の長寿を保った（矢部貞治『近衛文麿』上）。要するに、近衛家は皇室につぐ由緒を持ち、かつ皇室とも関係が深い名家だったのである。

命名の由来

文麿の名付け親は曽祖父忠煕である。近衛の出生直前、篤麿邸の庭に亀が出てきたのを瑞兆と考えた忠煕が、中国古典の用例をふまえて「亀」を「文」と読み替え、父篤麿の「麿」と合わせて名前とした。矢部貞治は最初「アヤマロ」と訓じたものの語呂が悪いので「フミマロ」と読むようになったとしている（矢部貞治『近衛文麿』上）。語呂が悪いとは、「謝る」「誤る」に通じることをさすと思われる。しかし、近衛自身は、語呂の悪さがわかっていたため最初から「フミマロ」と訓じられていたとしている（「荻外荘清談」二）。どちらが本当か残念ながら確認できないが、本人が名前の正式な読みを「フミマロ」と認識し、生前から一般にこの読み方が通用していたので、「フミマロ」が正式な読み方であると判断してよい。

父篤麿

父篤麿は文久三年（一八六三）生まれ。明治十三年（一八八〇）に大学予備門（東京大学の前身の一つ）を中退、同十七年に公爵となり、翌十八年に欧州に留学、主にドイツで国家学を学んだ。明治二十二年の大日本帝国憲法発布後、貴族院議員に任ぜられた。貴族院令により、公爵は世襲の終身議員とされていたためである。篤麿は帝国議会開院直前の二十三年九月に帰国した。妻衍子は産褥熱のため、文麿出産直後の

近衛篤麿
（国立国会図書館所蔵『近世名士写真 其2』より）

十月二十日に死去した。篤麿は翌二十五年、衍子の実妹貞子《もとこ》と再婚した。貞子は、明治三十年に武子《たけこ》、三十一年に秀麿《ひでまろ》、三十三年に直麿《なおまろ》、三十五年に忠麿《ただまろ》を出産、昭和二十年（一九四五）、敗戦の日に死去した。文麿が貞子が実母でないことをいつ知ったのかは定かではないが、やや疎遠な時期もあったものの、文麿はおおむね貞子に優しく接していた（矢部貞治『近衛文麿』上）。

妹武子

近衛の妹や弟たちについて簡単にふれておこう。武子はのちに薩摩藩出身の元老大山巌《いわお》の息子でアマチュア考古学者として知られた大山柏《かしわ》の妻となった（同前）。

弟秀麿

秀麿は昭和前半期の日本を代表するオーケストラ指揮者の一人として知られている。少年期から西洋芸術音楽に興味を持ち、大正十一年（一九二二）に東京帝国大学中退後、欧州への自費留学をへて、昭和四十八年（一九七三）に亡くなるまで内外で活躍した。昭和元年（一九二六）に新交響楽団（NHK交響楽団の前身）を創設したほか、作編曲家、著述家としても業績を残した。詳細は大野芳『近衛秀麿』、藤田由之編『音楽家近衛秀麿の遺産』を参照されたい。なお、秀麿は分家して子爵となり、昭和七年から十二年まで貴族院議員（子爵議員）も務めたが、貴族院の議事録や新聞報道を見る限り、議員としての事績は皆無に等しい。

弟直麿と忠麿

直麿は早くから文学や音楽の世界に沈潜し、新交響楽団のホルン奏者となったが、昭和七年（一九三二）七月、病気のため三十二歳で早世した（『近衛直麿追悼録』）。忠麿は京大哲学科卒業後、水谷川《みやがわ》男爵家に養子に入り、林銑十郎《はやしせんじゅうろう》内閣の河原田稼吉《かわらだかきち》内相の秘書官、貴族院議員などをへて、戦後は春日大社の宮司をつとめ、昭和三十六年に死去した（「内相秘書官決定」『東京朝日新聞』昭和十二年二月四日付朝刊。「水谷川忠麿氏」『朝日新聞』昭和三十六年五月二十日付夕刊）。学生時代には京大オーケストラのオーボエ奏者をつとめ、春日大社の宮司時代には、ホルンを用いた奈良公園名物の鹿寄せを創始した（奥中康人『和洋折衷音楽史』）。全体として文化的な香りの家庭像がうかがわれる。

二　父篤麿

父篤麿の活躍

さて、篤麿は留学から帰国後、明治二十八年（一八九五）に学習院長、二十九年に大日本教育会（のちの帝国教育会）会長となるなど、教育者として活動する一方、政治家としても目立つ活躍をした。数度にわたる入閣交渉をすべて断り、二十九年に貴族院議長就任、三十一年に東亜同文会を結成、三十三年には同会の事業の一つとして、中国で活躍できる日本の人材育成のため、南京に同文書院（明治三十四年に上海に移転して東亜同文書院となる）も開設した（山本茂樹『近衛篤麿』）。

東亜同文会

東亜同文会は「支那」の保全や「支那及び朝鮮の改善を助成す」「国論を喚起す」などを綱領として掲げた（『東亜同文会史』）。日本が東アジアを欧米列強の進出から守ることを主張した点で、アジア主義を掲げた民間政治団体の典型といえる。ただし、明治四十年十二月にはこの綱領を削除し、会の事業は学校運営や出版が中心となっていく。そして、大正十一年二月制定の財団法人東亜同文会寄付行為第二条に、「日華両国の文化を発達せしめ両国人士の交誼を厚ふし」と明記された（『東亜同文会史　昭和編』）。文化事業によって日中親善を図るという、文化事業団体としての性格をはっきりさせたのである。

父の死去

篤麿は、明治三十三年にロシアの東アジア進出の抑制をねらって対露強硬外交を唱える国民同盟会を結成、三十六年には対露同志会結成の実質的中心となる。主に外交政策に関して反政府・対外強硬派の立場で目立つ活躍をし、日露戦争の遠因を作った（『近衛篤麿』）。しかし、明治三十六年に入ってから体調をくずし、同年九月に東京帝国大学附属病院に入院、日露戦争開戦直前の明治三十七年一月一日に死去した（公式には二日付）。篤麿は、アジア主義にもとづく外交政策の実現に尽力した貴族政治家だったのである。

アジア主義

日本主導による欧米からのアジア独立という考え方は、当時からアジア主義（亜細亜主義）と呼ばれているが、地域的に東南アジアまで含める場合は、大アジア主義という言葉が使われることもあった（竹内好「アジア主義の展望」）。

東亜同文会や国民同盟会、対露同志会に集った、頭山満《とうやまみつる》、五百木良三《いおきりょうぞう》、小川平吉《へいきち》、大竹貫一などは、彼らが日本主導による欧米からのアジアの独立を主張した関係で、内政に関しては、天皇の永遠性、絶対不可侵性を奉じ、それに反すると考えられる人物や運動、組織を排撃する、いわゆる精神右翼の活動家となっていく。

襲爵

なお、文麿は徳川家達《いえさと》を後見人として襲爵願いを宮内省に提出、一月二十三日付で襲爵した（「近衛家の襲爵願」『読売新聞』一月七日付、「近衛家襲爵」同紙一月二十四日付）。家達は篤麿の妹泰子《ひろこ》と結婚しており、文麿の叔父にあたる。

父の期待

さて、篤麿の日記には文麿がしばしば登場する（『近衛篤麿日記』全四巻）。明治三十年六月、九月からの学習院初等学科（小学校に相当）入学に先立ち、文麿を東京市立泰明小学校に通わせた際には、篤麿自身が同校に赴いて交渉しており、学習院入学後の十月には、文麿と文麿の友人をつれて八王子方面への外出を試みたことが記されている。文麿の学業成績や動静についての記事も多く、文麿に多大な期待をかけていたことがわかる。

父に出した手紙

一方、中国から神戸に帰着した篤麿に、文麿が避暑中の日光から出した明治三十四年八月二十八日付の手紙の「おもうさま（父親をさす公家言葉）はさぞ支那で御暑う御座りましたろう」という一文（『近衛篤麿日記』第四巻）や、「幼い弟と、まだ小学生であった我々が、食後のひと時、兄からシェイクスピアの話、カントの哲学、天体の話など毎日異った

学業成績優秀

社会問題への関心

色々の話を聴くのは楽しみであった」という秀麿の回想（近衛秀麿『新装版　風雪夜話』）からは文麿の家族思いの優しい一面がうかがえる。

文麿の学業成績は優秀で、学習院中等学科時代の明治三十九年に、幼少時に近衛の世話をしていた小川きみ（矢部貞治『近衛文麿』上）にあてた手紙によれば、同級生四五人中席次は九番目、四段階評価（甲乙丙丁）で甲が九、乙が五で丙や丁はない（国立国会図書館憲政資料室蔵「伊藤隆氏旧蔵近衛文麿関係史料」三五六）。作文や英語が乙なのは、英語の文献を読みこなし、多くの論説や随筆を書いた後年の活動ぶりからは、いささか意外である。また、学校ではスポーツにも積極的だった（矢部貞治『近衛文麿』上）。なお、中等学科とは当時の中学校（五年制の男子校）に相当する（当時義務教育は小学校のみ）。

文麿は、中等学科時代について、父篤麿の死後、政治資金のための多額の借金が残り、きびしい取り立てにあったことなどを原因として、「それまでは何も知らずに育つて来た私には、一種の社会に対する反抗心が起」こり、「トルストイものなぞを読み耽る社会に対してひがみの多い憂鬱な青年であつた」とのちに回想している（「我が遍歴時代」『文芸春秋』昭和八年九月号）。

秀麿の回想によれば、近衛は中等学科の末期に妹弟たちに「僕等がこうして毎日を温かい家の中に安心の生活が出来るのに、世の中の一隅には、住むに家もなく、三度の食事にも事欠く人達も居るのだ」と話しかけたことがあったという（『新装版　風雪夜話』）。文麿には社会問題への関心が芽生えていたことがわかる。中等学科時代に明治天皇への面会の機会が二度あったのに二度とも欠席したので（矢部貞治『近衛文麿』上）、自分の立場について意識していたことは確かであり、文麿や秀麿の回想は事実と考えられる。

また、篤麿死後の一時期、家計が以前より相対的には苦しかったことは、文麿の一高時代、妹武子がピアノを習いたくても家計を理由になかなか習えず、文麿がピアノ教師を連れてきてくれてようやく習えるようになったという武子の回想（同前）からも裏付けられる。

右翼浪人たちに守られる

借金取りから近衛家の文化財や資産を守ったのは、篤麿の下に集った右翼浪人たちだった。秀麿の回想によれば、頭山満が、「貴殿たちの御出資は、大変国家のために役に立ちました。私からも故人にかわって御礼申します」と言って借金取りを追い払い、日露戦争の戦勝後も、頭山はじめ篤麿の側近だった浪人たちは、篤麿の霊に戦勝の報告に来たという（『新装版　風雪夜話』）。さらに五百木良三や横矢重道など、やはり篤麿の側近だった右翼浪人たち（篤麿側近グループ）は、篤麿死後も正月には必ず近衛家に集っていたという（横矢重道「近衛公と五百木」『日本及日本人』昭和十二年八月号）。

こうした右翼浪人たちは日記や書簡をまとまった形で残していないため、近衛との関係を一次史料で詳細に裏付けることはむずかしいが、断片的に残っている史料から、かなり密接な関係があったと判断できる。このことは以後も注意しておきたい。

陽明文庫

結局のところ、近衛家の文化財や資産は守られ、藤原道長の日記「御堂関白記」を含む、近衛家伝来の文化財を収蔵管理する施設として、文麿は昭和十三年（一九三八）に財団法人陽明文庫を京都に設立、現存している。

三　一高・京大時代

旧制一高に合格

明治四十二年（一九〇九）三月、近衛（以下特に断らない場合は文麿をさす）は、学習院中等学科を卒業した。学習院には高等学科まで設置されており、そこに進学するのが普通だったが、近衛はあえて受験勉強をして第一高等学校（旧制一高）に入学した。学習院の同級生四五人のうち一高の受験者は八名、合格者は五人だけだった。一高は当時日本有数の難関校であったから、近衛の学力の高さがわかる。学習院からの合格者のなかには、後年政治家として近衛に時に協力、時に対立した石渡《いしわた》荘《そう》太郎《たろう》もいた（矢部貞治『近衛文麿』上）。

当時の学制

この当時の学制によれば、中学校の上に三年制の男子校として国立の高等学校あるいは私立の大学予科があり、その上に三年制の大学があった。ただし、私立の大学や大学予科が正式に帝国大学や高等学校と同格になるのは、大正七年（一九一八）の大学令と高等学校令による。第一高等学校は、卒業生のほとんどが東京帝国大学に進学することから、日本有数の難関校として有名で、合格者の名前は新聞で報道された。

学習院からの帝大進学

学習院は宮内省の管轄で文部省管轄ではないため、高等学科を卒業しても帝国大学の受験資格がなかったが、帝国大学への進学希望者は、希望の学部学科が定員に満たない場合（当時はその場合無試験）のみ、学習院長の推薦を条件に特例として入学が許可された。そのため、エリート官僚への登竜門として人気が高い東京帝国大学法科大学（後の法学部）には入学できず、法学部志望者は京都帝国大学法科大学に進学した（学習院百年史編集委員会編『学習院百年史』第一編）。明治三十二年に開設されたばかりの京大法科はまだ東大法科に比べて人気が低く、入学試験を実施していなかったのである。

一高進学の経緯

ただし、中等学科卒業時に高等学校の受験は可能だった。高等学校大学予科入学者選抜試験規程（明治三十六年文部省告示）によれば、中学校卒業者以外は専門学校入学者検定試験に合格しないと高等学校を受験できなかったが、専門学校入学者検定規定（同年文部省令）第八条第一項により文部省が指定した学校については検定試験が免除され、学習院中等学科はこの指定学校となることができたためである（『官報』明治三十六年五月七日付）。

明治四十二年八月、近衛は第一高等学校の第一部乙類に合格した（「一高入学者」『読売新聞』八月六日付）。進路決定の経緯については、前掲の入試規程、矢部貞治『近衛文麿』上巻の叙述、同年四月二十六日付の近衛あて河原田稼吉書簡（「伊藤隆氏旧蔵近衛文麿関係史料」三六〇）の記述を総合的に検討すると、以下のようになる。

近衛は親族の希望もあり、当初は第一部甲類（英語法科・政治科）を第一志望にしようとした。すでに公爵となっていた以上、当時の規定により、二十五歳になれば自動的に貴族院議員になるので、政治や法律について勉強しておくべきだと周囲は考えたのである。ただし、法学部に行くだけならば、学習院高等学科から京大進学という選択肢もあった。

新渡戸の影響

近衛は、一高を受験した動機について、当時一高校長だった新渡戸《にとべ》稲造《いなぞう》が学習院で行なった講演に感動したためで、入試直後にさっそく新渡戸を訪ねて教えを受けたと回想している（近衛文麿「新渡戸先生」『新渡戸博士追憶集』）。この時の新渡戸の講演内容は明確でないが、当時新渡戸は、修養によって人格を完成させるという修養主義を唱えていた（筒井清忠『日本型「教養」の運命』）ので、その趣旨に沿った内容だったと推定できる。近衛が明治天皇への面会の機会を自ら拒否したことも考え合せると、近衛が華族という立場を超えて、一人の人間としての自覚を形成しつつあったことが一高受験の背景にあったと理解することができる。

しかし、近衛は、一高でも第一部甲類は東大法科への最短経路として人気が高いため合格はむずかしいと判断し、河原田稼吉（一八八六〜一九五五年）の情報をもとに、将来法科への転科も不可能ではないという理由で第一部乙類（英語文科）を第一志望とした。河原田は養父河原田盛美《もりはる》が近衛家の家令で、一高、東大法学部を経て内務省に入省した直後の河原田が、近衛に頼まれて転科の可能性について文部省に問い合せたのである。

一高時代の様子

旧制高校は寄宿制で最低一年は寄宿舎に入る義務があり、近衛も一年間の寄宿舎生活を送った。一高時代の様子については、一高時代の近衛のドイツ語の家庭教師だった風見謙次郎が矢部貞治に語った回想談がある（矢部『近衛文麿』上）。それによれば、非常に繊細な感情といい頭脳で、一般学生のレベルより数段高く、「僕は淋しいんです。学校に行つても表面は当り前につき合つてゐても、自分が公爵だというのでどうも隔てをおき、教授などでも同じです。家へ帰つても同じようなもので、母など同じ家に住んでいても、顔を合わすのは一ヵ月に一回位」などとしきりに孤独感を訴え、「先生人間は死んだらどうなりますか」と哲学的な質問もするなど、考えは

新渡戸稲造

年齢よりもずっと老成していたという。

明治四十三年に風見が就職で東京を離れたあとも、近衛は風見にたびたび手紙を出していた。その手紙の筆写版が残されている（「伊藤隆氏旧蔵近衛文麿関係史料」）。作家の山本有三の旧蔵史料中にあったもので、山本は昭和十九年一月に近衛から伝記執筆を依頼されており（山本『濁流』）、調査の過程で存在を知って筆写したものと推定される。その一部は、杉森久英『近衛文麿』で紹介されている。

幅広い読書

それらと前出の風見謙次郎の回想、近衛の回想（「新渡戸先生」）を総合すると、近衛は週一回行なわれた新渡戸校長の修身講話を聴き、新渡戸の英語の著書の代表作である『武士道』を読みたいと、翻訳を風見に頼んだりした。一方、当時一高の名物ドイツ語教師岩元禎《てい》に心酔し、岩元の勧めで古代ローマの詩人ホメロスの詩編『オデュッセイア』を英語で読んでいる。その他、イプセンの戯曲を読んだり、彼の戯曲の公演にも出かけている。

ゲーテの言行録、トルストイの小説、ギリシャ神話などを一部は英語やドイツ語で読み、さらに徳富蘆花、夏目漱石、島崎藤村の名作、尾崎紅葉の『金色夜叉』、近松門左衛門の浄瑠璃、哲学や仏教の入門書などを読んでいる。幅広い読書ぶりがよくわかる。

山本有三、菊池寛らとの交友

一方で、同期で同じ文科クラスの山本有三（本名は勇造）、一年下の文科クラスの菊池寛、久米正雄らと草野球をしばしば楽しんだことが、近衛と彼らが一堂に会した座談会で回想されている（「近衛文麿公閑談会」『文芸春秋』昭和十一年七月）。山本、菊池、久米はいずれものちに小説家となり、菊池は雑誌『文芸春秋』の創刊者としても知られる。

華族生活への疑問

こうしたなかで、近衛は新渡戸流の修養主義的観点から、華族生活への疑問を抱くようになっていた（明治四十四年九月三日付風見あて書簡）。

僕は人格修養の上に最大なる影響を与ふるものは家庭の幸福円満如何にありと信じ、この幸福円満を実現せんが為には今日の貴族生活を全然破壊せざるべからず、無暗と間数を多くし、玄関前を広く、沢山の僕婢を使用して、何から何まで彼等に委せなければ貴族に非ずといふが如き迷夢を打破して Simpl life の福音を宣伝せざるべからず。

さらに近衛は、風見に次のようにも書き送っている（同年十二月十日付）。

大学では哲学のコースを取る決心に御座候。哲学者にも非ず、政治家にも非ざるものが小生の理想に候。〔中略〕深く深く現実を味ひ、色彩や音楽に対する官能を陶冶せんとする切なる要求あれど、自然主義者の如く只無理想を称へて刹那刹那に生きんとするには、余りに熱き主観的要求これあり候。

近衛は華族という地位を捨てて哲学者になりたいと思いつつも、華族政治家という既定の進路への興味も抱きはじめていたのである。明治四十四年五月には、明治天皇に再び面会する機会を得、今度は参加した。風見に対し、「一昨日天杯下賜にて生れて初めて燕尾服シルクハットで参内 仕《つかまつり》 候。嘸々《さぞさぞ》ポンチ画の様なりしならんと存じ候。されど此頃はこんな事があんまりくだらなく感じなく成り候。如何《いかが》のものにや」と書き送っていることからも、彼の心境の変化がうかがえる（同年五月二十二日付書簡）。

東京帝大哲学科へ

結局、近衛は東京帝大文科大学（後の文学部）哲学科への進学を決意し、数学と物理の勉強を始めた（大正元年五月二十五日付風見あて書簡）。当時、東大哲学科入学には、高校で数学や物理の単位取得が必須だった（高等学校大学予科学科規程、明治三十三年文部省令）。

なお、一高在学中の明治四十三年七月、近衛は当時親戚が住んでいた日本併合直前の韓国に旅行している（矢部貞治『近衛文麿』上）。近衛の初の外国体験である。

京大法科へ転学

近衛は大正元年（一九一二）七月に一高を卒業、九月に東大哲学科に入学したが、わずか一ヵ月余りの十月に京大法科に転学した。十月二十六日付の風見あての手紙によれば、十月三日、近衛は京都帝大を訪れ、転学を申し込んだところ、期限は九月三十日だが、まだ日も経たないので九月三十日付で東大の退学許可書をもらってくれれば受け入れるといわれ、夜行列車で翌日東大に行って三十日付の退学許可書をもらい、転学を実現した。

転学の理由

転学の理由については、同じ手紙に「法科志望は俄《にわ》かの思付には之《これ》なく今春来の傾向よりして当然来るべき結果と存じ候。只《ただ》全く哲学科を断念する能《あた》はざりしと京都に行くと云ふ事の為決行するに至らざりしが二三度文科の講義に出ても甚《はなはだ》つまらなく且《かつ》数学物理の試験が何日迄待てども無いので遂にたまらなくなり俄に決心したる次第」とある。すなわち、春ごろから法科志望の気持ちが芽生えていた上、東大の授業がおもしろくなく、しかも哲学科入学の条件である、高校での数学と物理の単位を落し、追試がなかなか実施されず、入学取り消しを恐れたのである。

社会科学への関心

法科志望については、前に引用した前年十二月の手紙の内容を考えれば不自然ではない。さらに、後年の回想に「高等学校の三年頃から今度は社会科学に興味を感じ始め、京大の米田庄太郎氏〔社会学者〕や、河上肇《はじめ》氏の書い〔た〕ものに親しむやうになつた」、「全く河上さん目当てに社会科学の勉強にひかれたのだ」とある（「我が遍歴時代」『文芸春秋』昭和八年九月）が、近衛が一高入学前から社会問題に関心があったこと、入学後まもなく河上を訪ねて親しくなることから、本当だと考えられる。

第二の東大の授業がおもしろくないという点については、当時の哲学科の中心は天皇中心の国家主義を主張する井上哲次郎であったことから、当時の近衛の読書傾向から考えて不思議ではない。近衛がのちに井上の講義がおもしろくなかったと回想している（「我が遍歴時代」）のは本当だったといえる。第三点については、前にふれた五月の風見謙次郎あての手紙で、読書に夢中で学校の勉強に身が入らず席次を大幅に下げたとあることから、数学や物理の勉強に身が入らなかったと考えられるので、いずれも納得できる説明といえる。

転学に大満足

母貞子は「法科行は賛成なれど京都行には大反対」だったが、近衛本人は、

当地大学の先生は、痛快なる人が多く、危険思想養成所と云はるゝもむつともなる次第にて、穂積《ほづみ》〔八束《やつか》〕の憲法など、めちやくちやにけなされ候。友人も東京よりは共に語るべき人多く〔中略〕、休みには近郊を散歩するに秋色漸く深くしてとても東京等には得られぬ清興あり、誠に京都に来てよい事をしたと存居《ぞんじおり》候。近所に学習院時代一高時代の友人数多《あまた》あり毎日来訪往訪に歓を尽し居り候が、こんな事も宏大な御屋しきをかまへては出来ない事に御座候。

と大満足だった（十月二十六日付風見あて書簡）。

河上肇との親交

京大の教員の中で近衛が親しくしたのは、法科大学で経済学を講じていた（経済学部はまだない）河上肇と文科大学哲学科の西田幾多郎《きたろう》である。河上肇については、近衛の風見への手紙には名前が出てこない。しかし、のちの回想（「我が遍歴時代」）に、「当時の河上さんは、マルクスの研究をしてゐて、我々にマルクスが読めるやうにならなくてはだめだと云はれてゐたが、極端に左傾しては」おらず、「先生の宅を訪問すると、書斎にと

ほし、火鉢をかこみ茶を酌んで煙草をくゆらしながら、もの静かな気持でいつまでも相手になつてくれた。〔中略〕京都で一年先生の書斎に出入してゐるうちに先生は海外へ旅行されれ」とあり、その後、河上もこの近衛の文章（伊藤武雄編『近衛文麿清談録』に収録された版）を読んで大筋で肯定している（河上肇『自叙伝』〈岩波文庫〉第一巻・第五巻）。河上が留学したのは大正二年十月からなので時期的にも合致する。

なお、中略部分には、河上からスパルゴーの『カール・マルクスの生涯と事業〔作品〕』(John Spargo, *Karl Marx; his life and work*, Huebsch 1912)、ロリアの『コンテンポラリー・ソシアル・プロブレムス〔現代の社会問題〕』（Achille Loria, *Contemporary Social Problems*, Swan Sonnenschein and Co.Limited 1911）を借りて読んだとある。どちらも邦訳されていないので、原書（英語）で読んだのである。両方ともカリフォルニア大学図書館のデジタルライブラリーで閲覧できるが、特に後者は、経済の自由放任や財産権の尊重は社会に不公平を生じさせるとして批判し、公正な社会の実現のための変革を主張している。回想ではあるが、

河上　肇

中学時代から社会問題には関心があったことを考えれば事実とみなすことができる。

河上の思想に共鳴

また、近衛の大正二年三月二十九日付の風見あて書簡に、「経済学も亦《また》精神生活を助くる一方便」という理由で経済学に熱中し、経済学の主目的は貧困という現象の研究にあると確信し、価値、資本、利子等の理論的のものがおもしろいとある。国家がなければ個人は生きていけないので、富者は利己主義ではなく、弱者を救済して国家に協力させるべきであるという観点から国家主義と人道主義の融合を試みていた当時の河上（住谷悦治『人物叢書　河上肇』）が、「宇内に国する者能《よ》く天下に覇たらんと欲せば、先《ま》づ機械の発明発達に其の最善の力を致すと同時に、之に伴ふて起る物質界及思想界の懸隔に対しては又た其の最善の力を致して之が匡正に努めざるべからず」（『時勢之変』読売新聞社、明治四十四年）と主張したり、大正元年に価値論や利子論を含む『経済学研究』を刊行したことを考えれば、先の風見あての手紙の記述が河上への私淑を示していることはまちがいない。河上が、国家主義と人道主義にもとづき、日本が国際社会のなかで生き残れる強国になる前提として国内の経済的社会的不平等を解消すべきだと考えていたこと、近衛がこの主張に共鳴しつつあったことは注意しておきたい。

西田幾多郎

西田幾多郎は、善という概念の本質を考えようとした主著『善の研究』（初版明治四十四年）で広く知られる、近代日本を代表する哲学者の一人である。近衛は、岩元禎が西田の哲学を賞賛していたと回想しており（「我が遍歴時代」）、近衛が一高時代に刊行されたばかりの『善の研究』を読んでいたことは確実である。

さらに、西田が近衛の母と同郷という関係で、西田は京大における近衛の保証人となった（遊佐道子『伝記　西田幾多郎』）ことから、近衛は西田と親しく交際した。交際ぶりは西田の日記（『西田幾多郎全集』第一七巻）からわかるが、木戸幸一（一八八九～一九七七年）、原田熊雄（一八八八～一九四六年）など学習院出身の先輩たちとともに西田との親睦集団を形成した。木戸や原田という、後年、政治的に深い関係を結ぶことになる人々と近衛を結びつけたのは京大と西田だった。

西田との親交

西田幾多郎

西田は、明治四十三年に京大へ赴任する前に一年だけ学習院に勤めており、一高に進学した近衛は授業を受けていないが、学習院高等学科に進学した木戸や原田は西田の授業を受けていたために交際が始まった（『伝記　西田幾多郎』）。西田は近衛らと哲学や芸術に関する談義をしたり、ピクニックに行ったり、クラシック音楽のレコードを鑑

賞するなどしていた（杉森久英『近衛文麿』）。近衛はこうした様子について、風見謙次郎に対し、

小生は昨夏、荒れ果てたる心を抱いて当地に来遊致し候てより、幸に多数友人の温き情愛と、自由の生活と、清麗の山川と、然して西田先生とにより、新しき希望の光線に浴したるを喜ぶものに御座候。〔中略〕多数友人は白川に居り、期せずして白川パーティー成り、西田先生を屢々《しばしば》〔御〕招待して晩餐を共にし、あるいはピクニックを致し居り候。先生の個人あつて経験あるに非ず、経験あつて後個人ありの語は、兼々の主観的迷妄より小生を救ひ出されたる如く感じ申し候。

と楽しそうに書き送っている（大正二年三月二十九日付書簡）。個人あってうんぬんの言葉で救われたというのは、西田から、人格形成は経験を積むなかで行なわれると言われ、早く人格を完成させなければという焦りが消えたという意味と考えられる。

孫文と会う

京大在学中の重要なできごとの一つは、辛亥革命の指導者孫文との面会である。大正二年三月九日、近衛は孫文を京都駅で出迎えた。孫文は父篤麿を思い出して落涙したと報じられている。京都ホテルでの歓迎会にも近衛が同席した（以上、「孫逸仙氏入洛」『東京朝日新聞』翌日付）。この時のことについて近衛は「大アジア主義といふやうな事を話し合つた」と回想している（昭和十九年の談話筆記「日支事変について」、前掲「伊藤隆氏旧蔵近衛文麿関係史

料」所収、高綱博文氏より借覧)。しかし、他に裏付け史料がないので確認できない。

オスカー・ワイルド

もう一つ重要なのは、近衛が著述活動を始めたことである。近衛の著述第一号は、イギリスの作家オスカー・ワイルド(Oscar Wilde、一八五四〜一九〇〇年)の論文"The Soul of Man Under Socialism"(『社会主義下の人間の精神』一八九〇年刊)の翻訳である。代表作の戯曲『サロメ』でもそれとわかる耽美派的な作風で、同性愛者としても知られたワイルドの作品(小説、戯曲、評論)は、明治三十年(一八九七)以降、日本で盛んに紹介されるようになった(平井博『オスカーワイルド考』)。前にふれた西田の『善の研究』にも、「罪はにくむべき者である、併し悔い改められたる罪程《ほど》世に美しきものはない。余は是においてオスカル・ワイルドの獄中記 De Profundis の中の一節を想い起さゞるをえない」(『西田幾多郎全集』第一巻)という一節がある。

「社会主義論」

近衛は前記の評論を「社会主義論」という題で風見謙次郎の指導のもとに邦訳した。それは大正二年十月三日付、および十月二十二日付風見あて近衛書簡からわかる(杉森久英『近衛文麿』所収)。近衛は翻訳の動機として、経済学の勉強のため英語力をつけたいためと風見に書き送っているが、この論文を選んだ動機までは書かれていない(十月二十二日付書簡)。題材となったワイルドの論文は、「ソーシャリズムの下における人間の精神」と題して大正二年初頭に初めて日本語による紹介と抄訳が発表されている(山本飼山「ワイルドの社会観」『近代思想』同年二月号）。前後関係から見て、これに近衛が刺激されたと考えられる。訳稿は『新思潮』の大正三年五月号と六月号に連載された。同誌は菊池寛、久米正雄、山本有三ら一高時代の友人たちが始めたばかりの文芸雑誌である。

社会と個人の関係

「社会主義が行はれたら、其結果として生ずる主なる利益は、疑もなく、吾人が他人の為に生活するといふ此賤しき必要から免れる事」、「社会主義なるものは只個人主義に達する手段としてのみ価値あるもの」、「真の人格」とは「常に他人に干渉もしなければ、自分の様になれと強《し》ゐもしない。却《かえ》つて自分と異るの故を以て他人を愛する」、「抑《そもそも》公衆なるものは、何《いず》れの時代にあつても、常に悪い教養を受けた人々である。彼等は絶えず芸術に向つて、通俗たれ、彼等の趣味を満足せしめよ、彼等の不都合なる虚栄心に諂《へつら》へよと要求する」、「輿論なるものはそが現実的活動を支配せんとする時には、悪くても善意なものである。されどそが思想又は芸術を支配せんとする時には、醜穢にしてしかも悪意のものである」といった訳文から、近衛が社会と個人の関係について考えるためにこの評論の翻訳を試みたことがうかがわれる。そして近衛がワイルドの論にかなり共感していたことは、後述のように、以後、近衛が個人の内面的自由の尊重を主張していくこと、民意の妥当性への疑念を抱き、啓蒙的な言論活動を続けることからわかる。

掲載号発禁との関係

なお、近衛の訳稿の前半が掲載された『新思潮』五月号は、内務省から発売禁止処分を受けたが、すでに発売後であり、残部が没収されたのみであった（同誌六月号「編集後記」）。この事件は、近衛の論文が発禁の原因だったとして、近衛についての評論でしばしば言及され、近衛の思想的進歩性を示す逸話として伝説化していく。その初出は『日本及日本人』大正十一年（一九二二）一月号の無署名論説「近衛文麿」である。

しかし、『新思潮』六月号の編集後記には「風俗壊乱といふのだから、近衛さんの社会主義の訳のせいでは万々ないと思ふ。併し念の為本誌では出来るだけ注意をした。同人は今度の発売禁止が、近衛さんの周囲の苦情を引おこして、君に迷惑をかけるやうなことがなかつたかと第一に心配してゐる」とあり、すでにいくつかの先行研究で指摘されているように、近衛の論文は発禁の原因ではない。しかし、六月号掲載の近衛の訳稿では伏字が一ヵ所あり、同人たちが気を使ったことは確かである。

貴族院研究

また、近衛は昭和二年（一九二七）の貴族院改革に関する講演録『貴族院改革と現行制度の運用』のなかで、貴族院の制度改革について、「私個人としては已に議員生活に入りまする以前学生時代より学究的に之が研究を致し、多少材料等も調べて居りますが、未だ具体的の成案を得て居りません」と述べているので、京大時代から貴族院の制度に関する調査研究も始めていたと考えられる。

河上肇との関係

さて、近衛は、河上の留学時に河上と縁が切れたと回想している（「我が遍歴時代」）。しかし、近衛は大正六年七月に京大を卒業した際、国家学専攻で大学院に進学したが（「京大の卒業式」『読売新聞』七月十四日付）、河上肇『自叙伝』（岩波文庫）第五巻の注解所引の京大所蔵の河上の履歴書によれば、その際の指導教員は河上肇である。つまり縁が切れたというのは虚偽である。なお、当時の大学院は、学部卒業後さらに研究を続けたい人が学生としての身分を保つためのもので、授業はなく、年限なども定められていなかった。

『貧乏物語』

そして、河上の代表作『貧乏物語』の『大阪朝日新聞』連載開始が、近衛在学中の大正五年九月十一日であることは注意を要する。富者が奢侈《しゃし》を抑制すれば貧困を防ぐことができるという『貧乏物語』の結論は、のちに昭和初期以降の統制経済思想に大きな影響を与えただけでなく（牧野邦昭『戦時下の経済学者』）、あとで見るように、政治的経済的に優位にあるものが自己抑制することで政治的社会的動揺を防ぐという「自制」論という形で、近衛の以後の政治思想の基調の一つとなるからである。

近衛が河上との深い関係を一部隠蔽した背景として、近衛の「我が遍歴時代」が公刊される直前の昭和八年（一九三三）一月に、河上が治安維持法違反で検挙され、八月七日に懲役五年の有罪判決を受けたこと（住谷悦治『人物叢書　河上肇』）が考えられる。河上と関係があった事実は否定しないが、その思想的影響の大きさは隠蔽したのである。

なお、河上が大正六年十月に雑誌『東方時論』に発表した「民本主義とは何ぞや」では、次のような興味深い論が展開されている（『河上肇全集』第九巻による）。

輿論政治とは決して衆愚政治の謂《いい》では無い。元来国家の方針は衆愚の多数決に依つて決定さるべきものに非ずして、そは必ず賢者の無私の判断に俟《ま》つべきものである。是に於てか民本主義の政治家たるものは、必ず次の如き資格を具《そな》ふることを要する。そは、国家の最善の発達の為には国民の多数をして何を希望せしむべきかを決定し、次には国民の多数をして其事を希望するに至らしめ、又は其の事をば国民多数の希望なるが如く見えしむることに於て、卓越せる技能を有することである。

上からの民主主義

すなわち、時代の流れを見抜いて国家の発展に適した政策を立て、その政策を実現する必要性を国民に納得させ、協力させてその政策を実行できるのが民本主義時代の優れた政治家であるとしている。実はこうした主張は、大正デモクラシーの旗手として著名な政治学者吉野作造が、『中央公論』大正五年一月号に掲載した論文「憲政の本義を説いて其有終の美を済すの途を論ず」という彼の代表作のなかで、すでに主張していた（古川江里子『美濃部達吉と吉野作造』）。河上の論文は近衛の大学院進学直後に発表されているため、近衛は当然読んでいるはずだが、読書家の近衛は吉野の論文も当然承知していたはずである。以後の近衛の行動様式はこうした主張とみごとに一致しており、近衛は大正デモクラシーの一つの特徴である「上からの民本主義論」（同前）に強い影響を受けたことがわかる。

後藤隆之助

なお、近衛は河上が留学する際に、河上の紹介で河上の弟子の一人であった瀧正雄と知り合った（「我が遍歴時代」）。瀧との交友関係だけでなく、京大時代も篤麿関係者との交友があったことは、大正四年十一月、代議士として大正天皇の即位大礼参列のため京都を訪れた小川平吉に近衛が、「一夕何れかにて食卓を共にし歓談致したく存候（中略）滝法学士も参加希望致され候」という手紙を出したことでわかる（『小川平吉関係文書』2）。近衛が三年の時に京大に入学した後藤隆《りゅう》之《の》助《すけ》ともこのころ知り合っている（矢部貞治『近衛文麿』上）。いずれものちに近衛の側近となる人々である。

西園寺公望と知り合う

また、大正二年春ごろ、近衛は京都の別邸清風荘に滞在中の西園寺《さいおんじ》公望《きんもち》に初めて会っている。会見についての回想は、『文芸春秋』昭和三年四月号掲載の「西園寺公と私」と、前出の昭和八年に公表された「我が遍歴時代」の二つがある。官僚軍閥に対抗する自由主義的政治家として好意を持ったために会いに行ったというくだりはどちらも同じである。しかし、「西園寺公と私」ではすぐに親しくなってベルサイユ講和会議に同行を許されたとしているが、「我が遍歴時代」では、

> 併し初対面の印象はすこぶる悪かつた。大学の金釦《ボタン》で行つた私を、公が閣下、閣下と云はれるので、こつちがムズかゆいやうな気がして、人を馬鹿にしているん

ぢやないかとすら思へて、それから当分訪問しなかつた。〔中略〕卒業間際に公を訪ねると、初対面の時とは打つて変つた態度なので、こちらも無遠慮に気焔をあげた。とかなり異なる書き方をしている。後でみるように、昭和三年段階の近衛は西園寺の側近の一人であり、昭和八年段階では近衛は次第に西園寺に批判的になりつつあった時期であることを考えると、後者の方が客観性が高いという点で事実に近いと考えられる。

弱者救済のための国家主義

いずれにしろ、近衛は高校から大学にかけて、将来の政治活動に関わる人脈を形成する一方、文学、哲学、経済学など幅広い読書に明け暮れた結果、政治家としての考え方を固めていった。経済的弱者を救済し、個人の自由を尊重するためには、国力を強くするとともに富者や権力者が自制すべきこと、国力強化のための国家政策を民衆が決めることはむずかしいので、エリートがそれを考え出し、国民に対し、それに自発的に同意し協力するように説得していくべきだというものである。弱者救済のために個人より国家を優先するという考え方は、典型的な国家社会主義である。以後の近衛の旺盛な言論活動や政治活動のはしばしに、我々はこうした考え方を読み取ることになる。

四　近衛という人物

ここで、以後の話の理解を助けることにもなるので、彼の家族や人柄、趣味についてまとめてふれておきたい。

恋愛結婚

近衛は大正二年（一九一三）十一月九日、毛利千代子と結婚した。華族ではもちろん、当時としては一般的にも珍しい恋愛結婚である。千代子は明治二十九年（一八九六）、子爵毛利《もうり》高範《たかのり》の次女として生まれ、明るく利発な性格だった。実家は九州の豊後佐伯《さえき》藩という小藩の藩主の家柄である。父高範は毛利式速記術の創始者で、千代子は妹泰子《やすこ》とともにこの速記術を学んだ。泰子はのちに近衛秀麿に嫁ぎ、昭和戦前・戦中期政治史の根本史料の一つとして著名な『西園寺公と政局』の速記者として歴史に名を残すことになる（矢部貞治『近衛文麿』上）。この史料は、昭和五年（一九三〇）に元老西園寺公望の秘書となった原田熊雄が、日頃の政治活動や会見した政治家たちの言動を、泰子に口述筆記させたものである。

仲人は嘉納治五郎

大正元年春ごろ、近衛は目白の自宅と一高の通学の途中（寮は一年経てば出てもよいことになっていた）で見かけた千代子を見初めた。近衛家側には公爵と子爵という家柄の差を気にする声もあったが、近衛の本人の熱意を母貞子が認め、柔道の創始者として著名な嘉《か》納治五郎《のうじごろう》夫妻を仲人に立てて毛利家と交渉し、五月に婚約した（杉森久英『近衛文麿』）。嘉納に依頼した経緯は不明だが、当時東京高等師範学校（現在の筑波大学）の校長だった嘉納は、学習院の教員をしたこともあったので、その関係と推測される。

結婚は、近衛の京大入学後の大正二年十一月となった。近衛夫妻は京大キャンパス近くの吉田山のふもとに新居をかまえ、塚本義照という少年を使用人とした（須藤眞志「〈随想〉近衛文麿の京都時代」）。近衛夫妻は、大正四年四月に長男文隆《ふみたか》、翌年十一月には長女昭《あき》子《こ》、大正七年六月に次女温子《よしこ》、大正十一年五月に次男通隆《みちたか》の二男二女をもうけた。千代子は昭和五十五年死去した（「近衛千代子さん」『朝日新聞』同年九月十八日付朝刊）。

長男文隆

文隆は、学習院中等科中退後、昭和七年にアメリカのローレンスヴィルハイスクールに留学、昭和九年にプリンストン大学に進学したが、昭和十三年夏に同大を中退して帰国、父の首相秘書官を務めた。第一次近衛内閣退陣後は上海にわたり、東亜同文書院主事を務めたが、十五年二月召集され、主にソ満国境に配属され、最後は中尉まで昇進した。十九年十月結婚、敗戦後ソ連軍に抑留され、戦犯として禁固二五年の刑を受け、昭和三十一年十月、抑留先で死亡した（近衛忠大『近衛家の太平洋戦争』）。文隆にはこのあと何度か言及する。

昭子と温子

昭子は島津家に嫁いだ後、野口式整体術を創始した整体師野口晴哉と再婚し、何冊かの随筆集や句集を残し、平成十六年（二〇〇四）に死去した（野口昭子『回想の野口春哉』）。

温子は昭和十二年四月に旧肥後藩主細川侯爵家の御曹司細川護貞《もりさだ》と結婚したが、十五年八月に二十三歳の若さで病死した（「細川護貞氏夫人が死去」『東京朝日新聞』昭和十五年八月十一日付朝刊）。その遺児が、戦後首相となった細川護熙《もりひろ》である。

次男通隆

通隆は東京帝国大学文学部で日本史を専攻し、その後、東京大学史料編纂所に入り、のち教授となった。東大を定年退官後、陽明文庫理事長などを務め、平成二十四年死去した（「近衛通隆氏（陽明文庫理事長）死去」『読売新聞』同年二月十四日付朝刊）。

家庭の様子については、近衛の最初の首相就任時に水谷川が「一度家庭に帰ればよき主人であり、子煩悩のよい父親で、家庭内はいつも明るく、子供達も伸び〳〵と、明朗な性質に育てられてゐる」と書いている（水谷川忠麿「家庭に於る兄近衛文麿」『婦女界』昭和十二年七月号）。

近衛の女性関係

ただし、近衛には他の女性関係もあり、そのことは、大正期の人物評論に「柳暗花明に浅酌するの趣味も相当深く心得てゐる」と書かれているように公知の事実だった（山浦貫一『政界を繞る人びと』）。名前までわかっているのは二人である。

海老名菊

一人目は京都祇園の芸妓だった海老名菊である。海老名は、長男文隆が生まれて間もない大正五年に祇園に遊びにきた近衛と知り合った。学生でありながら祇園で遊べたのであるから、相当な財力があったことがわかる。翌年、近衛が活動の拠点を東京に移すと海老名も東京の目白本邸近くの借家に移り、大正七年に女児を出産したが、近衛が多忙となったため翌年京都に戻る形で関係は終わった。女児は近衛の紹介で他家の養女となったという（海老名菊「近衛文麿公の蔭に生きて」『婦人公論』昭和四十二年四月号）。

山本ヌイ

二人目は山本ヌイである。新橋芸者だった山本は、大正十一年ごろに近衛を含む貴族院議員の宴席に出て知り合い、近衛の寵愛をうけるようになり、昭和四年に芸者をやめて近衛の愛人となった。山本が連れてきた娘はのちに大学教員に嫁ぎ、昭和六年に近衛が生ませた娘はのちに近衛の弟が養子入りした水谷川家の養女となった。山本は、近衛の世話で東京上野の不忍池の畔、横山大観の邸宅の近くに住居を構えた。近衛はしばしばこの家で子供たちと遊ぶなどしてくつろいでいた（山本ヌイ「公卿宰相のかげに」一～四、『東京タイムス』昭和三十二年二月二十一日・二十三日・二十六日付。なお、この回想は全五六回）。太平洋戦争期に入り、山本は、東京市内の代々木をへて、近衛が代議士桜井兵五郎から借り受けた神奈川県小田原の入生田《いりうだ》の借家に移ることになる（「公卿宰相のかげに」三〇・三三、同紙三月二十六日・三十一日付）。

昭子の回想

こうした女性関係は家族にも知られており、娘の昭子の回想によれば、娘たちに「自分の浮気の相手の女たちの話」をしたり、新橋の料亭に連れていき、帰りの自動車の中で「男がなぜああいう処へ行くか、よく考えてごらん」と言ったという。こうした女性関係は正妻の千代子を悩ませた。長女の回想によれば、大正末にはその心労がもとで千代子が体調をくずし、生死をさまよったこともあった（野口昭子『時計の歌』）。

住居

住居については、東京には父の代からの目白の家があり、遅くとも大正七年に内務省事務嘱託となるまでには、ここに本拠を戻していたはずである。大正十一年にこの自宅について自分たちの住む部分を残して住宅地として売却し、近衛町と名付けられた（「近衛公の所有地開放」『東京朝日新聞』同年四月十一日付朝刊）。その後、貴族院議長官舎をへて官庁街に近い麹町区三番町（現在の千代田区三番町）に移った。この家は第一次内閣の首相就任時の新聞報道に登場する。

荻窪に転居

首相就任間もない昭和十二年十一月には、東京郊外の荻窪にあった東京帝大医学部名誉教授入沢達吉の自宅を譲り受けて移転した。この邸宅は建築家として当時から著名な伊東忠太の設計により昭和三年に建てられ（「首相が腰据ゑる〝対支別荘〟」『東京朝日新聞』昭和十二年十一月二十七日付朝刊）、現存している。この家はのちに元老西園寺によって「荻外《てきがい》荘《そう》」と名付けられた（「〔前略〕園公名づけて〝荻外荘〟」同紙昭和十三年四月十五日付朝刊）。この家も第二次内閣組閣の舞台となったため、新聞報道やニュース映画に登場する。

荻窪の荻外荘　昭和15年（1940）７月撮影（毎日新聞社提供）

なお、荻外荘は東京都杉並区が取得し、平成二十七年三月から敷地の一部が荻外荘公園として開放されている（杉並区ホームページ www2.city.suginami.tokyo.jp/news/news.asp?news=18226　平成二十七年六月一日閲覧）。

別荘

別荘は軽井沢に持っており、これも新聞雑誌やニュース映画に登場するが、大正期には静岡県興津にも借家の別荘があった（『政界を繞る人びと』）。昭和八年九月には神奈川県鎌倉にも別邸を構えた（「新邸に納って　近衛公時局談」『報知新聞』同年九月二十九日付朝刊）。また、京都嵐山には元近衛別邸といわれる建物が湯豆腐を食べさせる料理屋として営業している。そのほか、先にふれた愛人用の別邸もあった。

身長

身長は五尺九寸（「公爵さまは子煩悩」『読売新聞』昭和九年四月二十一日付朝刊）、メートル法に換算す

近衛一家の軽井沢別荘での団らん

右から次男通隆，千代子夫人，長女昭子，近衛文麿，次女温子，長男文隆．
昭和９年（1934）８月20日撮影（読売新聞社提供）

ると一八〇センチ近くで、当時としては珍しい長身である。「何しろ男前は良い上に眼から受ける感じが、苦み走って中分がない」という批評（山浦貫一「近衛文麿時局談」『改造』昭和十一年五月）も写真を見れば納得できるところである。

人柄については、外交官出身の政治家重光葵《しげみつまもる》が近衛の自殺直後に、「公は個人としては談のし好《よ》き交際人」と書いており、社交的な一面があったことがわかる（「嗚呼近衛公」伊藤隆ほか編『続重光葵手記』）。だからこそ多くの政治家や軍人が近衛と知り合うことになったのである。酒の席で乱れることはなかった（有馬頼寧『友人近衛』）ものの、興が乗ると小唄を口ずさんだりする洒脱な一面もあった（山本ヌイ「公卿宰相のかげに」四、『東京タイムス』昭和三十二年二月二十六日付）。

不眠症

一方、のちに近衛の伝記作者となる矢部貞治は、昭和十五年六月一日の初対面の印象を、「近衛の眼は高貴で天成で、聡明。意志力なし」と日記に記している（『矢部貞治日記』銀杏の巻）。気品を感じさせつつも意志の弱さを印象付ける面もあったことがわかる。

また、「何しろ僕は大分前からひどい不眠症でねエ、十種ぐらゐの睡眠薬をあれこれといろ〳〵と取りかへて飲むんですが、夜中にきつと十度ぐらゐは眼が醒めてロク〳〵眠られないんです、だから習慣的に昼間眠ることにしてゐる」と不眠症と昼寝の習慣を公言していた（「〝総理〟と〝昼寝〟」『読売新聞』昭和十二年六月五日付朝刊）。神経質な一面がうかがえ、かつ、意志が弱いという近衛評の一因がここにあることがうかがわれる。

近衛は、健康のため刺身などなま物は食べないといわれ、近衛本人も第一次内閣首相就任直後のインタビューで、主治医や妻の意向としてそれを認めている（同前）。ただし、山本ヌイは、発案者は山本の前に短期間愛人だった芸者だとしている（山本ヌイ「公卿宰相のかげに」四）ので、誰の発案なのかはわからない。それに、「筆者の目の前で、さし味〔刺身〕も食つたし、生のいちごも口へ運んでゐた」という証言もある（山浦貫一「近衛文麿時局談」）ので、必ず守っていたわけでもない。

趣味としては、読書、ゴルフ、書道が自他ともに認める主なものである。読書傾向はあらゆる本や雑誌に手を出す「乱読」であった（近衛文麿「山荘閑話」『実業の日本』昭和十年八月十五日号、水谷川忠麿「家庭に於る兄近衛文麿」）。近衛は、数多い住居のなかでも都心から離れた鎌倉、軽井沢、荻窪の別邸に好んで滞在しており、社交好きの一面とともに読書や思索の時間を持つ必要性も感じていたことがわかる。

近衛は、篤麿の子分格の右翼浪人たちの尽力で資産が守られたこともあり、経済状態は大変良く、愛人を作り、多数の土地家屋を所有していた。性格的には社交的に見える反面、神経質な一面もある人物だった。さらに言えば、社交好きや愛人との交際ぶりには、かつて家庭教師にさみしいと悩みを打ち明けたように、寂しがり屋の一面がうかがえる。

第二　貴族政治家として

一　パリ講和会議に参加

貴族院議員となる

近衛は、満二十五歳を迎えた大正五年（一九一六）十月、貴族院令の規定により、京大在学のまま、貴族院議員（公爵議員）となった。大正七年、第四〇回帝国議会貴族院において旧韓国貨幣に関する法律案特別委員会の委員長となり、二月九日の貴族院本会議で委員会の審議経過を報告した。これが近衛の帝国議会おける初演説で、実質的な政界デビューとなった。二十七歳にして議会の委員長を務めるのは異例で、華族社会が近衛に寄せる期待の大きさがうかがえる。以後、近衛は数多くの法案審議で委員長を務めていく。

対支問題研究会に参加

院外における初の公的な政治活動は、大正七年二月十三日に華族会館で行なわれた対支問題研究会への参加である。同会は大木遠吉《えんきち》、寺尾亨《とおる》、今井嘉幸《よしゆき》が主催し、近衛の他に近衛の叔父津軽英麿《ふさまろ》、杉田定一《ていいち》、戸水寛人《とみずひろんど》、安達謙蔵、小川平吉《へいきち》、副島義一《そえじまぎいち》ら百余名の政治家、法学者などが集まった。会の目的は「支那の紛争は支那自身の為めのみならず、日本帝国の為め、引いては東洋永遠の平和の為めに之を取らざるところ〔中略〕支那問題の解決、換言すれば日支両国の親善提携は益々必要〔中略〕此の時に当つて政党政派の別なく国民として公正なる輿論を喚起し同問題の為めに活動するを要す」というものだった（「対支問題研究会」『東京朝日新聞』大正七年二月十五日付朝刊）。中国の安定のため日本が積極的に活動すべきだという世論を喚起すること、いいかえれば、政治の民主化の進展を背景に、国民規模でアジア主義を推進していこうというのが会の目的だったのである。小川はもちろん、寺尾も対露同志会の参加者であり、近衛がアジア主義思想と深いつながりを持っていたことがよくわかる。

内務省に勤務

議会終了後の四月十九日、近衛は内務省事務嘱託となった（「近衛公内務省嘱託」『読売新聞』大正七年四月二十一日付朝刊）。近衛は、大学卒業後、新渡戸《にとべ》稲造《いなぞう》に進路の相談をしたところ、後藤新平内相に紹介してくれたためだと回想している（近衛「新渡戸先生」『新渡戸博士追憶集』）。新渡戸は明治三十四年（一九〇一）から三六年にかけて台湾総督府に務めたが、その当時後藤は台湾総督府民政長官で上司と部下の関係にあったから、不思議ではない。

一方、大正七年四月二十九日付で内相辞任直後の後藤にあてた西園寺《さいおんじ》公望《きんもち》の書簡（国立国会図書館憲政資料室蔵「後藤新平文書」マイクロフィルム）に、「先だっては近衛氏に関し御無理申し試み候ところ早速御採用下され感謝の至り」とあるので、西園寺の勧めと紹介があったことは確実である。ただし、これは新渡戸の紹介もあった可能性を否定するものではない。

勤務ぶり

近衛の勤務ぶりは友人たちへの手紙でわかる。五月二十日付の浅見審三あて書簡（「伊藤隆氏旧蔵近衛文麿関係史料」三五七）では、毎日出勤しているが、「議会閉会中は先《まず》こんな事をしてるより外《ほか》致方《いたしかた》なく」と退屈な様子で、大蔵省に就職した石渡荘太郎《いしわたそうたろう》など一高時代の友人と会えるのだけが楽しみだという趣旨である。なお、この手紙には、「先日徴兵検査を受け候処丁種免疫〔役〕にてマンマト逃れ候。これにて多年の重荷も全部とり除かれ候」という一文があり、徴兵検査を受けたものの、公爵であるため大学卒業生であるためかわからないが、事実上兵役を免除されて安心したことも書かれている。

第一次大戦の講和会議

さて、イギリス・フランス・ロシアの三国協商とドイツ・オーストリア・トルコの三国同盟の覇権争いは、ついに大正三年七月勃発の第一次世界大戦に発展した。日本は中国進出を進めようと日英同盟を利用してまもなくイギリス側に参戦し、悪名高い対華二十一ヵ条要求を中国につきつけて大半を認めさせた。のちにアメリカもイギリス側に参戦し、三国同盟対連合国という図式となったが、大正六年十一月にロシア革命が勃発してロシアは同盟から離脱した。大正七年十一月十一日、五年以上にわたった第一次世界大戦は、ドイツに対する連合国側の勝利という形で終結した。そして、フランスのパリで講和会議が開かれることとなり、日本は戦勝国の一員として会議に参加することとなった。

日本全権団の人事は十一月二十七日に発令され、全権委員は元老西園寺公望、牧野伸顕《のぶあき》元外相ほか計五人、随員には、外交官の松岡洋右《ようすけ》、吉田茂、有田八郎、重光葵《しげみつまもる》、陸軍の畑俊六《はたしゅんろく》、海軍の野村吉三郎《きちさぶろう》など、のちに昭和期に政府や軍の高官となる人々が多数含まれていた（立命館大学西園寺公望伝編纂委員会編『西園寺公望伝』第三巻）。

西園寺公望

「英米本位の平和主義を排す」

こうしたなか、近衛は、『日本及日本人』大正七年十二月十五日号に論文「英米本位の平和主義を排す」を発表した。初の公刊論文である。このなかで近衛は、戦後の世界では、民主主義や人道主義の思想がますます盛んで、これを国際的に見れば「各国民平等生存権の主張」となり、このような平等感は人間道徳の永遠普遍なる根本原理であるが、日本の論壇が、無条件的無批判的に英米本位の国際連盟を賞賛し、これを正義人道に合致すると考えているのは嘆かわしいとして、「日本人の正当なる生存権を確認し、

日本の生存権を主張

此権利に対し不当不正なる圧迫をなすものある場合には、飽《あ》く迄《まで》も之《これ》と争ふの覚悟なかる可《べか》らず」と、平和より生存権の確保を優先すべきだと述べている。

そして、敗戦国ドイツについて、すべての後進国は獲得すべき土地がなく、膨張発展すべき余地を見出すことができない状態にあるので、「吾人は彼が事茲《ここ》に至らざるを得ざりし境遇に対しては特に日本人として深厚の同情なきを得ず」とドイツに共感を寄せた。しかし、国際協調自体は正義人道にかなっているので、日本はそのなかで生存権を主張すべきだと結論づけている。要するに、英米と同程度に日本の生存権が認められなければ正義人道に基づく真の国際協調は実現しないと主張したのである。

この論文に、アジア主義や、西田幾多郎《きたろう》の影響による西洋哲学の知識、戸田海市《かいいち》京大教授が当時唱えていた「国民生存権論」の影響が見られることはすでに明らかになっている（中西寛「近衛文麿「英米本位の平和主義を排す」論文の背景」）。アジア主義についていえば、周囲のアジア主義者たちの影響が明らかである。また、この論文が掲載された『日本及日本人』は、対外硬派の流れをくむ政教社の雑誌である。まだ論壇での名声を持たない近衛は、縁故のある雑誌に原稿を持ち込んだものと考えられる。そして、この論文の発表直後に近衛がパリ講和会議の西園寺の随員となったこと（「西侯随員決定」『東京朝日新聞』大正七年十二月二十八日付朝刊）を考えると、西園寺や政界に対し、自分が講和会議に参加するに足る見識を持っていることを示すために書いたと考えられる。

英字紙誌に転載

発表後、この論文はメディアに注目された。頭本元貞《ずもともとさだ》が発行していた週刊英字新聞『ヘラルド・オブ・アジア』（*The Herald of Asia*）一九一九年一月四日号に「No Anglo-American Peace」と題して英訳転載されたのである。頭本は「英文報国」、すなわち日本政府の政策の対外広報に尽力したジャーナリストであった（花園兼定『洋学百花』ヘラルド雑誌社、昭和十四年）。さらにその記事が上海発行の親中反日系英字週刊誌『ミラード・レヴュー』（*The Millard's Review of the Far East*）一九一九年一月十一日号の社説欄で言及された（両紙誌については蛯原八郎『日本欧字新聞雑誌史』）。

『ミラード・レヴュー』は、近衛論文の英訳の一部を引用しつつ、同論文は講和問題についての日本の方針に関する日本人の論説のなかで最も興味深いとし、筆者の近衛が全権団に加わっていることはさらに興味深いとしている。さらに敗戦国ドイツに共感を寄せたことに対し、「ドイツが正義人道の敵であるという連合国やアメリカの意見を受け入れていない」と批判している。日本がこうした反英米路線をとることに多大な警戒感を示したのである。

いずれにしろ、この論文は、講和会議に臨む日本の真意を簡潔かつ的確に表現した論文として認められた。つまり、すでに筒井清忠『近衛文麿』でも指摘されているように、近衛はこの処女論文において、知識人としての能力の高さを示したのである。そして、大正期を扱う日本外交史や日本外交思想史の研究では、現在にいたるまで、必ずといってよいほど言及される論文となっている。

全権団に参加

さて、近衛は西園寺公望に同伴して大正八年一月日本を出発、三月にパリに着き、すでに始まっていた講和会議に参加、六月末の調印式後は全権団と離れてイギリスやアメリカを巡遊、十一月に帰国した（近衛文麿『戦後欧米見聞録』、「帰朝せる近衛文麿公」『東京朝日新聞』大正八年十一月二十二日付朝刊）。

孫文と二度目の会見

のちの回想によれば、往路の上海では、前掲の『ミラード・レヴュー』の記事を見たほか、この記事を読んだという孫文と二度目の会見をし、「孫氏一度説いて東西民族覚醒の事に及ぶや、肩揚り頬熱し、深更に及んで談尚尽くるを知らず」だったという（「世界の現状を改造せよ—偽善的平和論を排撃す—」『キング』昭和八年二月号）。ただし同時代の史料では確認できない。

また、パリでは四月二十八日の総会を傍聴し、フランス首相クレマンソー、アメリカ大統領ウィルソン、イギリス首相ロイド・ジョージが一堂に会するという千載一遇の機会に遭遇し、「中心の愉快を禁ず能はず」、つまり内心愉快だったとしながらも、国際連盟規約の修正という形で日本が提案した人種平等案が否決された上で国際連盟規約が可決される状況を目の当たりにし、「嗚呼国際連盟はかくの如くにして遂に此世に現れたり」と嘆いた（『戦後欧米見聞録』）。英米本位の連盟ができてしまったと嘆いたのである。

実力養成を主張

近衛は、パリ滞在中に雑誌『太陽』八月一日号に寄せた論文「巴里より」（上）のなかで、今日は国民外交の時代であり、国民外交は公開外交なので、「実力ある国民は外交に勝ち、実力なき国民は外交に敗る」とした上で、「人類は未だ正義人道のみ活きて国家的利害打算を超脱する迄に進歩」していない以上、正義人道の美名に空頼みして力の養成を忘れてはならないと主張している。近衛は、パリ講和会議において人種平等案が否決されたことから、国民外交の時代にあっては、国民全体の力量の向上が日本の生存権を国際社会に認めさせるための前提条件だと考えたのである。

なお近衛は、五月に、当時フランス滞在中の陸軍少佐小林順一郎の案内で、第一次大戦の西部戦線の戦跡を西園寺らと共に訪問した。惨状はなお生々しく、またドイツ軍の蛮行の被害にあった住民の話を聞くこともできた。近衛は、このような惨禍を与えたドイツの罪は深いとしながらも、フランスがもう少し自力で予防策を講じていればこのような惨憺たる結果にはならず、しかも国際連盟は従来の国際法程度にしか頼りにならないとして、「日本国民よ恃《たの》む可《べか》らざるものを恃まずして先づ自らの力を恃」むことが、「荒廃を極めたる仏国戦場が最も雄弁に最も適切に我々を戒しめつ、ある教訓」と主張した（「巴里より」下、『太陽』九月一日号）。近衛は、新しい国際秩序への不満から、戦場の悲惨さの教訓として、平和主義ではなく国家主義を選び取り、それを日本国民にも要望したのである。

国民外交の推進

そしてこうした議論は近衛だけのものではなかった。講和会議における日本全権団の影の薄さは論壇で激しい批判の対象となり、国民外交の推進が叫ばれていくが、これは実質的には国家が国益の追求を国民の支援を得て行なうということを意味した（武田知己「近代日本の「新秩序」構想の〈新しさ〉と〈正しさ〉」）。こうした流れのなかで、近衛も自分の欧米体験をまとめた初の著書『戦後欧米見聞録』を大正九年六月に外交時報社から出版した。「巴里より」も一部を修正削除して収められている。全体の論旨は、英米中心の国際秩序のなかで日本が発言権を得るには、国民の自覚と欧米諸国を参考とした各方面での改革が必要だというものであった。

こうしたなかで、アメリカの提唱で大正十年（一九二一）十一月から始まったワシントン会議に日本も参加し、主力艦の制限を定めた海軍軍縮条約、太平洋の現状維持を定めた四ヵ国条約、中国の門戸開放と機会均等を定めた九ヵ国条約などに日本も加盟し、国家として協調外交路線をとることを明確にした。その後、日本は昭和三年に、領土拡大のための軍事力行使を禁じる不戦条約にも加盟する。つまり、自国の生存を確保するために、他国を犠牲にしても戦争に訴えてよいという近衛の「英米本位の平和主義を排す」の認識は通用しない国際環境が形成されていったのである。

「外交に関する決議」

近衛は、大正十一年三月に東亜同文会の副会長に就任し、昭和元年（一九二六）五月から六年十二月まで東亜同文書院の院長も兼任した。明らかに創設者の長男であることの影響である。その関係から中国問題についても発言するようになった。大正十二年二月十九日の貴族院本会議において、近衛を筆頭発議者とし、「国際政局に於ける帝国の地位及其の責任の重大なると、国民の経済的生存の意義とに鑑み、対外国策を確立し東洋平和の基礎を強固ならしむ」べしと主張する「外交に関する決議」が全会一致で可決され、その場で加藤友三郎首相も賛成した。蜂須賀《はちすか》正韶《まさあき》による趣旨説明中に、「我が国民の自存自衛の経済的発展に資するの諸国又諸地方諸地域とは、常に密接にして特殊なる関係を持続」して「東洋永遠の平和を確保する」という一節があり、文脈上「諸国又諸地方諸地域」に中国が含まれていることは疑いない。

「死活的利益」

当時、中国における利権回収運動が盛り上がっていたこと（川島真ほか編『東アジア国際政治史』）をふまえると、この決議は、日本の生存のために中国権益は必要だとして、その維持を政府に求めたものであった。まさに種稲秀司氏いうところの「死活的利益」という議論である（種稲秀司『近代日本外交と「死活的利益」』）。満洲事変以後、日本で盛んに主張されるこの考え方は、すでにこの時点で国家的な合意を得ていたのである。そして、この決議の筆頭発議者である以上、近衛もこれに同意していたことはまちがいない。

そしてその後も近衛の意見が変らなかったことは、昭和四年（一九二九）四月、東亜同文書院新入生への訓辞で、日本は土地が狭く人が多く、経済的の方面のみから見ても真に行き詰りの状態にあるので、「広大無辺の天然資源を有し、又無限の購買力を有する支那」と提携すべきだと述べたことからもわかる（『東亜同文会史　昭和編』）。

二　国論一致をめざして

アメリカ留学を計画

外遊からの帰国後、近衛は、家族を連れてのアメリカ留学を計画した（「全家を挙げて渡米の近衛公」『読売新聞』大正八年十二月十四日付）。その理由は、生活習慣、労働環境、女性のあり方、上流階級の生活様式など「あらゆる事物が因襲と不完全と不自然とに束縛されて」いる日本の「根本的改善」のためであった（近衛文麿「不愉快な日本を去るに際して」『婦人公論』大正九年二月号）。しかし、こうした日本批判に対する右翼からの強い反発や、体調不良による長期療養のため、留学は実現しなかった（公爵近衛文麿「釈明」同誌同年四月号、「再び渡米を志した　近衛文麿さん」『読売新聞』同年八月四日付）。しかし、近衛はさまざまな改革論を公に主張するようになる。

憲法研究会

まず政治改革であるが、大正十年（一九二一）六月、近衛は同志を募って憲法研究会という集団を立ち上げた。第一回の打ち合わせ会には貴族院議員七名が集まり、貴族院改革などを議論した（「華冑新人連の　憲法研究会」同紙六月十八日付）。八月の会合では、貴族院から近衛と堀田正恒《まさつね》、衆議院からは政友会、国民党、憲政会と超党派で九人が参加し、外交問題を議論した（「太平洋問題で　新人連奮起」『東京朝日新聞』八月八日付）。近衛は、この研究会は森　恪《かく（つとむ）》と立ち上げたと後年回想している（近衛文麿「森君と自分」山浦貫一『森恪』）。当時の新聞記事に森の名はないが、近衛は上記の文章で、森とともに原首相に援助を頼んで拒否されたという、かなり具体的な回想もしているので事実と判断できる。

日本主導のアジア主義を主張

なお、近衛は、この八月の会合についての新聞記者への談話のなかで、日本が軍閥の国であるという列国の批評に対して自ら深く反省し、「侵略主義を捨てゝさう云ふ不合理な制度を次第に改革してゆく様に努力したい。次に極東支那問題でも亦あくまでも支那の利権を尊重した上で絶対的な開放政策を日本自ら率先して実現したい。此点に対して政府当局者と一般国民の覚醒を望みたい」と述べている（「太平洋問題に立った新人華族の叫び」『読売新聞』八月八日付）。日本の国際的信用を向上させるための軍部の制度改革を前提として、日本主導のアジア主義を実現すべきことを、政府のみならず、国民にも呼びかけているのである。研究会の名称からもわかるように、この研究会は、憲法改正も視野に入れた改革を検討、推進するために組織されたのである。

第一次大戦直後の日本は、列強に対等に渡り合える強国をめざし、第一次大戦が国家総力戦となったという認識を背景に、国民のさらなる自発的協力を必要とするという国家主義的な観点から様々な改革が取りざたされた。普通選挙運動はその代表例といえる。軍部に関しても政府の統合力強化という観点から、軍部大臣現役武官制の改正問題が盛んに論じられた（森靖夫『日本陸軍と日中戦争への道』）。

講演「国際連盟の精神」

近衛は軍部の改革について、大正十年十月十二日に愛媛県松山で行なわれた、国際連盟協会主催の講演会における講演「国際連盟の精神」において、さらに踏み込んで論じている（「国際連盟趣旨宣伝」『大阪朝日新聞』十月十一日付朝刊四国版、国会図書館憲政資料室蔵「近衛文麿関係文書」マイクロフィルム）。同会は国際連盟の後援組織として国ごとに結成された組織で、近衛は同年四月の第一回総会の際、渋沢栄一会長の指名で理事の一人となった（「国際連盟協会々報」『国際連盟』第一巻第四号）。近衛は、大正十四年三月二十七日、同会への政府の財政援助を求める貴族院本会議で可決された「日本国際連盟協会事業の奨励に関する建議」の筆頭発議者となるなど、同会の発展に協力した。

この講演で近衛は、肝心の国際連盟は骨抜き同然となったとしながらも、「大勢の上より見て人類の世界が従来の如き暴力を基調とする国際関係より次第〳〵に正義に依つて体せらる国際組織に進化しつ、ある事は争ふ可らざる事実」と述べ、国際連盟を中心とする国際協調の枠組みのなかで国益を追求すべきだという姿勢を示した。

統帥権独立廃止を主張

その上で、日本の軍国主義侵略主義の結果は日本が世界的に孤立する状況を招いたので、「我々が新らしき国際舞台に乗り出して局面を展開するには先づ第一着手として列国をして我国を批難攻撃するに至らしむる原因を除かねばならぬ」ためと、日本における議院内閣制確立のため、軍と政府の並立の二重政府という変態を変えるべく、参謀本部を「責任政治の組織系統内に引き入れる」ことを主張した。国論の統一という観点から統帥権の独立の廃止を主張したのである。ただし、結論としては、制度の改正よりは、「国民全体が国際関係に対して今少しく進歩的に自覚しなければならぬ」と、国民の自覚を重視した。

なお、二重政府論にもとづく統帥権批判は、『中央公論』同年三月号の吉野作造の論文「二重政府より二重日本へ」ですでに論じられており、参謀本部廃止についても枢密顧問官三浦梧楼《ごろう》が提唱していた（「東人西人」『東京朝日新聞』同年六月十四日付朝刊）。したがって、この議論は近衛の独創ではないが、近衛が参謀本部廃止を日本の国際的地位向上に向けての検討課題の一つと認識し、そのことを公の場で主張していたことはわかる。

貴族院改革については、『東京毎夕新聞』大正十一年一月六日付夕刊（五日発行）掲載の「貴族院の改善」において、官僚軍閥の残党は、貴族院と枢密院を根城に、「陰険なる手段を弄して政府毒殺」を企てることがあるが、「憲法上解散を命ぜらるゝことのない我が貴族院が其の憲法上の保障を楯にして無暗に政府に衝突し頻々として政府弾劾を敢てするが如きは憲政上の危険」が大きいので、「謂はれなき憲法改正の大事が企てられた際とか或は衆議院が横暴専恣の極度に達した時」を除き、貴族院の権限をある程度に制限すべきであるが、現行制度の改正は実施しがたい事情があるので、「先づ議員各自の自制に依つて理想の域に到達し度《た》い」、つまり、衆議院が不合理なことをしない限り貴族院は自主的に衆議院の意志を尊重すべしと主張した。

近衛の議論で注意すべきことは、近衛は衆議院を無条件で肯定していないことである。近衛は、同紙の翌年一月九日付（八日発行）と十日付（九日発行）に寄稿した「代議制度の本義」（上）（下）においても、国務の範囲が多くなり、あらゆる問題は議会が中心となって処理するため議会の審議が形式的になったとして、議会制度の形がい化を指摘し、さらに一般国民の文化的向上が著しい割合に議員の素質が向上せず、政党政治の弊害が意外に大きいことを指摘するだけでなく、民意の妥当性についても疑義を呈し、「日本青年が〔中略〕現代の如く抽象的空理空論に走るときは国家の前途が憂へられる」と、改善を主張した。

新体制運動時の主張の原型

こうした議論のなかに、すでにのちの新体制運動における近衛の主張の原型がうかがえることは注意しておくべきである。ただし、改善策については、「現在の代議制度に代るべき良制度」はないので実質の改善以外に良策はないとした（「代議制度の本義」（下））。いずれにしろ、衆議院も、その背後にある民意も絶対善ではないと認識され、貴族院はそれを矯正しうる超越者あるいは賢者的存在として想定されている。西田やワイルド、あるいは吉野や河上の思想的影響が明らかである。

教育改革論

右の史料では日本国民の質の改善が主張されているが、その関係で近衛は教育改革も主張した。『国民新聞』大正十年七月三日付朝刊掲載の「日曜論壇　教育の改善」において、「内外重要の時に当り、青年の多くが、社会当面の利害に冷淡」なのは、国家にとって良いことではないので、「抽象的教育を、常識教育に、改善すると云ふ事は、所《いわ》謂《ゆる》危険思想の対抗策としても、亦必要」であり、さらに我国教育上の重大なる欠陥は、生徒を常に受動的の地位に置くことなので、教員養成教育を改善し、いっそう人間らしい教員を作ることが、目下の急務とした。当時の最新の教育学研究の動向（三好信浩編『日本教育史』）をふまえつつ、国民の質の向上のための教育改革を主張したのである。

日本青年館理事長

同じ年の九月、日本各地の青年団の要請により日本青年館の建設・維持のために財団法人日本青年館が設立された際、近衛は設立者の一人に名を連ね、内紛で辞職するまでの約三年間、初代理事長として在任した。社会教育への強い関心がわかるが、その背景に国民の質の向上への関心を見ることは容易である。同館の理事には内務官僚出身の後藤文夫、職員には志賀直方《なおかた》（白樺派の小説家志賀直哉の叔父）や前出の後藤隆《りゅう》之助《のすけ》など、以後近衛の周囲で活動する人々がいた点でも留意に値する（熊谷辰治郎編刊『大日本青年団史』。内政史研究会編刊『後藤隆之助氏談話速記録』）。

教育研究会

話はいささか先走るが、昭和六年（一九三一）五月、教育研究会という組織が「教育制度改革案」を発表した（石川準吉編『綜合国策と教育改革案』）。同会はまさに日本青年館の関係者（後藤隆之助、後藤文夫ら）が中心となって昭和五年に成立した組織である（八本木浄『両大戦間の日本における教育改革の研究』）。吉野作造、井田磐楠《いわくす》（右翼活動家、貴族院議員）、阿部重孝（教育学者）らとともに近衛の名がある。しかも、この案は、現行教育制度の欠点として、教育内容の画一化、知育偏重、教員の人材不足など、近衛の持論を取り入れた部分も多く、近衛がその後も教育改善に関心を持ち続けていったことがわかる。

近衛の日本改革論

以上の近衛の日本改革論をここまでの文脈上で解釈すれば、国民外交、公開外交の前提として、日本の国家意思の正当さを主張できる条件作りという見地からの議論であることがわかる。また、改善の手法としては、制度改革より当事者たる国民の自発性の尊重を一貫して主張しており、これは近衛の政治的信念というべき考え方と判断できる。

新日本同盟に参加

大正十四年三月、「党弊」改善などを目標に、内務官僚、ジャーナリスト、代議士の有志で結成された新日本同盟に、近衛が幹部（幹事）の一人として参加した（河島真「新日本同盟の基礎的研究」）のも、こうした主張の上のできごとと位置づけられる。しかし、その活動を通じても妙案が浮かばなかったことは、昭和六年二月、衆議院での乱闘事件によって政党政治批判が高まった際も、近衛が、「議員各自が自制」すればよい（「新聞も野次を黙殺せよ」『東京朝日新聞』昭和六年二月二日付朝刊）と、自制論を対案として主張するにとどまったことからわかる。

研究会入会

近衛は、自説を主張するだけでなく、その実行のために行動した。大正十一年九月、近衛は、貴族院の院内最大会派である研究会に入会した。研究会は、貴族院をしばしば衆議院と対立させ、世論から批判を浴びていた。そこで、研究会の事実上の指導者だった水野直《なおし》は、世評挽回のため、近衛を会の指導者に担ごうと入会を勧誘し、実現させたのである（内藤一成『貴族院』）。

しかし、近衛は入会理由を「単に批評家として言論を吐いてゐるには無所属も良いが実際の仕事をしようとするには多数の力が必要」とし、「或程度の自由を保持し自分の考へを実現する事に努め」ると主張した（「賛美と罵りが渦巻く」『読売新聞』九月二十八日付）の

筆頭常務委員

憲政会内閣安定に尽力

西園寺の信任

で、貴族院を自制させるため、最大会派の幹部となるべく入会したことがわかる。

近衛は、大正十三年五月に研究会の筆頭常務委員に就任した（内藤一成『貴族院』）。政党でいえば党首に相当する立場となったのである。同年四月の総選挙の結果、六月に普選実施を掲げる加藤高明《たかあき》率いる護憲三派内閣が成立すると、近衛は加藤首相から研究会の政府支持とりまとめを依頼された。近衛はこれを承諾し、さらに「普選案に対しては貴族院は反対すべき筋合のものでなく（中略）研究会が反対の態度をとるやうであつても私は賛成の態度をとらうと思ふ」と持論に沿った見解を公表した（「政府、研究会間の　橋渡しを頼まれた」『東京朝日新聞』六月十四日付朝刊）。

これ以後の新聞報道や、元老西園寺公望の側近松本剛吉《ごうきち》の日誌（岡義武ほか編『大正デモクラシー期の政治』）を見ると、近衛は研究会の常務委員を辞めるまで、首相と研究会の間の折衝役を担い、憲政会内閣の政治的安定に尽力し続けたこと、さらに昭和七年の五・一五事件ごろまで、しばしば西園寺に直接会ったり、松本を介して西園寺に政情報告を行なう一方、西園寺を訪問した際に西園寺の意向を聴取し、これをマスコミや政府や研究会の首脳に伝える側近的役割を果たしていたことがわかる。これは西園寺の近衛に対する信任の深さを示しており、当然近衛の政治的存在感は増大し続けた。大正十四年三月には普通選挙法案の貴族院通過に際し、自身の研究会脱会をほのめかして研究会内の反対派を翻意させるなどの活躍を見せた（「近衛公の奔走」『東京朝日新聞』三月二十九日付朝刊）のも、こうした西園寺の後援による存在感の増大を抜きにしては考えられない。

さらに、同年四月の革新倶楽部の政友会への吸収をへて、八月に憲政会と政友会の連立が破れて加藤高明内閣が憲政会単独内閣となると、近衛は、内閣の政治的安定のため、当時野党の政友本党と憲政会の協力関係の構築を試み、さらに空席となった海軍政務次官の後任に、研究会の井上匡四郎《ただしろう》を入れる人事に協力した（「憲政、本党、研究会　三角同盟の計画」「研究抱込の　一芝居」『東京朝日新聞』八月八日付朝刊）。

加藤の病死により若槻礼次郎が内閣を引き継いだあとの昭和元年六月には、内閣改造にあたって、井上匡四郎を鉄道大臣に送り込む工作の中心となり、これを実現させたが、今回は研究会内にも反対が少なくなく、かなり強引な工作となった（「研究会内部　暗闘の兆」同紙六月四日付朝刊）。いずれにしろ近衛は、選挙結果を反映して誕生した内閣が世論と離反しない限り支えるべきであるという所信実現のため、活発に行動したのである。

『上院と政治』

近衛はこうした政治活動のかたわら、大正十三年末に、諸外国の上院改革史を紹介した大著『上院と政治』を日本読書協会から出版した。イギリスの上院史に紙幅の三分の一が割かれており、一八三一年の下院選挙法改正の上院否決から、一九一一年の議会法改正で上院が実質的権限を失うまでの過程、さらにこの本の執筆時点までの上院改革論議を詳細に紹介し、上院の影響力減少の原因を「時勢」、つまり時の勢いと結論づけている。

「我国貴族院の採るべき態度」

さらに翌年の十一月二十一日から二十四日にかけて、「わが国貴族院の採るべき態度」を『東京日日新聞』朝刊に連載し、のちに小冊子にまとめた。この論文で近衛は、『上院と政治』の成果を生かし、イギリスの上院史と日本における政党内閣の成立をふまえ、貴族院と「国民の輿論を代表する政府与党の多数を占める衆議院」との正面衝突は好ましくないとした。しかし、貴族院の権限を縮小すると両院制度の意味がなくなる上、権限縮小のためには憲法改正が必要だが、憲法改正を検討しはじめると、変更改正に対する希望が続出して、「国家の基礎」にまで動揺を及ぼしかねないので、「貴族院は自ら節制して、如何なる政党の勢力をも利用せず、またこれに利用せられず、常に衆議院に対する批判牽制の位置を保つと同時に一面民衆の輿論を指導し是正するの機能を有す」べきで、国民の意志が明らかに政府及びその与党を離れつつある場合を除き、衆議院の多数党に「頑強に反対してこの志を阻むやうなことがあつてはならない」と主張した。

貴族院自制を定式化

近衛は、貴族院の役割を世論の思想的指導者と位置づけた上で、貴族院の非政党化と自制の必要性を定式化したのである。この論文を、当時民本主義論の旗手だった吉野作造が、『中央公論』の昭和二年一月号「近衛公の貴族院論を読む」で「近代精神の要求に通じた至当の明論」と絶賛したことは、近衛の貴族院論の水準の高さを示している。

ただし、井上入閣問題を機に研究会の内部対立が激化し、昭和元年十一月、近衛は相談役に棚上げされ、事実上実権を失った（「反幹部気勢におびえて　研究幹部の対応策」『東京朝日新聞』十一月十七日付朝刊、「研究会相談役　三氏当選」『読売新聞』十一月二十五日付朝刊）。近衛はこれを機に新会派結成を検討しはじめ、研究会の内紛に失望した元老西園寺もこれを認めた（伊藤隆ほか編『有馬頼寧日記』一、昭和二年一月三十日条、「研究の暗闘から　近衛公遠ざかる」『東京朝日新聞』同年十月二十六日付朝刊）。

若手華族との交流

近衛が新会派結成を考えた背景には、貴族院内の若手公侯爵議員たちとの交流の深まりがあった。昭和元年～二年ごろから、京大時代に親交を結んだ木戸幸一《こういち》を接点として、十一会や東京倶楽部午餐会といった会合で貴族院改革や政情について定期的に意見交換をするようになったのである（後藤致人『昭和天皇と近現代日本』）。

研究会脱会

そこで近衛は、田中義一《ぎいち》政友会内閣成立から約半年後の昭和二年十一月十二日、他の六名の公侯爵議員と研究会を脱会、二十九日に公侯爵議員二五名による新会派火曜会を結成した。その結果、研究会の内部対立が激化し、研究会は政局への影響力をほぼ失なった（内藤一成『貴族院』）。

こうした行動の理由について近衛は、火曜会発足直後に行なわれた二つの講演をまとめた冊子のなかで、「加藤伯が突然長逝されましてからは、政府と研究会との関係に於て私の考と一致しないやうなことが屢々《しばしば》起つて参つた」ため「私の貴族院に対して持つて居る平素の考を理想的に実現するには、研究会に居るより他の方法に依るのが遥《はるか》に良策であると考」えたとしている（『貴族院改革と現行制度の運用』）。つまり、近衛は、政権交代によって研究会と内閣の関係の再構築が必要となったが、研究会の内部対立が激しく、研究会を中心として貴族院の自制を維持することが難しくなったと判断したのである。

ここで注意しておきたいのは、近衛は研究会時代、政界の裏面工作に深く関与し続けたにもかかわらず、こうした政界の現状を肯定しなかったことである。近衛は政界の実状を十分に知った上でなおこれに納得せず、理想を追求する姿勢を示したのである。

大礼使長官

田中首相問責に尽力

火曜会結成後の近衛は、昭和三年十一月の昭和天皇の即位大礼に際し、大礼の準備と実行のため、臨時に設けられた大礼使という行政機関の長官を務め、昭和四年二月には貴族院史上初となる事実上の首相問責決議案の可決に尽力した。これは、田中義一首相が辞意を抱く閣僚の慰留に天皇を利用したとして、世論の田中批判が高まった結果起きた事態である（拙稿「昭和天皇首相叱責事件の再検討」）。内閣の諸施策の不手際や、昭和三年二月の総選挙で与党政友会が過半数獲得に失敗し、野党議員を買収して過半数を獲得したことから、政府や衆議院の動向が世論と乖離しているという当時の世論（同前）をふまえると、まさに近衛は、議会や政府が民意と離反した際は貴族院に独自の行動が許される、という持論を実行したのである。

その後、昭和五年九月末、木戸幸一の内大臣秘書官長就任に際し、牧野内大臣の要請で木戸を牧野に引き合わせた（木戸日記研究会編『木戸幸一日記』上）。一方、同年十一月十四日、民政党内閣の浜口雄幸《おさち》首相が、政府の世界恐慌への対処ぶりやロンドン海軍軍縮条約の強行に反感を持った右翼に狙撃されて重傷を負った際、元老西園寺の秘書となっていた原田熊雄に対し、近衛は、「五百《いお》木《き》良三《りようぞう》と会つた時に、五百木は『だん〳〵にこれからあるでせうが、結局来年の二三月頃には大きなことが起ります』と語つてゐた」と語った（原田熊雄述『西園寺公と政局』一）。実際、翌年に三月事件と呼ばれる軍事クーデター未遂事件が起こることを考えると、近衛が右翼浪人たちとの関係を続けた結果、幅広い情報収集能力を持ちえていたことがわかる。

木戸幸一

貴族院副議長就任

昭和六年一月十六日、前任者の任期切れを理由に、近衛は貴族院副議長に就任したが、これは浜口内閣や徳川家達《いえさと》貴族院議長の意向によるものだった（「貴院副議長」『東京朝日新聞』昭和五年十二月二十二日付朝刊）。前述のように、徳川は近衛の叔父にあたるので、徳川としては、近親者の方がやりやすいという事情があったと思われる。一方で、研究会から反対の声が出ていたこと（「近衛公も貴院副議長」同紙同年十二月三十一日付朝刊）をふまえると、浜口内閣にとっては、政党内閣にとって望ましい貴族院像を主張していた近衛の議長就任への布石を打った人事と考えるべきである。

議長就任を希望

しかも、就任説が浮上していた昭和五年十二月二日、近衛は華族仲間の岡部長景《ながかげ》に対し、「将来議長にはなつて見たい」と述べている（尚友倶楽部編『岡部長景日記』）。近衛も、政党内閣時代にあって、持論に従って政党に所属せずに貴族院の自制の維持や貴族院改革を実現するには、議長が最適な立場だと認識していたのである。

なお、近衛は貴族院副議長就任直後の五月、徳川議長が設置した貴族院制度調査会の委員長に就任した。近衛が貴族院改革論者であり、かつ副議長という地位についたためと考えられる。調査会は昭和八年まで存続したが、発足後まもなく満洲事変が勃発したこともあり、さしたる成果をあげることはできなかった（内藤一成『貴族院』）。

国家社会主義者

以上のように、満洲事変勃発前の近衛は、日本国内の弱者救済のために日本が「正義人道」にもとづく生存権、具体的には中国に対する経済的な主導権の確保、を主張できるだけの国際的発言力を持つことが必要で、そのためには国論の統一が必要で、その実現のためには、日本の現状を自覚し、自発的に協力できる資質の高い国民を創出するための教育改革と、既存受益者の自制を含めた政治改革が必要だという、体系的な政策論を主張していた。国内の弱者救済のためには国家の強化が必要だという、いわば国家社会主義を主張していたのである。そして、世襲華族という立場で持論を実現するため、貴族院の動向の主導権を握るべく試行錯誤を続けたのである。

三　満洲事変に直面して

満州事変勃発

近衛も関心を寄せていた日中関係だが、田中義一政友会内閣期の数度にわたる山東出兵のあと、第二次若槻民政党内閣期には、当時満洲と呼ばれていた地域（中国東北部）の日本権益をめぐる対立（満蒙問題）が深まっていた。スキャンダル続きで国内の不況も中国問題も解決できない政党内閣への世論の失望を背景に、板垣征四郎《せいしろう》、石原莞爾《かんじ》や東条英機《ひでき》、鈴木貞一《ていいち》など陸軍の一部エリート将校は、木曜会や一夕会《いっせきかい》などの結社に集って国内改造と満蒙問題の解決をめざし、昭和六年（一九三一）九月十八日、関東軍の謀略によって満洲事変を勃発させた（筒井清忠『二・二六事件とその時代』）。近衛の思想と行動は、これを機に初めての大きな転機を迎える。

近衛は満洲事変直前から陸軍の動きを察知していた。同年三月、右に見た陸軍の中堅エリート将校の一部が軍事クーデター未遂事件を起こした。三月事件である。八月十二日、近衛は原田熊雄、木戸幸一とともに、華族出身の陸軍エリート将校井上三郎から三月事件に関する情報を聴いている（『木戸幸一日記』上）。そして、満洲事変勃発後も、木戸や原田と連絡をとり、善後策を協議したりしている（同前九月二十二日、十月一日・五〜七日、十一月七日条など）。

国維会に参加

それでも近衛は、十一月中旬に木戸や原田らと政民連立内閣工作を試みるなど、なお政党内閣を支持していた（小山俊樹『憲政の常道と政党内閣』）。しかし連立内閣構想は失敗し、十二月十五日に犬養《いぬかい》毅《つよし》政友会内閣が成立すると、近衛は政党内閣とは異なる政治体制を模索しはじめた。それは、後藤文夫など内務官僚を主な構成員とし、陽明学者安岡正《まさ》篤《ひろ》を主宰者とする私的結社国維会《こくいかい》が、内政外交の危機を「日本精神」による「維新」で打開することを掲げて昭和七年一月に結成された際、近衛も理事として参加したこと（『国維』創刊号、昭和七年六月）にあらわれている。

国内世論も、陸軍の宣伝活動の効果もあって、満洲事変肯定一色に染まりつつあった（加藤陽子『日本人はそれでも「戦争」を選んだ』）。こうした状況に対し、吉野作造は「民族と階級と戦争」（『中央公論』昭和七年一月号）で、民族生存のための帝国主義は「理論上一応の合理性」はあるものの、軍事力まで使っての進出は限度を超えているという第三者の批判は免れないとし、満洲事変の戦果に国内が沸く状況に対し、「渇しても盗泉の水は飲むな」という警句も引用しつつ、「決して正義の国日本の誇るべき姿ではない」と警告した。しかしこうした正当な意見が重視されることはなかった。

深まる陸軍との関係

こうしたなか、昭和七年二月初めには小磯国昭《こいそくにあき》陸軍省軍務局長、永田鉄山《てつざん》同局軍事課長と近衛の接触が始まり（『木戸幸一日記』上、二月三日条）、同月下旬になると、近衛は次期首班として当時（犬養毅政友会内閣）の荒木貞夫陸相を推したり（同前二月二十三日条）、陸軍内部で首班待望論が出ていた平沼騏《き》一郎《いちろう》枢密院副議長を、平沼一派の陰謀に対する、「先手」として宮中入りさせるべきだという意見を木戸に述べた（『西園寺公と政局』二、二月二十四日条）。近衛は軍部の政治進出を許容するようになったのである。

満州事変肯定へ

従来の近衛の論調をふまえると、軍部クーデター計画の発覚や満洲事変などの国家的危機にあっても政争に明け暮れる政党勢力には、もはや国論を統一し、日本を強国化していく力はないと判断し、それに代わる政治勢力として陸軍に注目するようになったことがわかる。そして、陸軍を肯定した以上、満洲事変も肯定に踏み切ったことになる。

そうしたなか、四月四日朝、近衛、木戸、原田らの会合では、次期首班は斎藤実《まこと》（海軍出身の前朝鮮総督）が適任だという意見で一致したが、夜の近衛、原田熊雄、白鳥敏夫（外務省情報部長）、鈴木貞一の会合では、次期首班について、鈴木や白鳥が近衛に出馬を勧め、原田も賛成した（『西園寺公と政局』二、四月四日条）。これが近衛首班説の初出である。

近衛首班説の初出

ただし近衛は反応を見せず、原田から相談された木戸も、政策や人事に関する構想を立ててからだとして消極的だった（『木戸幸一日記』上、翌日条）。そのためこの話は立ち消えとなり、マスコミが報じることもなかった。

文隆の留学

なお、四月二十八日、近衛の長男文隆がアメリカのローレンスヴィルハイスクールへの留学に出発した。息子をアメリカに留学させた理由について、近衛はのちに新聞で「日本精神を涵養《かんよう》するには外国の方がい丶んだ（中略）外国にゐれば日の丸の旗の有難さも祖国愛といつたものもかへつてはつきり認識させられる」（「公爵さまは子煩悩」『読売新聞』昭和九年四月二十一日付朝刊）と説明する一方、知人には、「英国へ留学させろと勧める人もあつたが諸民平等の理を体験せしめ一君万民の四民同等を知らしむる為めにはデモクラシーの国が善いと信じて米

荒木貞夫

国を選んだ」と説明している（松波仁一郎「近衛篤麿公と私」『文芸春秋』昭和十二年八月）。前者の説明ではアメリカを選んだ理由までは説明できないので、後者の説明を近衛の真意とみなすことができる。学生時代以来、社会の不平等に敏感だった近衛は、華族という地位に将来性はないと考えていたことがわかる。

政党内閣中断に尽力

それからまもない五月十五日、五・一五事件が起き、犬養首相が暗殺されると、近衛は荒木貞夫、永田鉄山、鈴木貞一、森恪らと接触して、陸軍が政友会単独内閣継続に反対であることを知り、原田らとともに元老西園寺公望に超然内閣論をとるよう説得した（伊藤隆ほか編「鈴木貞一日記—昭和八年—」付録）。結局、西園寺は二十二日に斎藤実を首班として天皇に推薦し、二十六日に斎藤内閣が成立するので、近衛は政党内閣の中断に一役買ったことになる。

近衛は、同事件発生直後、陸軍が前年の三月事件など内部の過激な動きの慰撫に努力して直接行動の勃発を多少防止しえたのに対し、前年の血盟団事件連座者に対する海軍の方針が相当峻烈を極めたため、「危険分子をやや焦燥ならしめ、かへつて直接行動の勃発を促した」と述べ、過激行動に対する融和策の必要性を知人に主張した（小山完吾『小山完吾日記』五月十七日条）。

元老西園寺は、こうした近衛の親軍化に歯止めをかけようと、将来の内大臣就任を含みとした貴族院議長への棚上げをもくろんだ（『西園寺公と政局』二、昭和七年三月二十六日、四月六日条）。しかし、その実現を待たずに近衛は新たな行動を開始した。

「真の平和」

近衛は、昭和八年元旦付の国維会の機関誌『国維』第八号に寄せた巻頭論文「真の平和」で、国際連盟全面否定論をはじめて展開した。国際連盟や不戦条約を、「真の平和」を実現する力はないと否定し、「真の平和」は、戦争の原因となる不合理な国際状況を調節改善することによってのみ実現できるので、日本は、今後の国際会議において、資源公開と人種平等の二大原則を主張すべきだが、毎年百万人近い人口増加によって経済的に圧迫されているため、この二大原則の実現を待つことはできず、それが日本が「万難を排して」満洲に進出した理由だとして、満洲事変を生存権主張の立場から肯定した。その上で、「真の世界平和」の実現を妨げる最大要因は日本ではなく欧米であることはパリ講和会議が実証しているので、欧米の識者は、しっかりと反省し、「真の世界平和」の実現方法を考えるべきだと主張した。非は欧米列強にありとしたのである。かつての生存権論にもとづく国際協調路線への懐疑論を、満洲事変を契機として、否定論にまで強化したのである。

国政革新案

さらに、同じ号に掲載された「国維会研究案　国政革新の要訣」には、内閣制度については国務大臣と各省長官の分離と少数閣僚制、教育については「国体観念の明徴と日本精神の長養とを重ずる」、外交については「国際正義に基く東洋民族の解放と提携」と「東洋諸国との経済的共存共栄の実現」を国是とすることなどが主張された。政党内閣では、与党党首が首相となって強力な指導力が自然と形成されるために、このような内閣制度改正は必要ないことを考えると、近衛が国論統一の手段としての政党内閣を見放し、かわって各勢力の連合による非政党内閣を是とする考えに傾いていたことがわかる。

本案は、満洲事変後、日本の国際的孤立が深まり、政党内閣復活も期待できないなかで、満洲事変の肯定を前提とする危機打開策と解釈できる。すなわち、日本を中心とするアジア独自の国際秩序形成実現のために、強力な非政党内閣と高い資質の国民を創出し、そうした内閣制度や国民が目標実現に向かって一致団結して作動していくための政治信条（イデオロギー）として天皇を活用していくという構想である。

近衛の新しい方向性

この政策案は、外交策や教育策の一部に近衛の持論が反映されていることが明白である上、その他の部分も、内閣制度改正や日本主義の高調、「国際正義」という言葉の登場など、以後近衛の持論となる内容ばかりであり、右の近衛論文と国維会の政策構想は、近衛の新しい政策的方向性が昭和七年末から八年初頭までに定まったことを示している。

「世界の現状を改造せよ」

近衛は、前出の「真の平和」の内容を敷衍《ふえん》した論文「世界の現状を改造せよ―偽善的平和論を排撃す―」を、当時もっとも著名な大衆雑誌『キング』の同年二月号に寄稿した。満洲事変を日本の自衛行動と認めないリットン報告書をふまえ、連盟脱退論が日本国内で次第に力を持ち始めていたころである。同誌編集部が「真の平和」を時宜にかなった優れた論文と認識したためと推定できる。この論文では、戦争の悲惨さを重視するあまり、国際関係の現状を放置したまま平和主義を進めても真の平和はもたらされないと前置きし、かつての論文「英米本位の平和主義を排す」との共通性を明言し、さらに生存権論の説明のなかで「持てる国」「持たざる国」という図式を初めて用いている。

二つの論文の価値

ただし、これらの主張の根幹にある、日本の生存権確保のための日本主導の日中関係の維持という考え方は、すでにみたように大正期にすでに国策となっていた。この論理を用いれば、満洲事変を自衛行動として正当化するのは容易となる。満洲事変以後の新しい傾向としては、国際連盟を否定し、満洲国を国家として認めるという状況をふまえ、日本を中心とする東アジア独自の国際秩序を形成すべきだ、という議論が出てきたことがある。そうした国際秩序構想を提唱したのは、東京帝大法学部教授の蠟山政道《ろうやままさみち》であった（マイルズ・フレッチャー〈竹内洋ほか訳〉『知識人とファシズム―近衛新体制と昭和研究会―』）。近衛の二つの論文の価値は、貴族院副議長の地位にある有力政治家が、当時の日本で広く採るべきとされた政策を、かなりわかりやすく主張したことにある。

ただし、先に紹介した吉野作造の批判論の存在をふまえれば、大規模な武力行使を必要とした行動が正義にかなうかについて、当時から大いに疑問の余地がありえたことは注意しておきたい。

大アジア協会に参加

『キング』二月号の刊行とほぼ同時期の一月二十六日、国際政局の重大危機に直面して学界、華族、軍部など各方面に連盟脱退、「大アジア団結」が叫ばれるようになったとして、大アジア協会の第一回創立委員会が開かれた。参加者のなかには、陸軍の松井石根《いわね》中将、平泉澄《ひらいずみきよし》東京帝大文学部教授、広田弘毅《こうき》前駐ソ大使らとともに近衛の名もあった（「大アジア協会　愈創立」『東京朝日新聞』一月二十七日付朝刊）。満洲事変肯定に伴うアジア主義論は政界や論壇で有力な流れとなりつつあったのである（松浦正孝『「大東亜戦争」はなぜ起きたのか―汎アジア主義の政治経済史―』）。

平泉澄

なお、平泉は、国家主義的な歴史学を提唱する日本史家で、これを機に近衛と親しくなった。近衛は、祝辞の原稿などをいくつか代筆させたり、平泉の宮中への接近を図るなどしていくことになる（若井敏明『平泉澄』）。

国際連盟脱退

結局、日本政府は三月二十七日、連盟脱退を表明した。近衛も同年五月の役員改選を機に国際連盟協会の理事を退任した（「本協会ニュース」『国際知識』昭和八年五月）。近衛は、時流への便乗者というよりは、むしろ時流を作る要因の一つだったことになる。

貴族院議長に就任

同年六月九日、徳川家達になんらかのスキャンダルが発生したため、近衛はついに貴族院議長に就任した（『西園寺公と政局』三、六月七〜八日条）。十月に入り、五百木良三、小川平吉、大竹貫一ら篤麿の側近たちが議長官舎に集り、近衛とともに祝宴を催した（松本健一『昭和史を陰で動かした男』）。その前後から再び近衛首班説が現れた。五月に、松井石根が近衛と原田熊雄との会食時に提案し（『西園寺公と政局』三、五月十一日条）、七月末、民政系内務官僚の大物、伊澤多喜男による近衛次期首班説が報じられた（「政界漫談　疑問の大同団結」『読売新聞』同年七月二十九日付朝刊）。近衛首班説の報道はこれが初である。

平沼騏一郎内閣を主張

近衛自身は、軍を抑えられるという理由で次期首班に平沼騏一郎を推していた（『西園寺公と政局』三、同年三月二十八日条）。一方で十月には、後藤隆之助が蠟山政道を中心に政策の研究会を始め、当初は近衛も出席していた（酒井三郎「酒井メモ」同年十月九日・二十日条）。これがのちに昭和研究会に発展するのだが、これも近衛首班説を意識しての動きであった（座談会「近衛内閣の成立を語る」『東洋経済新報』昭和十二年六月十二日付における蝋山政道の発言）。

言論活動活発化

こうした近衛の政界における存在感の増大とともに、近衛の言論活動も活発化した。『日の出』昭和八年七月号「当代の人物を語る──政治の中心なき日本の現状を憂ふ──」は、近衛の政治家論や軍部観がまとまって論じられているという点で重要な論文である。近衛は、駆け引きや嘘がなかったという点で加藤高明を、「あまりに政党根性が露骨なので驚きはしたものゝ、やつぱり力の政治家として容易に見ることのできない」という点で原敬《たかし》を傑出した人物とし、「今日のやうな時代には、非常に強力な、力の政治家が必要」と主張した。また、病死まもない森恪について「今の政治家には、理想がないが、森君には、終始一貫して、東洋モンロー主義ともいふべき理想があつた」ので偉いとした。公明正大で強力で一貫した思想を持った政治家が理想だというのである。

陸軍支持を明言

陸軍については、「目下軍部の力が強いのは、軍部に、日本の国を何処へ持つてゆくかといふ案があるからで」、そうなると国策は軍人本位になりやすく、そこに非常な危険もあるが、案のない方が案のある方に引張られるのは当然なので、「今日の政治家が軍部に引きずられてゆくのも、仕方がない」と支持する姿勢を明確にした。そして、その国策の方向性について、従来の日本は列強の主張に追随すればいいという協調主義だったが、今後は「此方の主張を、できるだけ相手に呑込ませて、相手をできるだけ此方の意志のとほりに引張つてゆく」という意味での自主外交であるべきで、そのためには統一した国策が必要なので、政治家は軍部の国策を検討して「本当の国策」をたてるべきであるし、その上で政治は政治家が中心となってやるべきだと主張した。

軍拡を肯定

さらに『報知新聞』九月二十九日付朝刊掲載のインタビュー「新邸に納つて　近衛公時局談」では、陸海軍の大幅な予算増額要求に関し、国力を無視しているという政界一部の意見を認識不足とし、アメリカが不況を克服して経済的に立直った場合、「宿望の太平洋上の制覇権獲得」に全力をあげるため、「日米の重大な危機が到来する」が、その際アメリカがソ連や中国と提携する可能性に備えるべきだとして、日本の軍拡を肯定した。

ブレーン・トラストを提唱

『政界往来』十一月号掲載の政治評論家たちの対談記事「近衛公と「非常時局」を語るの会」では、政治家が軍部に引きずられない方法として、総理大臣の下に軍部も含む中堅者による「ブレーン・トラスト」、つまり政策立案グループを作ってそこですべての国策を立案することを提唱し、さらに、閣内に陸海軍大臣、大蔵大臣、外務大臣、総理大臣で一種の国防、外交の最高の会議を作ることをすでに斎藤首相に提案したと述べている。後者についでは実際に九月から五相会議が発足している。

近衛は、軍拡を全面的に肯定しているので、政策立案機関にしろ、五相会議にしろ、国論を軍拡路線に統一するための手段であり、自主外交とは日本がそうせざるをえない理由を国際社会に説明し、納得させていくという意味となる。近衛は陸軍の政策は現在の日本に必要であり、それを円滑に実現するのが政治家の役割だと考えたのである。

教育の国家主義化

また、『日の出』十月号掲載の「国民精神の眼覚め」では、「内には国論を統一して、全国民打つて一丸とな」るため、「日本人が欧米崇拝の国際的迎合主義となつたのは、単に、対外的な苦労が足りないのみではない。実に、わが国民教育の方法を誤つてゐるから」として「縦の歴史的教育」の重視を主張した。この主張には前出の平泉の影響がうかがわれる。教育の国家主義化を主張したことになるが、これも国論統一策の一環と位置づけられる。

三六倶楽部

近衛の欧州滞在時に近衛を戦跡に案内した小林順一郎は、陸軍退役後に商社を営んでいたが、やはり「一九三六年（昭和十一）の危機」を叫び、荒木貞夫、志賀直方、精神右翼運動家井田磐楠《いだいわくす》らと、昭和八年秋に三六倶楽部を結成した。近衛は、その機関紙『1936』創刊号（同年十二月一日付発行）に、これまでの主張の集大成といえる「一九三六年を前にする皇国の現状」を掲載した。小林が近衛に寄稿を依頼したのは、近衛内閣樹立運動の一環だった（五明祐貴「天皇機関説排撃運動の一断面」）。

馬場恒吾「近衛文麿論」

こうしたなか、政治評論家馬場恒吾《つねご》は、『中央公論』昭和八年十二月号掲載の「近衛文麿論」で、斎藤実の後継首相に近衛の名が浮上していることをふまえ、近衛の「国家革新」的傾向に危惧を感じて自重を求めた。この評論は、著名な政治評論家による初の近衛論であり、近衛の政治的存在感の拡大がわかる。しかも近衛は、『国民新聞』昭和九年一月三日付朝刊の「新春回顧録(2)」で、「自分が担がれるのに都合のよい地位にあることは確だ、膳立てをする人間は何時でも沢山ある、たゞ自分は世の動きに遅れずについて行かうとして色々の社会の動きをヂツと見つめてゐる」と記し、出馬の可能性を否定しなかった。

訪米構想

昭和九年二月二日、近衛が原田熊雄に、文隆のハイスクール卒業式出席のために通常議会終了後（四月以後）に渡米したいと述べたのがきっかけとなって、訪米構想がもちあがった（『西園寺公と政局』三）。訪欧の帰路に立ち寄って以来、二度目の訪米である。その直後、前出の斎藤内閣退陣説が生じ、近衛も後任候補の一人として取りざたされ（「政党悪の暴露」『東京朝日新聞』二月十九日付朝刊）、原田熊雄と鈴木貞一が近衛内閣の閣僚名簿を作った（伊藤隆ほか編「鈴木貞一日記―昭和九年―」二月二十一日条）。

近衛内閣構想

その名簿では、外相は広田弘毅、陸相は林銑十郎、法相は平沼騏一郎の子分格の塩野季彦《すえひこ》、政党からは政友会の松野鶴平《つるへい》だけ、その他の文官大臣は主に新日本同盟や国維会のメンバーを中心とする局長・次官級のエリート官僚たちがあてられた。本来首相に人事権のない参謀総長と軍令部総長も記載され、前者には荒木貞夫が、後者には末次信正《すえつぐのぶまさ》の名が記されている。末次はかつて昭和五年のロンドン海軍軍縮条約締結の際、軍令部次長として締結反対運動の中心となったため退役し、右翼運動家となった人物である（伊藤隆『昭和期の政治［続］』）。事実上、近衛と荒木で政界と軍部をまとめようという近衛・荒木連立政権構想である。そして近衛は鈴木に、「自分が出馬することもこれある事を考あり」と出馬の意志を示した（「鈴木貞一日記」三月十八日）。

西園寺の反対

三月下旬には斎藤首相も「どうしても近衛公爵以外に人がない」と後任に近衛を強く望むようになった（『西園寺公と政局』三、三月二十六日）。しかし、元老西園寺は、「近衛はこの際アメリカに行くことが最も適当（中略）総理にはいつでも出る時はあらう（中略）奇麗な人物であるといふこととか、或はその家柄についての価値は勿論認めるけれども、しかしながらそれ以外に何を以て軍部などと対抗して行くか」と、近衛が軍部の代弁者となることを嫌って出馬に反対し、訪米実行を主張した（同前）。

訪米に出発

近衛は、広田外相や、林銑十郎陸相、大角《おおすみ》岑《みね》夫《お》海相から政府や軍の意向を聴いた上（『東京朝日新聞』四月五日・五月十七日付各朝刊、五月十八日付夕刊（十七日発行））、五月十七日、蠟山政道を伴い、横浜から船でアメリカに出発した（「鹿島立つ近衛公」同紙五月十八日付夕刊）。その際、近衛は見送りの鈴木貞一に「愈々《いよいよ》行かねばならぬ羽目となりたり」と耳打ちした（「鈴木貞一日記」）。近衛と西園寺の疎隔は拡大しつつあった。

ルーズベルトと面会

訪米中、近衛は文隆の卒業式に出席したほか、ルーズベルト大統領や、軍事評論家として著名なハウス大佐、国務省極東部長ホーンベック、金融界の重鎮ラモントをはじめとするアメリカ政府の要人やジャーナリストらと懇談を重ねた（矢部貞治『近衛文麿』上）。八月一日の帰国後、近衛は懇談の概要を、「日米関係諸問題に関する米国諸方面の意見概要」（『木戸幸一関係文書』）としてまとめた。

そのなかで近衛は、昭和七年一月にスティムソン米国務長官が打ち出したスティムソン・ドクトリン、すなわち満洲事変は九ヵ国条約や不戦条約違反なので、その結果は承認しないという原則や、中国の主権を尊重する観点から、満洲事変や日本の華北への進出を厳しく批判し、日本の連盟脱退に関しても、連盟に代わって世界が受け容れられる新しい国際秩序に関する構想を提示しない限りは承認できないなどという、アメリカの対日世論の厳しさを指摘した。

意見書の公表

近衛は、この意見書を政府や政界要人に配布するだけでなく、一般に公表した（「政府に提出された　近衛公の意見書」『東京朝日新聞』八月八日付夕刊（七日発行））。この一般への公表はマスコミから「明朗なる公議の形式を踏んだ」として歓迎された（社説「近衛公意見書を評す」同紙八月八日付朝刊）。そして八月から九月にかけて、多数の新聞雑誌は競うように近衛の帰朝談を掲載、近衛ブームの様相を呈した。

その一方で、政治評論家阿部真之助が『改造』九月号の「アメリカから帰つた近衛公」で、近衛が首相出馬を考えるようになったことを「特権階級が、左程《さほど》民衆に気兼ねに及ばぬ時勢となつたと、素早くも見て取つたから」と批判し、訪米についても「日米両国の国交の上に、何程の貢献を為し得べきか、誰も期待したものがなかつた」などと批判した。

近衛ブーム批判

これについて、「相当辛辣だが、腹の底をはたいたら誰でも此辺の所だらう。民衆の眼は、近衛公のお上品なご都合主義を見逃すほど、都合よく出来てはゐない」（『豆戦艦（7）九月の雑誌」『東京朝日新聞』九月三日付朝刊）という批評が出たり、近衛について、思い上がった振る舞いが目に余る、「若さまを新聞がおだてあげ過ぎることが不可《いけ》ない」（S・V・C「新聞記者心得帖―新聞匿名月評―」『文芸春秋』九月号）という批判も出たことからわかるように、近衛ブームへの批判も相当にあった。

なお、滞米中の六月中旬に、近衛が木戸幸一と原田熊雄に送った手紙には、「ホーンベックは法律家なり。〔中略〕然るにルーズベルトは政治家なり。時に法律論を無視して政治的飛躍をなす。露国の承認の如きはル大統領が国務省を無視してやりし事〔中略〕大統領と直接話が出来れば意外の獲物があるやも知れず」と書いている（『木戸幸一関係文書』）。ここに昭和十六年の日米交渉時における日米首脳会談の発想の原点をみることができる。

新国際秩序提唱

アメリカの対日批判への近衛の代案は、国論の統一と新しい国際秩序構想の提示だった。『維新』同年十二月号掲載の「国家主義の再現」では、日米が根本的に相容れないのは、アジアにおける両国の立場が全く相反しているからで、経済関係については相互依存関係にあるという認識を前提とし、「相互の建国の精神・その伝統・文化・文明等を理解し、尊重し合ふことに依つてのみ、真の平和、真の親善は齎《もたら》される」とし、日本はパリ講和会議以来、極端な国際協調主義をとってきたが、個人主義、自由主義、デモクラシーなどの思想の流れをくむ国際協調は、結局「我が国民本来の要求」と相容れないので、「我が国体に即した我が国本然の国家主義に復」し、「個人の独創、個人の相違を認めるところの潑剌《はつらつ》たる国家主義〔中略〕に依つて国論を統一し、世界に我を理解せしめ」るべきだと説いた。個人を尊重する国家主義というところに、近衛らしさがうかがえる。

「国際平和の根本問題」

さらに昭和十年十一月二十二日に日本青年館で行なわれた青年向けの講演「国際平和の根本問題」で、「我々は〔中略〕我々独自の見識から新しい国際平和の原則を考へ出し、これを世界に向つて大胆率直に問ふ」べきだと主張し、青年たちにも「この実現に向つて御努力あらん」と協力を呼びかけた。この講演はラジオで中継放送された（『東京朝日新聞』十一月二十二日付朝刊ラジオ欄）。のちの「東亜新秩序」構想の原点といえる。

この講演は、訪米時の近衛との会見では対日批判論を唱えていたハウス大佐が、同年九月にアメリカの雑誌『リバティ』に、日本の主張を認め、資源や植民地の再配分を唱える論文「国際ニューデイールの必要」を掲載したことに賛同する主旨となっており、ハウス論文の邦訳、『リバティ』に掲載した近衛の論文「ハウス大佐に答ふ」の邦訳、

「英米本位の平和主義を排す」「世界の現状を改造せよ」などとともに自費出版の小冊子『国際平和の根本問題』に収められた。

「ハウス大佐に答ふ」

なお、「ハウス大佐に答ふ」冒頭には「前掲ハウス大佐の論文に対するアンサーとして其筋の依頼により、予の名に於てリバーティ誌上に掲載した」と注記がある。『西園寺公と政局』第四巻の九月二十三日の記事に、斎藤博駐米大使が、近衛にハウス論文への賛成論を同誌に書くよう要請したとあるので、政府側の要請で近衛が誰かに書かせたことがわかる。近衛の周辺でこうした内容の代筆ができる人物としては、蠟山政道以外に考えられない。

長男文隆と清沢洌の批判

近衛が自分の講演を小冊子としたことには、自説に関する自信のほどがうかがえる。しかし、この小冊子を読んだ長男文隆は昭和十一年三月末の母千代子あての手紙で、「非常に理想的」だが、「実現は殆ど不可能」と批判している（近衛正子ほか編『近衛文隆追悼集』）。さらに当時著名な外交評論家清沢洌《きよさわきよし》は、『国際知識』昭和十一年一月号掲載の「植民地分割論の帰結点—近衛文麿氏の議論を評す—」で根本的な批判を展開した。

すなわち、資源の再配分は計画的に行なわなければ実現できないため、国際機関が権力を持つことが必要なので、日本が資源再配分を実現したければ、国際連盟への復帰が必要だと主張した。つまり、国際協調路線に戻らなければ資源の再配分は実現できず、国際連盟の否定は日本の生存権の否定でもあるとして近衛の議論を鋭く批判したのである。わざわざ近衛の論を名指しで批判しているところに、当時の近衛の言論の影響力の大きさがうかがえる。しかし、近衛は文隆や清沢の批判に反論することはなかった。

新党運動

そして、政界における近衛人気が衰えることはなかった。いままで見てきた動きのほか、昭和十年の十一月ごろ、民政党の川崎卓吉《たくきち》、政友会の中島知久平《ちくへい》、前田米蔵《よねぞう》が近衛に、民政党と、久原房之助《くはらふさのすけ》や鈴木喜三郎《きさぶろう》の一派を除いた政友会で作る新党の総裁になるよう近衛に要請した（『西園寺公と政局』四、十二月十一日）。いわゆる既成政党の新党運動であるが、政党内閣中断後、なかなか政権復帰のめどが立たないことから、近衛に着目したのである。しかし、元来既成政党に批判的な近衛は、この動きに乗るつもりはなかったが、拒絶もしない態度をとった（同前）。挙国一致を目ざす近衛としては、敵を作るわけにはいかないのである。そのため、この動きは二・二六事件後も継続していく（「政局の話題 次の政権を目指す人々」『東京朝日新聞』昭和十一年十一月二十一日付朝刊）。

国際正義と社会正義

なお、『実業の世界』昭和十一年一月一日号掲載の「国際正義と日本の立場」では、近衛自身の文章では初めて「国際正義」と「社会正義」という言葉が使われた。前者は「伸びんとする国々に〔中略〕均等の機会を供与する」、後者は「各人各様、その性格性能を存分発揮出来るやうに、均等の機会を与へる」ことと定義された。やはり個人の尊重が重視されている。以後これらの用語は近衛の文章でよく使われるようになる。

四　首相就任を辞退

二・二六事件

昭和十一年（一九三六）二月、二・二六事件が勃発した。陸軍皇道派の青年将校が配下の部隊を使って要人を襲撃し、軍事政権樹立を主張して、四日間にわたり東京の中枢部を占拠した事件である。岡田啓介首相は人違いで殺害を免れたものの、斎藤実《まこと》内大臣、高橋是清《これきよ》蔵相、陸軍の渡辺錠太郎《じょうたろう》教育総監が殺害され、牧野伸顕《のぶあき》前内大臣も襲撃されたが難を逃れた。青年将校たちは荒木貞夫や真崎甚三郎《まさきじんざぶろう》を指導者とし、政党や重臣は日本の危機に対処できていないとして急進的な国家改造を主張した。しかし、陸軍部内の路線対立や主導権争いの結果、陸軍中央部は荒木らの皇道派と永田鉄山や東条らの統制派の二派が生じ、荒木や真崎が排斥されたため、昭和十年七月に永田が皇道派青年将校に殺害されるなど抗争が激化し、軍事クーデターに発展したのである（高橋正衛『二・二六事件　改訂版』）。

後継首班の辞退

事件終結直後の三月四日、元老西園寺公望は時局収拾の切り札として、天皇に対し後継首班として近衛を推薦し、陸軍もそれを強く要望した（『木戸幸一日記』上、三月三日・四日条）。しかし、近衛は西園寺の説得を振り切って辞退し、結局広田弘毅内閣が成立した。辞退の表向きの理由は健康問題であったが、実際は西園寺との政治路線の違いが理由であることは当時から新聞で報じられていた（「近衛公拝辞事情」『東京朝日新聞』三月五日付朝刊）。

辞退の理由

ただし、違いの具体的な内容は報じられていない。近衛が以前から急進派への融和を唱えていたこと、昭和八年十月に荒木陸相が「今日の不安な空気を一掃するため」に左翼右翼政治犯の赦免を近衛に提案した際、「考えておきませう」と拒否しなかったこと（『西園寺公と政局』三、十月十二日条）、近衛と軍との関係について、「荒木がほとんど世間から反乱軍側の者であるやうに見られ、また部内における勢力もかねてのやうなことはない」ので危険は今までよりも少ない、という原田熊雄の意見をうけて西園寺が近衛推薦を決心した（『西園寺公と政局』五、昭和十一年三月四日条）ことなどから、皇道派を政界から排除するか否かが、近衛と西園寺の争点だったことがわかる。つまり、西園寺の要請によってこの段階で出馬することは、皇道派、ひいては急進的な右翼を政界から排除することになり、国論統一という近衛の持論と矛盾することになるので辞退したのである。

近衛が西園寺に呼ばれたことを横矢重道から電話で知らされた際、小川平吉が「予定の行動を望む」と横矢に述べ、その後、五百木良三とも協議したこと（「小川平吉日記」三月四日条『小川平吉関係文書』上）、五百木が時期尚早として近衛に不出馬を忠告したと横矢が回想していること（横矢重道「近衛公と五百木」『日本及日本人』昭和十二年八月号）から、小川平吉、五百木良三、横矢重道など、篤麿側近グループの忠告が、近衛の判断に大きく影響していたことは確実である。

近衛の政治信念

結局、今回の首相候補辞退の過程で、政見実現の見込がなければ首相の座に執着しないという近衛の政治的信念が浮き彫りとなった。このことは、近衛が第一次内閣でたびたび退陣しようとしたことの意味を考える上で留意に値する。

政党内閣の断絶によって貴族院自制論は意味を失なっていたが、二・二六事件直後に近衛は職能議員（職能団体の代表）の導入を視野に入れた貴族院改革を提唱した（野島義敬「一九三六年における貴族院改革運動」）。しかし、昭和十一年五月の貴族院における改革促進決議後は政府に託した（「貴革調査会設置に　近衛議長も気乗薄」『東京朝日新聞』同年六月七日付夕刊〔六日発行〕）。従来の経緯から、貴族院の自助努力での改革はむずかしいと判断していたと考えられる。

近衛の存在感増大

首相候補辞退を契機に、近衛の社会的存在感はさらに大きくなった。山浦貫一は、「近衛文麿時局談」（『改造』昭和十一年五月）において、近衛の政局分析能力を高く評価しながらも指導力に疑問を呈し、「高級評論家」という評語を案出して、首相より内大臣が適任だと評した。その一方、同年八月に近衛の主要な論文や随筆を集めた伊藤武雄編

「東亜の危機に際して日支両国の識者に望む」

『近衛文麿清談録』が出版され、多数の近衛論が新聞雑誌に掲載されるようになった。

その後、近衛は論文「東亜の危機に際して日支両国の識者に望む」を『支那』昭和十二年一月号に掲載した。そのなかで近衛は、十一年十一月に関東軍が支援する内モンゴル軍が中国軍に敗れた事件（綏遠《すいえん》事件）で中国の抗日運動が激化し、同月締結の日独防共協定に中国が反発したことを「東亜の危機」ととらえ、無尽蔵な中国の天然資源を、「資本、技術等は日本がこれを供給し、支那側の労力と協同してその開発に当る」という「日支の経済提携」を提唱し、「我等は、今こそ静かに東洋の現状を正視し（中略）アジア民族の運命を担うて立つものは、真に日・満・支の三国民であることに目覚めなくてはならない」と哲学的な言い回しで日中提携の必要性を日中両国民に呼びかけた。ただし、この近衛の主張は、事実上は日本の一方的な経済進出を主張しており、当時日本陸軍が進めていた華北権益獲得工作（華北分離工作）の正当化にひとしく、中国各紙は強く反発した（「近衛公の所論に対する支那各方面の反響」同誌二月号）。

昭和十二年の正月には、『読売新聞』『中外商業新報』『東京朝日新聞』に事実上の巻頭論文が掲載された。「我が政治外交の指標」（『東京朝日新聞』同年一月一日付朝刊）、「現代の政情を憶ふ」（『中外商業新報』一月一日・三日・四日付朝刊）、「内外時局を論ず」（『読売新聞』一月三〜五日付朝刊）で、近衛の存在感の大きさをよく示している。いずれも昭和八年一月以来の近衛の主張の集大成となっているが、最もまとまっており、かつ新しい論点も示している「我が政治外交の指標」をみておきたい。

「我が政治外交の指標」

すなわち、政治と外交は現代においては緊密な関係にあるという前提の上で、まず内政について、「立憲政治の本義の埒外《らちがい》に出づることは許されない」、すなわち天皇の絶対性を否定する一党独裁体制は否定するという限定付きながら、従来の政治の不備を総決算して、「新に立憲政治の本義に再認識を加ふべき新時代に到達してゐる」としながらも、非常時だからという理由で国民生活を第二義的に扱うべきではなく、政治の運用に直接国民生活が反映しなければ、国運を伸ばし、国民生活の安定（「国民の康寧」）を確立することにはならないので、非常時局を克服するには、国民が直接政治の上に自由に発言する権利を与え、「この基礎の上に挙国一致、一切の勢力を渾然融合せしめた力の集団をして、施政の任に当らしむ」べきであるとしている。

国民生活の重視

国民生活の重視という点は、従来の談話や論文ではあまり見られないが、近衛の政治思想の出発点はここにあったことは第一章でみたとおりである。さらに昭和九年十月に陸軍省新聞班が刊行した『国防の本義と其強化の提唱』（いわゆる陸軍パンフレット）における、国民生活を維持向上させつつ、必要な国防力を充実させるための膨大な経費の負担に対応できる経済機構の整備は、現在のような非常時においては最も必要、という陸軍の国防国家構想とも一致していることは一目瞭然である。陸軍の主張と近衛の思想に一定の共通点があったことが、近衛の陸軍支持の理由であることがここからよくわかる。

国民の自発的協力を重視

また、国論統一にあたって国民の自発的協力を重視するという主張や、「一切の勢力を渾然融合せしめた力の集団をして、施政の任に当らしむ」という新政権の構想は、従来の近衛の主張の延長線上にある議論であるが、なお抽象的であるとはいえ、のちの新体制運動につながる発想という点で注目される。

次に外交については、「東亜の危機に際して日支両国の識者に望む」とほぼ同じ主張であるが、日中提携の実現には「国民外交といふ大きな力を必要とする」ので、「東亜の現勢を正視し〔中略〕共に善隣支那の朝野をして速かに反省熟慮、大禍なからしむるやう国民的準備に着手する必要がある」と主張した。

究極的な目標は不変

国際連盟と政党内閣を否定したことから、近衛の政治思想は満洲事変を境にかなり変化したように見える。しかし、近衛は国際連盟を不完全なものと認識してアジア主義的観点も捨てず、連盟に頼らなくても日本が国内の不平等を解消できる国力をつけるには国論の統一が必要だとして、政治や教育の改革に取り組んできた。満洲事変時の変化は、外交の選択肢を一つに絞っただけ、国内政治については手段を変えただけである。つまり、近衛の究極的な目標は大正期以来全く変っていない。ただし、政党政治にかわるものとして、政策的には陸軍の構想に同意していたが、それをいかに合憲的に国民の合意を得て実行するかという点で、大正期の段階では、政党政治以外の具体的方法を思いつかなかったのである。

的外れの近衛批判

近衛に定見がないという批判は、当時から、西園寺公望や原田熊雄の近衛観、そして先に見た阿部真之助の評論にもうかがえるが、それらは、近衛のアジア主義的あるいは政党政治への一定の留保といった側面を見ようとしなかった点で的外れなのである。時流に乗ったという批判も、国民の自発的な合意を形成する機会をうかがっていたにすぎないので批判とはならない。むしろ、清沢洌のように、外交に限ったものとはいえ、近衛の主張をふまえた上でその非現実性を指摘した方が的確な批判だった。

その意味で、元老西園寺が、右にふれた近衛の論文「我が政治外交の指標」を「大変よく出来てゐた」と評価した（『西園寺公と政局』五、昭和十二年一月五日条）のも、西園寺が、近衛との思想的な距離があまりに遠いため、近衛の真意を理解できていなかったためといわざるをえない。しかし、その西園寺が近衛を側近として重用したことが、近衛の政界進出を促進した重要な要因だったのである。

第三　首相となる

一　組閣事情

「腹切り問答」

二・二六事件後に成立した広田弘毅《こうき》内閣は、陸軍と既成政党（政友会、民政党）の対立に巻き込まれ、昭和十二年（一九三七）一月二十一日、衆議院本会議における浜田国松政友会代議士と寺内寿一《ひさいち》陸相のいわゆる「腹切り問答」事件を機に退陣、一月二十五日、元老西園寺公望《さいおんじきんもち》は昭和天皇に対し、今回は近衛ではなく、陸軍出身の宇垣一成《うがきかずしげ》を後任首相に推薦した。宇垣はかつて憲政会～民政党内閣で陸相をつとめて軍縮を実施するなど、政党政治に理解があり、かつ陸軍を統制できると見込まれたのである。ところが陸軍が組閣を妨害した結果、宇垣は二十九日に辞退し、二月二日に元陸相の林銑十郎《せんじゆうろう》が組閣した（拙著『戦時議会』）。内務大臣には近衛と関係の深い河原田稼吉《かわらだかきち》が就任した。

林銑十郎内閣の退陣

林は既成政党と敵対する態度を取り、通常議会会期末の三月末に突如議会を解散したが、既成政党優勢は揺るがないと見て、既成政党を基盤とした親軍的な新党の結成をもくろみ、四月八日に新党の総裁就任を近衛に要請した。しかし近衛は拒絶した（「新党運動党首難擱座」『読売新聞』四月九日付朝刊）。近衛は既成政党には否定的で、他の勢力も含めた国論統一が持論であるから、当然の結果である。四月三十日の総選挙の投票結果は、やはり政友会と民政党を合せて過半数を大きく超え、内閣と衆議院の対立は決定的となった。林は即座に近衛に後任を要望し、五月中旬に湯浅倉平《ゆあさくらへい》内大臣も近衛に出馬を勧めたが、近衛は健康を理由に断った。後宮淳《うしろくじゅん》陸軍省軍務局長や杉山元《はじめ》陸軍大臣も内大臣周辺に近衛出馬の希望を伝えていた（『木戸幸一日記』上、五月二日条、『西園寺公と政局』五、五月十八日・十九日条）。

西園寺の近衛推薦決意

五月二十九日、林首相が電話で近衛に再度出馬を要請した。近衛が健康を理由に断ると、「自分がいま内閣を投げ出すことは、対外的に考へれば（中略）軍部が政党に負けた」ことになり、「支那に対していはゆる足もとを見られる」、つまり中国に弱みを見せることになるという理由で、杉山陸相を後任に推すと述べ、近衛は賛成した（『西園寺公と政局』五、五月三十日条）。その翌日、原田熊雄からこれを聞いた西園寺は、陸相を首相にすることをきらい、「今まで近衛を出すことには躊躇してをつたが（中略）自分に御相談とならば、自分の信念に基づかない者に賛成するわけには行かん」と、軍人以外で政局を収拾しうる唯一の人物として、消去法的に近衛推薦の決意を固めた（同前五月三十一日条）。

近衛受諾

同じ三十一日、林首相は辞意を表明、湯浅倉平内大臣は平沼騏一郎《きいちろう》枢密院議長と相談して近衛推薦を決意、木戸幸一《こういち》宮内省宗秩寮《そうちつりょう》総裁に相談した。すでに原田から事情を聞いていた木戸は、近衛と電話で話し、受諾の感触を得ていた。そこで木戸は同夜、愛人の山本ヌイ宅にいる近衛を訪ねて決断を迫ったところ、近衛は出馬を決意した（『木戸幸一日記』上）。

六月一日、湯浅内大臣から西園寺と近衛の意向を聴いた昭和天皇は、夕刻に近衛を招いて首相就任を要請、これを受諾した近衛は、貴族院議長官舎で河原田内相を組閣参謀として閣僚選考に入った（「組閣の大命近衛公に降る」『東京朝日新聞』六月二日付朝刊）。

近衛出馬の理由

この日、近衛は記者団に対し、健康は「従来と別に変りがないので今度はどうしても拝辞することが出来なくなりました」と受諾を認め、組閣方針について、重点を財政においてて特に大蔵大臣の人選に考慮を払うつもりだとした上で、「私は元来各方面の対立を解消したい決心でゐますから、この方針のもとに党人であらうが官僚であらうが広く人材を網羅していはゆる強力挙国一致の実を挙げたい」と述べた（「財政に重点・対立解消」『東京朝日新聞』六月二日付朝刊）。組閣方針が従来の持論にもとづくものであることはいうまでもない。逆にいえば、西園寺から組閣条件を一切つけられなかったことから、今回は自分の持論実現を妨げる要因は何もないと判断できたために出馬を決意したことがわかる。

各地歓迎

六月二日付の朝刊各紙社説は近衛出馬について、『東京朝日新聞』の「人物払底の折柄首相候補の切札」、『読売新聞』の「公は実に全国の輿望を担つている〔中略〕公の如き一部に偏せず党せず中正の立場にある人にしてこそ国民一致の支持による名実相伴ふ挙国一致内閣の組織が可能」という評価に代表されるように好意を示した。日本各地では、「久ぶりの朗かさ」「暗雲が晴れた気分」「清新な気分に満つ」など圧倒的な歓迎気運となった(「近衛内閣歓迎　各地いづれも賛成」『東京朝日新聞』同日付朝刊)。

馬場鍈一入閣の悪影響

近衛は軍部大臣の人事から組閣作業を始め、軍部側の推薦で杉山陸相と米内光政《よないみつまさ》海相が留任となった(「杉山陸相留任決定」同紙六月二日付朝刊)。同時に、「国体明徴」「国防の充実」「政治の刷新」「国民生活の安定」という陸軍の要望を承認し(「陸軍の主張」同前)、陸軍の希望で馬場鍈一《えいいち》を入閣させた。広田内閣の蔵相時代に陸軍の大軍拡予算を丸呑みして悪評が高かった人物である。ただし蔵相としての入閣は悪影響が大きいという近衛の意見で内相となった(『西園寺公と政局』六、六月三日～四日条)。それでも三日朝刊で馬場の入閣が伝えられると株式市場は暴落し、各地の近衛や近衛内閣への印象もやや悪化した(「株式統制見越して　軒並みに崩落」「毀誉褒貶半す　近衛新内閣と各地」『東京朝日新聞』六月四日付朝刊)。

蔵相人事

問題の蔵相について、近衛は財界大物を起用するつもりだった。国論統一と陸軍の政策支持という持論からすると、軍拡に伴う経済統制の本格化に財界の自発的協力を得るためだったと考えられる。しかし財界人は誰も引き受けず、賀屋興宣《かやおきのり》大蔵次官が起用された。商工大臣も、陸軍が希望した財界人の平生釟三郎《ひらおはちさぶろう》が拒絶したため、元商工次官の吉野信次が起用され、司法大臣は平沼系司法官僚の塩野季彦《すえひこ》が留任した。文部大臣には中堅内務官僚の安井英二が起用された。安井は当時大阪府知事で、近衛とともに教育改革同志会のメンバーだった。安井は次官を経験していないので、官僚出身者としては異例の抜擢人事である（「近衛内閣の出産まで」『東京朝日新聞』六月四日付朝刊、「組閣工作三日間」『読売新聞』同日付朝刊、「教育改革への一指針」『報知新聞』六月六日付朝刊）。

政党からの入閣者

議会、政党からの入閣者については、政党側に相談せず、政友会からは中島知久平《ちくへい》を鉄道大臣に、民政党からは永井柳太郎《りゅうたろう》を逓信大臣に起用した。両者とも近衛新党を目指して近衛と接触があった（前掲「組閣工作三日間」）。このうち永井は当初外務大臣に予定されていた。永井は昭和十年ごろから、近衛と全く同様に、日本の生存のためのアジア主義を唱えていた（永井「昭和十年の回顧」『民政』昭和十一年一月号）。しかも、外務官僚出身者が起用されることが多い外相に関し、民間人からの外相起用は、当時近衛が唱えていた「国民外交」という主張にも合致した。しかし、湯浅内大臣は「これはあまりひどすぎる」と批判した（『西園寺公と政局』六、六月一日条）。元老西園寺の親英米方針をふまえての

その他の人事

第一次近衛内閣記念写真

批判である。結局、外相経験のある広田弘毅前首相が外相に起用された。

民間人からは産業組合中央金庫理事長有馬頼寧《よりやす》が農林大臣に、拓務大臣には真宗本願寺派の幹部大谷尊由《おおたにそんゆ》が起用された。有馬は農業団体の代表、大谷は宗教界の代表といえるが、友人だったことも入閣の要因だった（前掲「近衛内閣の出産まで」）。首相の側近たる内閣書記官長には風見《かざみ》章《あきら》が起用された。風見は新聞記者出身、国民同盟という小会派所属の代議士で、官歴がなかったため新鮮な人事として新聞各紙は好意的に報じた。風見は昭和研究会に参加していたことで近衛の知遇を得ていた（風見「手記　第一次近衛内閣時代」北河賢三ほか編『風見章日記・関係資料』）。法制局長官は当時政友会代議士だった旧知の瀧正雄が起用された。こうして、六月四日、第一次近衛文麿内閣が成立した。

精神右翼の不満

一連の組閣工作に不満を持ったのは、陸軍皇道派を含む右翼勢力である。当時、合法左翼も国家主義を掲げる右翼の一種なので、混乱を避けるため、伊藤隆氏の提唱（伊藤『近衛新体制』）をふまえ、以後、左翼系の右翼を「革新右翼」、典型的な右翼を「精神右翼」と呼ぶ。

近衛は、旧知でふだん連絡をとっていた秋山定輔《ていすけ》、荒木貞夫、末次信正らに相談せずに組閣を進め、そのことに対し井田磐楠《いわくす》や小林順一郎ら精神右翼運動家が近衛に抗議を申し込んだのである（伊藤隆校訂・解説「荒木貞夫日記」六月二日・三日条）。秋山は親中派政界浪人で、父篤麿の側近の一人だったため近衛とも関係があった（桜田倶楽部編『秋山定輔伝』）。

塩野季彦は平沼騏一郎の子分格で、安井英二も平泉澄《ひらいずみきよし》に私淑していたので（若井敏明『平泉澄』）、精神右翼が無視されたわけではない。しかし、それまで近衛と親しくしていた精神右翼の有力者に相談なく組閣が進められたことが不満の種となったのである。

新聞の組閣評

以上の組閣経過について、新聞が、「軍部とは十分の抱合ひを行ひ（中略）各方面（中略）の支援を得乍《なが》ら革新政策の強行を期さうとするのが近衛内閣の態度」（「抱合って非常時突破」『東京朝日新聞』六月四日付朝刊）、「近衛内閣こそは、実に軍部が選んだ国防内閣」と評し（「近衛内閣と軍部　好意は即ち期待　広義国防の確立へ」『読売新聞』六月七日付朝刊）、蠟山政道《ろうやままさみち》も近衛内閣の成立の真因は国民的人気ではなく「国民にはよく分らない舞台裏の事情」と評した（「近衛内閣の成立とその前途　上　国民的輿望との矛盾　蠟山政道」同紙六月八日付朝刊）のは適切と考えられる。

初閣議

六月四日の初閣議では、国際収支の適合、生産力拡充、物資需給の調節という財政経済三原則が決定され（「新財経策の三点　大蔵、商工両相提示す」『東京朝日新聞』六月五日付朝刊）、政府としては国民の自覚創意を期待するとしながらも、ある程度の計画経済の実現は必要だと考えていた（「計画経済実現へ　国民の自覚創意に待つ」同前）。さっそく経済統制を本格化する方針が定められたのである。

相剋摩擦を緩和

近衛は初閣議後に談話形式で記者団に対し次のように語った（「全国民一体手を握り　国家の進展に尽さん」『東京朝日新聞』六月四日付号外）。

〔前略〕従来のやうな対立相剋を国内で続けて行くのは国外で侮りを受ける。出来るだけ相剋摩擦を緩和して行きたい。利害による対立、情実、党派因縁による対立は出来るだけ非常時局に鑑みて、各人の自省によつて摩擦を少なくすることが望ましい〔中略〕今日の国際情勢、国内社会情勢を真面目に深刻に検討して自分の立場を離れて話合をしたら極端な対立はない。〔中略〕今日の時局に鑑み、内閣が適当なりーダーシップをとるべきだと思ふ。〔中略〕自分の漠然たる気持は、国際正義に基く真の平和を樹立することに努め、国内では社会正義に基く施設を出来るだけ実施することに努める。今日の如く国内国外に改革すべきことは山のやうにある。一つの内閣で何から何まで片づけることはむづかしいが、全力を挙げ微力を尽して内閣一体同心となつて小異を捨て大同に就く気持でやつてもらひ度いことを今日の閣議でも話した。兎に角、国民全部手を握つて、革新といふか国家の進運のために力を尽したいといふ気持である。

国民負担増を予告

持論にもとづき、相剋摩擦の緩和、国際正義と社会正義の実現を基本方針として示し、「国民全部手を握つて」と、従来の首相にはないくだけた言葉で国民に協力を求めた。ただし、実際のところ、近衛は、対外強硬路線とそれを支える大軍拡遂行のため、負担の平準化を代償とする国民負担増を予告したのである。近衛は、同夜、ほぼ同じ内容のラジオ演説も行なった（「新首相・今夕第一声放送」『東京朝日新聞』六月五日付夕刊〔四日発行〕、テキストは『日本及日本人』七月号掲載）。組閣当日の首相のラジオ演説は初めてのことである。談話の言葉づかいやラジオの利用などに、国民の自覚を促そうという近衛の意向がうかがえる。

ラジオ演説の効果

右の談話とラジオ演説が近衛内閣の人気回復に有効だったことは、女性運動家市川房

江が、『日本評論』同年七月号掲載の「女性と近衛内閣」で、

極めて容易な口語で、率直に所信を述べてゐる点は、首相自身さへ分らぬ程の難解な熟語文章を使ひ、独善主義を振りかざしてゐた林内閣の後だけに、新鮮味を感じさせ〔中略〕ラヂオによつて同趣旨の内容を国民につたへた事も、「国民全体と手を握る」と宣明した以上当然の事ではあるが、私共民衆からいへば、これも今迄にないよい態度であつた。

と述べていることからうかがわれる。

高い世論の関心

第一次近衛内閣の発足直後の各新聞や各雑誌の七月号、八月号は近衛個人や近衛内閣を論じる文章であふれた。その量は過去に例がないほど多く、近衛個人やこの内閣に対する関心や期待の大きさがわかる。なかでも当時の近衛に対する世論の状況を最も集約的に示しているのは、『日本評論』七月号の赤城和彦「河上肇と近衛文麿」である。なお、赤城とは、河上肇の高弟の一人で、当時松山経済専門学校教員だった、住谷悦治《すみやえつじ》の筆名である（住谷『人物叢書　河上肇』）。

全国一斉に、大小新聞は言ふまでもなく会社銀行の社交界から、教員室、レストラン、おでん屋の隅々までおよそ人間の集つて話をするところ、近衛公の登場を以て「新日本のホープ」とし、これに拍手を送らぬ者があつたらうか。〔中略〕しかし、

近衛公を首班とする新内閣に対して、その明朗政治が期待されるのかと問ひ返した際、イエスと答へる人が、これまた絶無〔中略〕新聞でいろ〳〵の人に語らる丶ところを総合してみると、近衛公の人気ある所以は、先づ若いこと、それから文化人であること、政治的に未知数であるが、たゞの華族ではないこと、個人として相当の出来た人物であること〔後略〕

女性にも人気

この赤城の分析は、主に男性についてのものと考えられる。しかし、女性たちの近衛観についても、すでに引用した市川房江の評論に、近衛は女性にも人気だが、その理由は、近衛がよい政治をやってくれるだろうという期待ではなく、「前のおヒゲの大将のやうに独《ひと》りよがりの無茶はしないだらうといふ安心と、不良老年の所謂《いわゆる》政治家でない所から来る清浄さ、清新さ」だとあり、赤城の考察とほぼ同じ認識となっている。

すなわち、内閣自体への期待はなく、近衛に対しては、彼の上品な人柄と知性が従来の首相よりは好感が持てるとして、相対的に近衛を支持する人が大多数というのが、第一次近衛内閣発足時の世論だったのであり、新聞雑誌の評論も大多数がこうした論調であった。

清沢洌の批判

ただし、近衛へのきびしい批判も存在した。最もまとまったものは、『日本評論』七月号の清沢洌《きよさわきよし》「近衛公の思想的背景—心臓は右翼に、頭は自由主義に—」である。清沢は、「この昏迷の時代に、一つの指導精神とリーダーシップを打ち樹て」ることが近衛の長年の念願だが、近衛の指導精神は統一したものが見られないとする。すなわち、「対外問題に興味を有して、現状打破に強い確信を以て居り、それがために起る戦争をすらもジヤスチフアイ〔正当化〕しようと」しているため、国防国家の建設を主張する軍部と同じ考えを持っているが、「他面においては異なつたイデオロギーに立つところの社会正義をいひ、議会制度をいつて居る。こゝに感覚があつて、思想のない二面の近衛を観ることが出来」ると論じている。この論評は、国民生活の安定と軍拡の両立が原理的に難しいことを指摘した点や、長年の近衛の目標（「指導精神とリーダーシップ」）を指摘した点で優れているが、近衛の政治思想・政策論がそれなりに一貫した体系を持っていることを見落としている点では的外れとなっている。なお、国民生活の安定と軍拡の両立の困難性については、市川房江も前出の評論で指摘している。

組閣経緯からわかること

以上の組閣経緯からわかることは二つある。一つは、近衛の首相就任は近衛の個人的人気によるのではなく、国内の政治的分裂が座視しえないほど深まったという政界の事情によるのであり、近衛の個人的人気はむしろ出馬に伴う新聞報道によって発生したことである。もう一つは、したがって、近衛の権力基盤は、国家発展のための国論統一、そのための国内改革という、左翼をも自由主義者をも右翼をも抱擁しえる政治思想・政策論を一貫して追求・主張してきたことによって、軍部、官僚、政党、民間に一定の人脈を持ち、何度も首相候補とされてきたという、いわば知識人政治家としての実績だったことである。

昭和天皇の厚い信任

なお、昭和天皇の近衛への信任の厚さは、昭和天皇が「近衛が前総理と異り憲法を遵守してくれる」と考え、「陛下と近衛のお話の様子を見ても、いかにも陛下が気楽にお話しになつていらつしやる」という側近の観察からうかがえる（『西園寺公と政局』六、九月三日）。「我が政治外交の指標」に憲法順守が明記されたことをふまえると、昭和天皇なりに近衛の言説を理解し、近衛に非常に好感を持っていたことがわかる。

企画庁総裁人事

陸軍軍装姿の天皇裕仁
昭和13年（1938）12月８日撮影
（毎日新聞社提供）

なお、内閣の政策立案機関として五月に設置されていた企画庁の総裁（国務大臣の兼任）について、陸軍は馬場内相の就任を希望したが、賀屋興宣蔵相や吉野信次商相は反対した。そのため、近衛は、閣僚中経歴的に最上位の広田外相に兼任を要請したが、広田は専門外だとして拒否した。そこで近衛は原田熊雄を介して元老西園寺に広田の説得を頼み、広田はようやく受諾した（『西園寺公と政局』六、六月七日条）。近衛は自分を首相に推薦した西園寺の力を借りて人事問題を収拾したのである。広田は九日に企画庁総裁に就任した。

五百木良三死去

また、内閣発足直後の六月十三日、五百木良三《いおきりょうぞう》が病死した。十一日、臨終直前の病床に近衛が訪問したことは『東京朝日新聞』六月十二日付夕刊（十一日発行）の一面に写真入りでかなり大きく報じられ、近衛と精神右翼の関係の深さを印象づけた。政治的には、組閣時の精神右翼勢力の不満に対応した形となった。

二　日中戦争の勃発

特別議会対策

憲法の規定上、政府は昭和十二年（一九三七）四月三十日の総選挙後三ヵ月以内に特別議会を開く必要があり、近衛内閣は、特別議会には国民健康保険法案と社会保健省設置予算以外は、前議会の審議未了法案を再提出し、その他の新規政策は次期通常議会までに検討することにした（「社会保健省（仮称）創設　特別議会に提案決す」『東京朝日新聞』六月十日付夕刊〔九日発行〕、「あすの閣議を最後に〔中略〕独自革新案は持越し」同紙同日付朝刊）。近衛が六月十二日の記者会見で「保健省は〔中略〕社会政策的意味からやる」と述べた（「現下政局の懸案」同紙六月十三日付朝刊）ように、統制経済実施の代償として社会政策の早期実施をはかったのである。ただし、国民健康保険法案については、内務省と農林省の折り合いがつかず、七月二十六日の閣議で近衛の判断により通常議会に先送りとなった（「紛糾の国民健保案遂に通常議会へ　首相裁断」同紙七月二十七日付夕刊〈二十六日発行〉）。

政務官任命

また、加藤高明内閣の時に設置されたものの、広田内閣以降は任命が見送られていた政務官（各省の政務次官・参与官）について、二十二日の閣議で、近衛の決断により、すべて衆議院議員をあてることとして人事は近衛に一任となり（「政務官設置・首相の英断」同紙六月二十三日付夕刊〈二十二日発行〉）、二十四日に任命された。近衛は議会への融和姿勢を示したのである。

貴族院改革

さらに、近衛が「是非やりたい」（「現下政局の懸案」）と意欲を燃やした貴族院改革については、広田内閣時代に設置されていた貴族院制度調査会を再開することとした。近衛は十九日の記者会見で、改革の方針について、貴族院創設当時とは華族の社会的地位や意義が変わり、政治情勢も複雑多岐なので、「従来の華族中心主義を打破し学識経験者専門家を以てその中心勢力たらしめ」たいと述べた（「近衛首相時局談」同紙六月二十日付朝刊）。貴族院を有識者による審議会のようなものにするというのである。しかし、調査会は成果を出さないまま、日中戦争の勃発により活動を停止する（園部良夫「昭和一〇年代の貴族院改革問題をめぐって」）。

盧溝橋事件の発生

こうした矢先の七月七日、盧溝橋《ろこうきょう》事件が発生した。日中戦争の勃発である。周知のごとく、北京郊外の盧溝橋付近で、演習中の日本の支那駐屯軍に対する中国軍兵舎からの偶発的発砲により小規模な戦闘が発生したのである。

日中関係については、岡田啓介内閣期の昭和十年十月、広田外相が、中国が排日運動取締、満洲国黙認、赤化防止に同意すれば関係改善を図るという「広田三原則」を打ち出した。しかし中国側は、同年六月から日本の支那駐屯軍が進めていた華北分離工作の中止が先決だとして反発し、日中関係の改善は進まなかった。これに対し、林内閣の佐藤尚武《なおたけ》外相は、華北分離工作を再検討する方針を示し、日中関係改善のきざしが現われていた（服部龍二『広田弘毅』、臼井勝美『日中外交史研究』）。当然、昭和十二年六月の第一次近衛内閣の組閣開始時、中国の各新聞が佐藤外交の継続を希望した（「近衛新内閣に好感」『東京朝日新聞』六月三日付朝刊）。

対中強硬路線復活へ

しかし、近衛は広田を外相とし、さらに六月十二日の記者会見で、「広田内閣時代の三大原則で良い（中略）北支は不侵略主義で武力を用ひず経済的発展をする」、つまり、不侵略主義は掲げつつも対中政策を広田三原則に戻すと述べた（「現下政局の懸案」）。事実上対中強硬路線への復帰を明言したのである。これに対し、中国政府は王寵恵《おうちょうけい》外交部長（外相）の談話として、経済提携の前提として、改めて華北親日政権の解消を要求した（「冀察の改善が先決」同紙六月十九日付朝刊）。

『東京朝日新聞』六月二十日付朝刊の社説「近衛広田外交への待望」は、十二日の近衛の記者会見の内容が日本政府の方針であるならば、王外交部長の主張とは「接近の希望が極めて少い」と近衛の方針の問題性を指摘した。中国は日本への反発を強め、華北親日政権の解消のみならず、広田三原則の撤廃と支那駐屯軍の撤退も日本に要求する方針をとった（「日支提携具体条件　許大使に訓令」同紙六月二十五日付夕刊〔二十四日発行〕）。それでも中国政府としては、あくまで対等の立場での経済提携を望んだにすぎない。そもそも、前年十二月の西安事件以後、中国では日本に対抗するために、国民党と共産党の提携が進みつつあった以上、中国側の妥協などありえなかった。

対中方針転換の失敗

要するに、近衛の対中方針強硬化による日中関係の急激な悪化を背景として、盧溝橋事件が起きたのである。対中方針の転換は、近衛の持論からすれば当然である。記者会見にもあるように、近衛本人としては戦争を望んでいるわけではなく、持論を実現するための強硬姿勢だったのだが、日中対立を深刻化させたという意味で、明らかな失政だった。

軍隊増派に賛成

杉山陸相は七月九日の閣議で、三個師団（約六万人）増派のための経費支出を求めた。これは、不拡大、現地解決の方針なら不要という広田外相の反対で保留となったが、近衛は強く一大打撃を与えるべきだとして派兵に賛成だった（野島陽子校訂・解説「続　荒木貞夫日記」七月十七日条）。翌十一日午後、杉山陸相から再び衝突が起きたとして改めて派兵経費支出が提案され、午後二時の臨時閣議で経費支出と声明発出、「北支事変」という呼称が決定された。その声明は、今回の事件は全く中国側の「計画的武力抗日」で、「北支治安の維持」が日本と満洲国に必要なので派兵するが、「政府は今後共局面不拡大の為平和的折衝の望を捨てず、支那側の速なる反省によりて事態の円満なる解決を希望す」となっていた（「計画的の武力抗日歴然」『東京朝日新聞』七月十二日付朝刊）。

強硬方針の意味

不拡大を基本方針としながらも、すべての責任を中国側に押しつける強硬な内容である。そしてこの日の夜、近衛は貴衆両院、言論界、財界の代表を首相官邸に招き、「帝国としては重大な決意をせねばならぬ（中略）反省を促すために派兵し平和的交渉を進める」と述べて協力を要請、出席者は同意した（「挙国一致の結束成る」、「派兵以て反省を促す」同前）。以上の近衛の措置は、陸軍の方針に従って華北権益を維持しつつ事態を早期に収拾したい、という理由で中国へ強硬態度に出たと解釈するのが最も説得的である。

参謀本部の早期収拾論

この日、派兵決定と入れ違いに現地では停戦が成立し（秦郁彦『盧溝橋事件の研究』）、参謀本部では近衛首相が南京に行って蔣介石《しょうかいせき》と交渉して早期収拾をはかるという案が作られ（「緊急措置ニ関スル意見　七月十一日　第二課」稲葉正夫ほか編『太平洋戦争への道』別巻　資料編〈新装版〉）、翌日、華北親日政権解消の代わりに満洲国承認を求めるという案が参謀本部第一部長の石原莞爾《かんじ》から風見章に申し入れられた（風見「手記　第一次近衛内閣時代」、伊藤隆ほか編『牧野伸顕日記』七月二十二日条）。参謀本部は、ソ連の軍備増強の勢いに危機感を持ち、将来の対ソ戦に備えるため、中国側の要望を受け入れてでも中国との戦争は絶対に避けるべきだと考えていたのである（安井淳『太平洋戦争開戦過程の研究』）。

近衛も訪中に積極的

翌日、風見章が病床にある近衛にこれを伝えると、近衛は、「若《も》しよく目的を達し得べしとならば、貴下と共に南京に飛ぶを辞せず、今病臥すれども医師看護婦を同行せばよし」と積極的だった。しかし、風見は、蔣介石の統制力、日本側の軍の統制力に不安があるとして、翌日近衛に広田外相の派遣を提案、了承された（「手記　第一次近衛内閣時代」）。

これは風見の回想であるが、『西園寺公と政局』第六巻の七月十七日の記事でも、近衛は原田熊雄に、「広田外務大臣をこの場合南京へやつて、日支両国間の外交の急転換をやりたい（中略）自分がみづから行つてもいゝ」と語っているので、この部分は信用してよい。

宮崎竜介派遣構想

しかし、蔣介石は、今回の事態を中国の存亡の危機と見て強硬姿勢をとり、日本の陸

蔣　介　石

軍部内でも派兵して一撃を与えた方が早期収拾につながるという議論が力を得た結果、七月二十日以降、華北での戦闘が本格化した（『盧溝橋事件の研究』）。近衛は、その後も秋山定輔《ていすけ》の提案により、宮崎竜介《りゅうすけ》（中国浪人宮崎滔天《とうてん》の息子）を蔣介石のもとに派遣しようとした（『西園寺公と政局』六、七月二十六日条）。しかし、二十四日、宮崎は「北支の事態かくの如き状態にある際氏等の行動は穏当を欠く」として憲兵に逮捕された（「宮崎氏ら取調」『東京朝日新聞』七月二十八日付夕刊（二十七日発行））。工作は失敗したのである。

頭山満派遣構想

その後も近衛は、頭山満《とうやまみつる》を中国に派遣して、蔣介石と会談させることを検討した（「小川平吉日記」八月四日条）。しかし、外務省が中国政府との協議のため、元外交官の船津辰《たつ》一郎《いちろう》を上海に派遣した八月十三日、戦火は上海に飛び火した（劉傑『日中戦争下の外交』）。

「暴支膺懲声明」

政府は、八月十四日夜から翌日未明にかけての臨時閣議で、派兵と声明発出を決定、十五日未明、日本政府は領土的意図はないとしながらも、「全支に亙る我が居留民の生命財産危殆に陥るに及んでは、帝国としては最早隠忍その限度に達し、支那軍の暴戻《ぼうれい》を膺懲《ようちょう》し以て南京政府の反省を促す」といういわゆる「暴支膺懲声明」を発して派兵を承認、和平の動きはいったん頓挫した（「隠忍を捨てて断乎膺懲」『東京朝日新聞』八月十五日付朝刊）。ただし近衛は八月二十六日の記者会見で、「長期抵抗とこちらの力を方々にさかせるのが向ふの戦法で、わが国としてはこの術策に陥らぬやう最も警戒してゐる」と述べたように、中国側の戦略もふまえ、なお早期収拾の必要性は認識していた（「政府の対支膺懲方針」同紙八月二十七日付夕刊〔二十六日発行〕）。

あくまで「事変」

なお、九月二日の閣議でこの戦争を「支那事変」と呼ぶことが決まった。軍事衝突は事実上の戦争に発展したものの、宣戦布告をするとアメリカの中立法の適用を受けてアメリカから軍需物資の輸入ができなくなり、兵器の原料や動力源をアメリカからの石油や屑鉄《くずてつ》に頼っていた日本としては不利になるため、形式上は局地的な武力衝突にすぎない「事変」であるとの方針をとったことは、すでによく知られている。

第七一回帝国議会

なおこの間、七月二十五日から八月七日まで特別議会として、第七一回帝国議会が開かれた。政府提出諸案（大部分は林内閣時の審議未了案）と、北支事変費の追加予算はすんなり可決された。近衛は二十七日に貴院と衆院の本会議で、首相として初の施政方針演説を行なった。その内容は組閣後の会見とほぼ同じだが、保健社会省の設置、行政機構や議会改革の着手、学制改革審議のための教育審議会の設置を明言した。

第七二回帝国議会

ついで九月四日から八日まで、日中戦争に対応する臨時議会として第七二回帝国議会が開かれた。戦争終結までを一会計年度とする臨時軍事費特別会計が設定され、二〇億円にのぼる軍事費がほぼ審議なしで可決された。さらに、経済を軍需中心とするために政府が提案した、輸出入品等臨時措置法、臨時資金調整法、軍需工業動員法発動法（同法の発動を定めた法律）もすんなりと成立した。議会は近衛内閣支持の態度を示したのである（内田健三ほか編『日本議会史録』四）。

『教育制度改革案』

このうち教育審議会について、近衛は七月二十七日の衆議院本会議で、「内閣の更迭如何に拘《かかわ》らず、恒久的の機関として、教育の根本に向って改革の第一歩を踏出したい」と踏み込んだ発言をした。これより前の六月二十一日、教育改革同志会が「教育制度改革案」を安井英二文相に提出していた。同会は前章でふれた教育研究会の後身で、近衛が会長をつとめ、安井も参加していた（「教育時事」『教育』同年八月号）。

その冊子（国立国会図書館蔵）によれば、同会は事務局が昭和研究会内にあり、教育研究会からのメンバーのほか、後藤隆之助、蠟山政道、風見章ら昭和研究会メンバー、山本有三や当時著名な評論家長谷川如是閑《によぜかん》らも参加していたが、組閣後の作成のためか近衛と安井英二の名はない。そして、この案は教育研究会案をさらに検討したものとされている。「国家社会のために奉公協力し、団体生活のために互に協同する精神を涵養《かんよう》せしむる」「国民大衆の教育とその実際化」、「気宇広濶《こうかつ》にして雄大なる大国民の襟度《きんど》識見を涵養」して世界文化の新展開に貢献すること、などを基本方針とし、学校は小学校、中等学校、大学校および大学院の四種とし、小学校と中等学校合計十二年を義務教育とし、教育に映画、ラジオを活用する、などとなっていた。満洲事変後の政治状況や近衛の持論が反映された案であることがわかる。近衛はこのような大規模な教育改革の実現には時間がかかると認識しており、その認識に対応した制度設計をめざしたのである。

三　日中戦争長期化へ

「時局に処する国民の覚悟」

一方、昭和十二年（一九三七）九月九日付の内閣訓令で国民精神総動員運動が開始されたのに伴い、十一日に近衛も参加した国民精神総動員大演説会が東京の日比谷公会堂で行なわれ、ラジオ中継された。その際の演説「時局に処する国民の覚悟」で、近衛は、日中戦争の意義を正義人道のためとし、戦争の解決策として、中国に「一大鉄槌」を加えて戦意を失なわせた上で、「支那の健全分子に活路を与へまして、これと手を握つて俯

親日新中央政権との和平を主張

仰天地に愧《は》ぢざる東洋平和の恒久的組織を確立する」と、新たに親日中央政権の出現を

日中戦争を哲学的に正当化

日比谷公会堂で国家総動員の演説を行なう首相近衛文麿
昭和13年（1938）9月11日（毎日新聞社提供）

期待し、それと和平すべきであると提唱した。さらに、今回の戦争のような「歴史的大事業」がなんらの困難なしにできると思うのは無理であり、「自分が一時間だけ余計に働いたならば、国家の持久力はそれだけ増すことになる、斯《か》くの如き自覚を以て全国民が国家総動員の内に織り込まれて来るならば、吾々に課せられましたる時代的使命を遂行し、発展的日本の為に一新紀元を作ることは決して困難でない」とした。

その理由として、世界不安の根本的原因は実質的な国際正義が十分実現されていないところにあるので、「日本の行動の本質は世界歴史の本流に於て、真の国際正義を主張せんとするもの」だからとした。そして、「世界は今や一大転換の期に際会致してゐるので（中略）東洋の道徳を経とし西洋の文明を緯とし、両者を総合調和して、新しき世界に貢献することは実に我が国に課せられたる重大使命」であると、格調高く結んだ（『斯民』十月号）。日中戦争とそれによる国民生活の悪化を、国家主義と世界史的視野から哲学的に正当化し、国民に自覚による協力を呼びかけたのである。

大好評

この演説は、新聞で「気品高く理義深遠（中略）内に政治理論、国家哲理を含み、世界の文化史観にさへ触れ」と好意的に評され（社説「近衛首相の抱負と責任」『東京朝日新聞』九月十三日付朝刊）、ラジオ中継は地方の青年層に大好評だった（『西園寺と政局』六、十一月十七日条）。この演説の好評ぶりは、昭和十五年までに少なくとも図書二十三冊、雑誌十六種に転載され（国立国会図書館デジタルコレクション）、ラジオ中継の録音がレコードとして発売されたことからもわかる。この録音はインターネットで聴くことができる（同前）。

中山優の影響

この演説は、国家主義や国際正義論、国民の自覚など近衛の持論が織り込まれているのはもちろんだが、日中戦争の世界史的意義の強調や親日新中国政権との和平という構想は、演説前に刊行された東亜同文会発行の雑誌『支那』九月号（奥付に八月二十五日納本とある）掲載の中山優「日本は斯く歩む―北支事変の文明史的意義を闡明《せんめい》し日支両国の識者に訴ふ―」で初めて示されたので、中山論文の影響も大きいことはまちがいない。したがって、近衛の指名により中山が演説の草稿を書いたという風見書記官長や中山自身の回想は正しい（風見章「手記　第一次近衛内閣時代」、『中山優選集』）。ただし、掲載誌は近衛が会長を務める組織の雑誌であり、近衛自身が中山論文を読んだ上で中山を指名したことは確実なので、この演説は近衛の意向そのものと判断してよい。

日中戦争を「聖戦化」

自国の戦争を哲学的に正当化したのは、日本の首相では近衛が最初であり、近衛の知識人政治家としての特徴がよくわかる。その一方で、この演説で高尚な理念によって正当化された結果、日中戦争は批判できない「聖戦」となった。実際、まもなくマスコミはこの言葉を使いはじめる。たとえば、『読売新聞』十月七日付第二夕刊（六日発行）の紙面には、「平和達成への聖戦」という見出しの記事がある。

近衛の持論からすれば、この戦争における日本の立場を可能な限り正当化することで、国民を団結させて中国に圧力をかけることで早期収拾をめざしたと考えられる。しかし、清沢洌が「外交を一国の利害から出発させないで、思想的イデオロギーで進む場合には、そこには止まる限界がなくなる」と警告していたように（「イデオロギー外交の危険性―非常時外交清算の必要―」『国際知識』昭和十二年二月号）、結果的には当事国同士の妥協、ひいては戦争の早期収拾を極めて困難にする。その意味で、この近衛の演説は日中戦争史において決定的に重要なできごとだった。なお、国民精神総動員運動は、十月十二日に官民の諸団体によって結成された国民精神総動員中央連盟によって実施されていった。

真崎免罪を画策

この間、近衛は、国内の相剋摩擦の解消も模索した。その一つが、従来の右翼のテロやクーデター事件連座者の特赦と、二・二六事件に連座して軍法会議で裁判中の真崎甚三郎の処遇問題(無罪とするか、有罪となった場合は特赦)で、近衛は天皇を含む各方面に熱心にはたらきかけた(加藤陽子『模索する一九三〇年代』)。これもかねてからの持論の延長線上の議論であることはいうまでもない。

近衛が真崎免罪を主張する理由は、「三月事件と均衡論にて、宇垣大将が其儘何もなく、又大命降下せるに真崎大将のみ飽まで追及するは、一視同仁の大御心に対し如何」というものだった(「続 荒木貞夫日記」六月二十六日条)。三月事件に関与した宇垣一成が罪に問われない以上、二・二六事件に関与した真崎も同じでなければ不公平だというのである。しかし、陸軍、木戸幸一や原田熊雄、西園寺公望、湯浅倉平は法治主義に反するとして反対し、天皇も消極的なため難航するうち、九月二十五日に真崎の無罪判決が出て解決した。ただし、この判決は荒木貞夫や平沼騏一郎など近衛周辺の人々の工作が功を奏したとみられる(『模索する一九三〇年代』)。

特赦主張の理由

テロ、クーデター連座者特赦の理由は、「国内の相克を解消する為」(『木戸幸一日記』上、八月十日条）だけではなかった（『西園寺公と政局』六、十月十日条、松平康昌内大臣秘書官長への近衛の談話）。

哲学的に見て社会悪といふものが世の中には存在する。たとへば資本家としての弊害とか、或は権力者の弊害とかいふやうなものが存在する。結局二・二六とか、五・一五とかいつたやうなことの起るのも、犯人はとにかくどこまでも国家のために、或は社会のためにかうしたいと思ふ純な考でやるので、所謂社会悪を除かうといふのがその動機なんだ。だから陛下として大局から御覧になつてやはりその動機を酌んでやるだけのお心持がなければ、公平が保たれない。

いかにも近衛らしい哲学的な論理展開である。近衛は辞職までちらつかせて特赦を主張したが、真崎問題と同じく、法治主義に反するなどという、西園寺、原田、湯浅、昭和天皇らの反対論や木戸の消極論のため、結局実現しなかった（『西園寺公と政局』六、八月二十六日、九月二日・三日、十月十日・二十三日条、『木戸幸一日記』上、八月十日条）。

内閣参議の設置

もう一つの相剋摩擦解消策は、臨時内閣参議の設置である（『模索する一九三〇年代』）。近衛が八月二十日の記者会見で、「時局重大化に応ずる為に衆智を集める必要はある」旨を述べたのが発端である（「社説　戦時内閣制是非」『読売新聞』八月二十一日付朝刊）。しかし、陸軍は、宇垣や皇道派の復権工作の一つと見て反対し、閣内でも屋上屋を架すとして反対が多かったが、近衛は九月の臨時議会で設置を公言して退路を断った。十月十五日、「支那事変に関する重要国務に付内閣の籌画《ちゅうかく》に参せしむる」ため、国務大臣に準ずる地位として内閣参議が設置された（「挙国一致茲に具顕」『東京朝日新聞』十月十一日付朝刊、「参議官制全文」同紙十月十四日付夕刊（十三日発行））。参議制度は、週一回会議を開き、政府が参議たちから意見を聴くという形で運用された。

参議の人事

参議に任命されたのは、陸軍関係は皇道派の荒木貞夫に対し宇垣一成、海軍関係は艦隊派の末次信正に対し中間派の安保清種《あぼきよかず》、財界関係が産業界の郷誠之助《ごうせいのすけ》と金融界の池田成彬《しげあき》、議会関係が民政党の町田忠治《ちゅうじ》と政友会の前田米蔵《よねぞう》に小会派から秋田清、外交関係が松岡洋右《ようすけ》だった（「〝参議〟颯爽と登場す」『東京朝日新聞』十月十五日付朝刊）。近衛は昭和十二年九月中旬に、陸軍に不評な広田外相を松岡に更迭したがった（『西園寺公と政局』六、九月十六日条）ように、松岡を高く評価していた。新聞が「これ等有力者が一致して当る時局収拾に国民は反対し得るか？」と評したように（前掲「挙国一致茲に具顕」）、内閣参議は相剋摩擦の解消だけでなく、国論一致の手段でもあった。

木戸幸一の入閣

次の重要なできごととして、内閣改造問題がある。十月二十二日、安井英二文相が病気を理由に辞任し、後任に木戸幸一が就任した。その経緯は、『東京朝日新聞』十月二十三日付夕刊（二十二日発行）の記事「政治的相談相手に　選ばれた木戸侯」が的確にまとめている。すなわち、近衛は国内の相剋摩擦の解消を目標に組閣したが、「真に肚を割つて相談すべき閣僚」がおらず、近衛は孤立した。「首相の独裁」もその結果である。閣内に政治的に実力ある真の相談相手が欲しいというのが近衛首相の真意で、一時は木戸を新設の企画院総裁兼任の無任所相にする構想もあった。木戸は近衛首相にとって政治上最高の相談相手であり、この近衛の意中を知り、閣内の実情を憂慮したのが安井英二文相で、安井は自分を犠牲にして木戸を入閣させた、と伝えている。

実際、六月二十三日に風見章書記官長が荒木に「閣僚は柔順。九分までは首相之意見。安井文相のみ相談相手」と述べており（「続　荒木貞夫日記」）、新聞でも近衛の裁断による決定という記事が多いのはすでにみたとおりである。しかし、有馬農相が十一月十六日の日記に、「総理は閣僚よりの進言を少しも採用することなし。独裁もよいが、少し度が過ぎはせぬか。木戸氏の態度甚だ面白からず。閣内の空気を何となく不穏にして居る」（『有馬頼寧日記』三）と不満を記したように、木戸入閣以後も近衛は木戸以外の閣僚に相談しないため、閣内での孤立、独裁という状況はあまり変らなかった。

企画院設置

なお、企画院は、戦争の本格化による国家総動員計画の実施という状況をふまえ、国策立案機関の企画庁と、戦時の国家総動員の立案を担当する資源局という、内閣に所属する二つの官庁を統合した官庁で、十月二十五日に設置され、初代総裁には瀧正雄が就任した（『昭和戦中期の総合国策機関』）。空席となった法制局長官には、瀧と同じ政友会代議士の船田中《なか》が十月二十五日付で就任した。

内閣情報部設置

そのほか、内閣付属の官庁としては、国民精神総動員運動の展開に対応して、国策宣伝や報道統制の強化のため、九月二十五日に内閣情報委員会を改組昇格して内閣情報部が設置され、部長には内閣書記官の横溝光暉《みつてる》が就任した（朴順愛「「十五年戦争期」における内閣情報機構」）。同部は広報誌『週報』と『写真週報』を発行するなど、広報活動を盛んに展開していく。

大本営設置に伴う内閣改造構想

次に、十一月十八日の大本営設置に連動した内閣改造構想があった。大本営は、天皇の下に設置される統合作戦本部で、日清戦争と日露戦争で設置されたが、その際は首相も参加した。日中戦争勃発後、陸軍の作戦計画が内閣側に知らされず、近衛には昭和天皇の好意で昭和天皇から知らされる状況となっていた、近衛はこれを打開するため、今回も首相も参加した形の大本営を設置しようとしたのである。そして、その実現に合わせ、内閣参議から入閣させる形の内閣改造を検討した。しかし、陸軍の意向で軍令という内閣を通さない法令形式で大本営が設置されることとなり、政府との連絡は非公式の連絡会議を設けるにとどまったので、内閣改造も無意味となった（『模索する一九三〇年代』）。

退陣を主張

大本営設置発表前日の十一月十五日、近衛は木戸に対し、「愈《いよいよ》大本営の設置も近日に迫りたるところ、元来自分の組閣当時は今日の如き大事変を予想せしにあらず、今機をはづしては進退を為すの機会なきを以て、是非勇退したし」と、西園寺と湯浅倉平への諒解工作を依頼した。予想外の重大事態への対応に疲れた近衛はこれを機に退陣を決意したのである。しかし木戸は、近衛退陣は為替崩落を招きかねず、戦争遂行に悪影響を及ぼすなどとして反対した（『木戸幸一日記』上、十一月十五日・十六日条）。近衛退陣は国際的に日本の弱気を印象付け、円の暴落を招きかねず、そうなれば軍需物資の輸入が減り、戦争遂行に差支えるというのである。

留任

結局、西園寺の留任要請もあり、近衛は池田成彬への蔵相更迭工作の実施を条件に辞意を撤回した。ただし、池田は体調を理由に断った（『西園寺公と政局』六、十一月十六日・十七日条、『木戸幸一日記』上、十一月十八日・二十九日条）。近衛は公爵であるため終身の貴族院議員であり、資産もあるので首相の地位に固執する必要はない。一般論として、自分は辞めてもよいが周囲が困るという場合、結果的に本人の要望が通りやすくなるのである。

その後の日中関係

その後の日中関係であるが、九月下旬にイギリスのクレーギー駐日大使が広田外相に和平仲介を申し出た。上海攻防戦で日本軍の苦戦が続いていた九月二十八日、近衛が原田熊雄に、「支那軍は予想以上に強い。（中略）祖国に対する非常な愛国心なり、抗日の精神なりが強く教育されてゐる」と述べたように（『西園寺公と政局』六）、日本側も危機感を募らせた。その結果、十月一日、首相、外相、陸相、海相の四相による会議で、「従来の行懸《いきがかり》に捉はれざる、画期的国交調整」を目標とする「支那事変対処要綱」を決定した（外務省編『日本外交年表並主要文書』下）。しかし、国内の反英運動が高まったため、和平工作は沙汰やみとなった（劉傑『日中戦争下の外交』）。

日本の国際的立場悪化

しかも、日本海軍の航空隊による南京や上海への爆撃は、九月二十八日に国際連盟による非難決議の可決、日本を隔離せよという十月五日のアメリカ大統領ルーズベルトの演説（隔離演説）、十月六日に連盟総会での九ヵ国条約会議への日本招請決議を招くなど、日本の国際的立場を悪くした（『日本外交年表並主要文書』下）。近衛内閣は、十月二十二日の閣議で九ヵ国会議出席拒絶を決定、十一月十二日、今回の日本の行動は自衛行動なので九ヵ国条約の範囲外であり、「今次の事変は東亜の特殊事情に基く」ので両当事国間において処理すべきという回答文を発して正式に拒絶した（「九国会議招請拒否」『東京朝日新聞』十月二十三日付夕刊〔二十二日発行〕、「九国会議　招請を拒絶」同紙十一月十三日付朝刊）。日本政府は国際的な弁明の機会を自ら放棄したのである。

親日新中央政権との和平を再度主張

それでも十月下旬の膠州湾上陸作戦を機に日本軍が優勢となり、上海が十一月十二日に陥落すると、十一月十七日、蔣介石政府は長期抗戦のため臨時首都を重慶に移した。そして十一月二十六日の記者会見で、近衛は、蔣介石政権が反省せずにどこまでも長期抵抗を続けるならば、日本は長期にわたる覚悟で蔣政権に徹底的打撃を与えると述べ、さらにその間に中国各地に「独立政権」ができて中国の半分を占めるようになれば、中国の中央政府とみなす旨を述べた（「近衛首相車中談」同紙十一月二十七日付朝刊）。長期戦を覚悟する一方で、改めて親日新中央政権との和平を示唆したのである。

ちょうどこのころ、近衛は、北支那派遣軍が親日中央政権擁立を進めていることを知った。これを近衛から聞いた小川平吉は、新政府が中国の中央政権だと自称しても、中国の人々の支持や軍隊や財力がないので、日本が擁立しても「髑髏を抱き紙人形を振回はす」ようなもの、つまり力のない政権を支持しても無意味だと、のちの展開を予言するかのように鋭く批判した。しかし近衛は「〔溥儀の〕宣統《せんとう》〔帝〕の復辟《ふくへき》〔復位〕とならば名儀丈《だ》けは立つ」とはぐらかした（「小川平吉日記」十一月十八日条）。親日政権樹立は九月の演説で近衛が示唆した方策なので、近衛が否定できるはずはなかった。

トラウトマン工作

これより先、十一月五日から、駐中ドイツ大使トラウトマンによる日中和平交渉（トラウトマン工作）が始まった。日本政府が最終的に交渉条件を決めたのは十二月二十一日の閣議である。その間、十二月十三日に南京陥落、十四日に北京を首都とする親日新中央政権（王克敏《おうこくびん》政権）樹立と馬場鍈一の病気による末次信正への内相更迭があった。南京陥落時に近衛は、「北京、天津、南京、上海の四大都市を放棄した国民政府なるものは実体なき影に等しい、然らば国民政府崩壊の後をうけて方向の正しい新政権の誕生する場合は日本はこれと共に共存共栄具体的方策を講ずる」という声明を発した（「近衛首相声明す」『読売新聞』十二月十五日付第二夕刊〈十四日発行〉）。翌日に成立が迫っていた親日新中央政権を重視する方針を明言したのである。

講和条件

蔣政権との和平交渉案の検討は、十三日から十七日にかけての大本営政府連絡会議で行なわれたが、十四日の会議で末次内相が、講和条件について、「よほど強硬にやらないと」国民や軍人が収まらないと述べたのに対し、近衛は、

自分は反対である。自分達としてはどこまでも中外から見て、なるほど日本の主張は正当であり、日本の要求は公正である、と言はれるやうな内容をもつた講和の条件でなければならないと思ふ。国民が収まらないからとか、軍人が不平を言ふからといつて、不可能なこと、或は無理なことを日本が要求することは、国家の威信に関する。

と述べ、末次信正は発言を撤回した（『西園寺公と政局』六）。その結果決まった内容は、日満支の共同防共、主要地区への非武装地帯設定、日満支経済提携、賠償実施、本年中の回答を要求するなどというものだった（『日本外交年表並主要文書』下）。結局はかなり強硬な内容となったが、ここまでの検討から明らかな通り、それは国民世論や陸軍に配慮した

からではなく、年来の近衛の外交論から当然導き出される性質のものであった。

御前会議

この案に対し、中国側は期限までに明確な意思を示さなかった。蔣介石は持久戦に持ち込むことを決意していたのである（家近亮子『蔣介石の外交戦略と日中戦争』）。近衛は、対ソ戦準備のためなお中国との交渉を希望する参謀本部を押し切り、昭和十三年一月十一日、昭和に入って初の御前会議（天皇、参謀総長、軍令部総長、首相、陸相、海相、内相、蔵相出席）において、「帝国不動の国是は満洲国及び支那と提携して東洋平和の枢軸を形成し、之を核心として世界の平和に貢献するにあり」という方針にもとづき、「支那現中央政府が和を求め来らざる場合に於ては、帝国は爾後《じご》之を相手とする事変解決に期待を掛けず、新興支那政権の成立を助長し、これと両国国交の調整をするなどという、「支那事変処理根本方針」を決定した（『日本外交年表並主要文書』下）。

「対手とせず」

結局、中国政府の回答はなく、日本政府は、一月十六日に「爾後国民政府を対手とせず」という政府声明（第一次近衛声明）を発し（同前）、「対手とせず」の意味については、閣議で「否認とともに且つ更にこれを抹殺せん」という解釈を決定した（「対手とせずは否認以上」『読売新聞』一月十九日付第二夕刊〔十八日発行〕）。

ただし、十八日の記者会見で、近衛は、「日本は飽く迄蔣政権壊滅を計るのだから日本との間に今後和協の話の起りやうは無い」が、「〔蔣政権が〕親日政権の下に合流するといふことならこちらの察知したことではない」と含みをもたせた（「国民政府壊滅を期す」『東京朝日新聞』一月十九日付朝刊）。そしてこれが、以後、日本政府の方針ともなっていく。

なお、御前会議の決定文書より記者発表の方が強い言い方になった理由について、近衛は昭和十五年二月に昭和天皇に対し、「最初は左程強い意味はなかりしも議会の関係に於て非常に堅苦しきものとなれる」と述べている（沢田茂「参謀次長上奏控」、森松俊夫編『参謀次長沢田茂回顧録』所収）。つまり議会対策だったと弁明している。

日中戦争長期化へ

第一次近衛声明発出までの経緯については、戦死傷者が一〇万人を超え、戦費負担も増大するなかで、国民の不満を抑えるために交渉案が強硬化し、蔣政権との交渉を事実上不可能にしたとして、ポピュリズム、すなわち人気取り政策だったと評されることが少なくない。しかし、親日新中央政権との和平という方策は、昭和十二年九月に政治家としては近衛が初めて提唱してから、近衛が主張し続けており、場当たり的な政策ではない。しかも、蔣政権との交渉案の審議時にポピュリズム的発言を封じたのは近衛である。したがって、天皇への発言は、失政の弁明と解釈するのが適切である。いずれにしろ、第一次近衛声明によって、日中戦争の長期化は決定的となったのである。

四　内閣の大改造

教育審議会の設置

この間、昭和十二年（一九三七）十二月十二日に、教育審議会が設置された。通常、審議会は首相を会長とするが、この審議会は、加藤友三郎内閣の農商務相だった枢密顧問官荒井賢太郎が総裁に任命された。首相とは切り離した組織としたのである。さらに、設置にあたって、天皇の上諭（現在の「おことば」に相当）を仰いだ（「教育審議会設置に優渥なる上諭」『東京朝日新聞』十二月十一日付朝刊）。審議会設置にあたって天皇が上諭を出すのは異例であり、審議会の重要性を印象づける措置といえる。

国民学校

こうして近衛は議会での言明どおり、内閣の更迭に関係なく審議を継続できる態勢を整えた。実際、本審議会は昭和十五年末まで七回の答申を出し、青年学校の義務化、義務教育の年限延長と教育内容改善のための国民学校制度の実施、教員養成制度の改善を実現の緒につけるなど、大きな成果をあげた（八本木浄『両大戦間の日本における教育改革の研究』）。教育内容については、実験や実技の導入など、教育内容の実際化が図られた（大内和裕「隠蔽された記憶」）。近衛の永年の提言は近衛の手で実現の緒についたのである。

厚生省の設置

ついで、厚生省の設置がある。当初社会保健省と仮称していた新省については、陸軍が体位向上など衛生健康問題中心を主張したが、政府は社会政策中心を主張し、近衛は後者に軍配を上げ（高岡裕之『総力戦体制と「福祉国家」』）、さらに近衛が関係各省間の権限争いを裁定して設置を実現した（「結局首相の裁断」『東京朝日新聞』昭和十二年十二月二十四日付夕刊〔二十三日発行〕）。結局名称は厚生省となり、昭和十三年一月十一日に設置された。初代厚生大臣については、陸軍が陸軍省医務局長の小泉親彦《ちかひこ》を希望した（『総力戦体制と「福祉国家」』）。一方、近衛は池田成彬を希望したが、池田が固辞したため、元商工官僚で行政事務の経験があるという理由で木戸幸一が文相と兼任で就任した（「首相窮余の策　厚生大臣銓衡事情」『東京朝日新聞』一月七日付朝刊）。

これより先、昭和十二年十二月二十四日、第七三回帝国議会が召集された。組閣後初の通常議会である。年明けから本格審議が始まったが、電力国家管理関係法案と国家総動員法案の審議が紛糾した。政治的には後者の方が争点となったので、後者についてみていく。

国家総動員法案

国家総動員法は、事変を含む戦時に国家総動員のための統制を国家ができるという趣旨で、国家が労働力、資材、賃金、資金、企業経営、言論報道など、一応対象は列挙されているものの、その他条項があるため事実上はあらゆる分野を対象にできた。そのため、提出前から、事実上政府への全権委任法であり、議会を無意味化するので違憲ではないかという理由で政友会や民政党では反対論が強かった。そこで政府は、昭和十三年二月十八日の閣議で、言論統制条項の削除と、各条文発動に関する審議機関として、貴衆両院議員を中心とする国家総動員審議会を設けるという条文を追加して議会に提出した。さらに二月二十四日の衆議院本会議での最初の審議の際は、近衛と政党の対立表面化をきらった政友会の前田米蔵《よねぞう》の助言で、近衛は病気を理由に欠席した。

しかし、本会議はもちろん、委員会審議に入っても、国家総動員の内容をあらかじめ国民に知らせるために同法を必要とする政府側と、同法が濫用されるとナチスのような独裁国家になりかねず、同法の内容は緊急勅令で対応可能なので同法は不要だ、とする政友会・民政党側の対立は続いた（拙著『戦時議会』）。

近衛新党の動き

このころ、近衛は原田熊雄に「政党合同の件についてしきりに自分の所に来てゐる。自分は無論出ないつもりだが、あまりはつきり「出ない」と言つてもまたごた〳〵するし〔中略〕両法案さへ通ればどうでもいゝ」と語った（『西園寺公と政局』六、三月一日条）。すなわち、政友会の中島派、民政党の主流派には総動員法成立に協力する代償としての近衛新党運動が起きたものの、近衛は持論からして応じる意思はなかったが、議会操縦の手段として曖昧な態度をとったのである。一方、政友会や民政党の一部には、総動員法を否決して近衛内閣を退陣させ、宇垣内閣、宇垣新党をねらう動きもあった（同前）。

三月二日、病が癒えたとして近衛はようやく国家総動員法案特別委員会に出席し、ここまでの欠席を詫びるとともに、「戦時のみに適用せらる丶此法律は、平時に適用せらる丶「ナチス」の法律とは、本質に於て異る」と述べ、議場の空気は軟化した（『西園寺公と政局』六）。この日の質疑では、政友会の植原悦二郎《うえはらえつじろう》が「国民の為に国防が存するのだ、国防の為に国民は犠牲にされるのではない」と述べたのに対し、近衛は、「国防も国家の為に存するのであります、国民も国家の為に存する」と述べた。国家がなければ民衆は暮していけないという、国家優先の近衛の考え方が端的に示された発言である。

議会を乗り切る

なお、三月十一日の同委員会で、近衛は、「支那事変に直接之〔総動員法〕を用ひると云ふのではないのでありまして、将来に万一来るべき戦争に対しての備であります」と述べ、新聞で大きく報じられた（「総動員法の発動時期　今事変には適用せず」『東京朝日新聞』三月十二日付朝刊）。しかし、同じ席で杉山陸相が「総動員法は之を直ちに今〔中略〕全部を施行しなければならぬと云ふことは考へて居らない」と述べたように、部分施行はする予定であり、近衛の答弁は答弁ミスである。

その後、衆議院の総動員法難航と宇垣系の新党運動に対し、十二日の閣議で末次信正内相が議会解散と緊急勅令による選挙法改正と新興勢力中心の近衛新党構想を提唱したことを契機に、衆議院では条件付きで政府案を認める方向に流れが変った。十六日、総動員審議会の過半数を貴衆両院議員とすることを条件に総動員法は衆議院を通過、貴族院でも一部議員の反対はあったが、原案が成立した。電力案も会期を一日延長して修正可決され、増税案を含む政府提出法案と、通常予算三五億円、臨時軍事費四八億円という膨大な予算案のすべてが成立した（拙著『戦時議会』）。

議会最終日の三月二十八日、田口弥一衆議院書記官長（現在の事務総長に相当）が原田熊雄に、「とにかく近衛公の声望と時局に対する関係から、議員もすべて我慢して、まづ無事に通した」と語った（『西園寺公と政局』六）ように、近衛の政界における人気が、議会の審議状況に大きな影響を与えたのである。

再び退陣を主張

一方、三月十一日、近衛は原田に対し、議会終了後の内閣総辞職を湯浅倉平内大臣に申し入れていると述べた上、後任に広田外相、町田忠治民政党総裁、児玉秀雄（寺内正毅《まさたけ》内閣の内閣書記官長）をあげた（『西園寺公と政局』六）。その原因は、早くも第一次近衛声明を失敗と認識したことと、閣僚の非協力や陸軍の態度への不満であった。

近衛は、第一次近衛声明に関しては、一月二十八日の衆院予算委員会で、蔣介石政権に対する認識について、その権威が全く失墜したとは認められず、勢力を回復してくる恐れがないとも限らない、と修正し、一月二十七日に原田に対し、「外交の手を打つならば、結局政府が代る必要がある」と述べている。閣僚の非協力については、二月二十二日に原田に対し、電力案の貴族院工作に関連して、木戸幸一以外の「閣僚たちもみんな一省の長官であるけれども、どうも政治的に国務大臣としてかれこれ動かうとしない」と述べ、陸軍についても、四月一日に原田に対し、失敗すれば政府に責任をなすりつけるのが陸軍のやり方だとして、「実に困つたもんだ。自分なんかまるでマネキンガール」だと述べている。さらに、近衛は、三月二十九日に昭和天皇に対しても、「たゞ空漠たる声望だけあつて力のない自分のやうな者がいつまでも時局を担当するといふことは、甚だ困難」と述べた（以上、『西園寺公と政局』六）。

西園寺の激励

こうした状況を背景に、四月二日以後、近衛は風邪を理由に荻窪の自邸に引きこもった。近衛の辞意を本気と感じた各閣僚や政党有力者が次々と近衛邸に慰留に訪れたが、近衛の辞意は変らなかった（「時局下政変を憂慮」『東京朝日新聞』四月十日付朝刊）。しかし、西園寺公望の、「いま近衛が辞めるなどといふことは、以ての外〔中略〕必要があるならば〔総理大臣〕臨時代理でも置いて、充分養生でもしたらいゝ」という激励の言葉を十五日に原田からきいた近衛は、ようやく「それぢやあ、まあ、臨時代理でも置いて、一つやるかな」と考え直した（『西園寺公と政局』六、四月十三日・十五日条）。

執務再開

結局、近衛は四月二十一日に執務を再開した（「首相登庁」『東京朝日新聞』四月二十二日付夕刊（二十一日発行））。この間の政治問題としては、官吏制度改革問題があった。岡田内閣以来議会で官僚批判が高まっていたことを背景として、民間人の官吏登用、官吏身分保障制度撤廃、試験制度の改正などを中心とする案を法制局が一月末にまとめたが、内務省の強い反対で六月初旬に検討は中止となった（拙著『昭和戦中期の議会と行政』）。

また、日中戦争勃発で中断されていた貴族院改革については、衆議院改革とセットになった形で議会制度審議会が六月に設置された。教育審議会と同じく、総裁に元内相水野錬《れん》太《た》郎《ろう》を任命し、内閣とは切り離した形で設置され、様々な議論が行なわれたが、昭和十四年一月の第一次近衛内閣退陣とともに、活動を停止した（村瀬信一『帝国議会改革論』）。

内閣大改造へ

執務再開後、「適当でないと思ふ国務大臣があるなら、それはもう総理の権限で、陛下のお許しを得てどんどん代へりやあいゝ」（『西園寺公と政局』六、四月十五日条）と西園寺の支持も得た近衛は、木戸幸一や原田熊雄らと秘密裏に大規模な内閣改造の工作を進めた。近衛が非協力的とみた広田外相と、政治力に欠けるとみた賀屋興宣蔵相、吉野信次商相に勇退を、宇垣一成と池田成彬に入閣を認めさせた（『西園寺公と政局』六、『木戸幸一日記』下）。その結果、まず五月二十六日に、宇垣一成を外相、池田成彬を蔵相兼商相、荒木貞夫を文相とし、木戸を厚相専任とした。新聞は荒木入閣を「宇垣大将を迎へる関係上バランスの都合」と報じた（「近衛内閣改造の舞台裏」『東京朝日新聞』五月二十七日付朝刊）が、これまでの経緯から、この機会に皇道派の政治的復権をさらに進めたと考えるのが適当である。

なお、大谷尊由拓相は、六月二十五日、先の議会で成立した北支那開発株式会社法にもとづいて華北占領地経営のために設立された国策会社である、北支那開発株式会社の総裁に転じ、拓相は宇垣が兼任した（「拓務大臣突如更迭」『東京朝日新聞』六月二十五日付夕刊〔二十四日発行〕）。

陸相も更迭へ

その後、近衛はやはり近衛に非協力的とみた杉山陸相の更迭工作も進め、六月三日、板垣征四郎《せいしろう》の陸相就任を実現した。首相の意向による陸相の更迭は、日本の内閣史上この時だけである。杉山は当初更迭を拒否したが、近衛は昭和天皇に閑院宮《かんいんのみや》参謀総長への説得を依頼し、昭和天皇はこれを承諾、閑院宮が杉山を説得した。後任の板垣も近衛の希望による人事で、近衛は杉山の補佐役だった梅津美治郎《うめづよしじろう》陸軍次官の東条英機への更迭も実現した（筒井清忠『昭和十年代の陸軍と政治』）。

かつて宇垣の組閣を妨害した陸軍が、宇垣の入閣を認めた上、前例のない首相の意向による陸相と次官の更迭まで認めたのは、昭和天皇や陸軍が、中国との長期戦を覚悟せざるをえない状況で国内政治をまとめられるのは近衛しかいない、と考えていたことをよく示している（堀田慎一郎「一九三〇年代の日本陸軍と政治についての一考察」）。近衛は、天皇と陸軍の強い支持を背景に、政党内閣でさえ不可能だった軍部人事への介入にも成功した。

旧憲法下の歴代首相のなかで、この時の近衛ほど強大な実権を握れた例はない。

五相会議の設置

内閣改造後、近衛は、首相、外相、陸相、海相、蔵相による五相会議の設置を閣議で決定し、以後重要政策は五相会議で決定するようにした（「〝五相会議〟正式成立」『東京朝日新聞』六月十一日付夕刊〔十日発行〕）。近衛は、大物閣僚を得たことで、満洲事変以後持論としてきた少数閣僚制を自分の内閣でも実現したのである。

対中方針の転換

閣僚のうち、宇垣外相に近衛が託したのは対中方針の転換だった。五月三日、近衛は来日した王克敏と会談し（「近衛首相王克敏氏　東亜安定へ歴史的会見」同紙五月四日付朝刊）、王から、蔣介石の地位は盤石で、対抗できる政権の樹立は不可能だと告げられた。ただし、この発言は新聞では報じられていない。

翌日、近衛は木戸に王の発言を伝えた上で「蔣と共に両国関係の調整を図らざるべからずとの結論となる」と告げた（『木戸幸一日記』下）。六月三日、近衛は原田に「自分も広田も、あまりに蔣政権打倒といふことを徹底的に言ひ過ぎたから、そのうち外交の転換をするとなると、やつぱり自分が辞めて、宇垣にやつてもらひたいと思ふ。で、宇垣には「あんまり蔣政権を相手にしないとかいふやうなことを世間に言つてくれるな」といふことを、この間も話しておいた」と話した（『西園寺公と政局』六、六月三日条）。つまり、近衛は内閣改造前に第一次近衛声明の失敗を改めて痛感し、宇垣に蔣政権に対する和平工作再開を依頼したことはまちがいない。

宇垣・孔祥熙工作

宇垣は六月以降、近衛や小川平吉と連絡を取りながら、中国浪人萱野長知《かやのながとも》を通じた蔣介石政権関係者の孔祥熙《こうしょうき》との和平交渉（宇垣・孔祥熙工作）に入った（劉傑『日中戦争下の外交』）。昭和天皇に「なるべく速かに戦争を終息に導きたい」と述べた（『西園寺公と政局』七、六月八日条）近衛は、七月六日の記者会見で、「最初の不拡大方針が結局実現せずして最悪の事態に到達したことは洵《まこと》に遺憾」と事実上失政を国民に謝罪した上で、「国民政府が共産党と手を切り〔中略〕抗日政策を放棄するならば〔中略〕容共抗日の国民政府でなくなるのだからこれを対手とすることも考へられる」と、事実上第一次近衛声明の解釈を変更し（「〝蔣打倒方針〟毫も不変」『東京朝日新聞』七月七付朝刊）、宇垣を支援した。

近衛新党運動

こうした動きに呼応する形で、政界では近衛新党運動も始まった。九月七日に近衛が木戸に説明したところによれば次のようであった（『木戸幸一日記』下）。

漢口攻略後の時局の転回に当りては、或は蔣を対手とするの事態を生ずるやも知れず、又失業其他国内の状勢は相当憂慮さるべきものあり、是等に対処するには政党を打つて一丸とし、所謂一国一党的態勢を整ふるの要ありとの見地より、秋山〔定輔〕、秋田〔清〕、久原《くはら》〔房之助《ふさのすけ》〕、麻生《あそう》〔久〕等が参加し居り、前田〔米蔵〕も最近秋田の仲介にて秋山と会見したり〔中略〕右の如き意味にて政党合同運動の進展する

国家社会主義者への共感

場合〔中略〕之が党首を断ることも如何かと考へ、曖昧なる返事を為し居る〔後略〕。

秋田清は政友会所属代議士を経て衆議院議長を務めた無所属代議士、久原房之助は元代議士で政友会久原派の指導者、麻生久は社会大衆党代議士で同党の幹部である。

宇垣一成

党首就任依頼への「曖昧なる返事」というのは、近衛が昭和十二年一月の「我が政治外交指標」で政党ではない形の挙国一致組織を提唱していた以上、当然のことである。近衛は八月中旬に原田熊雄に対し、麻生について「やつぱり哲学的根拠があつて、あれらは相当に深い」とし、やはり社会大衆党代議士の亀井貫一郎についても「すこぶる感心し」、さらに東方会指導者の中野正剛《せいごう》についても「亀井や麻生ほど深くはないけれども、やつぱり彼には一種の哲学がある」と、国家社会主義系の政治家への共感を語っている（『西園寺公と政局』七、八月十一日条）。近衛の思想経歴を考えれば当然のことである。

この間、宇垣・孔祥熙交渉は本格化しつつあった（『日中戦争下の外交』）。これに対し、右翼陣営や参謀本部は賛成していたが、陸軍省は、板垣陸相は同意したものの、東条次官や影佐禎昭《かげささだあき》軍務局軍事課長は反対していた（『木戸幸一日記』下、九月七日条）。影佐は、蔣介石政権を分裂させ、かつ強力な親日政権をつくるため、七月初めから、蔣政権の高官だった高宗武を相手に、蔣政権ナンバーツーの汪兆銘《おうちょうめい》の出馬による親日新中央政権樹立工作（汪兆銘工作）を始めていた（『日中戦争下の外交』）。

宇垣外相辞職

こうした状況をふまえ、近衛は木戸に対し、「一月十六日の声明の結果、新政権樹立の効果、成績等に顧るに、常に事志と違ふ処少からず」として、蔣政権を相手にするならばその責任は重大なので退陣したいと辞意を示す一方で、「最近宇垣方面より、首相の方針等につき悪声の伝へらるゝは、結局此の内閣を倒さんとの意図の下に行はるゝやにも推せらる」と述べた（『木戸幸一日記』下、九月七日条）。八月末、宇垣が新聞記者たちに、非公開という条件で、従来の陸軍や政府の対中政策を批判し、それが陸軍省に洩れたのである（「小川平吉日記」九月十五日条）。近衛としては宇垣に禅譲したいと思っていた矢先に、宇垣への信頼感が揺るぐような事態が起きたのである。宇垣は閣内で孤立し（同前九月二十二日条）、九月二十九日辞職した。

辞職理由

新聞では、対支院問題が宇垣の辞任理由だと報じられた。対支院問題とは、中国占領地経営のために、昭和十三年一月に企画院の提唱で設置が検討されはじめたが、外務省の反対で紛糾していた問題である（馬場明『日中関係と外政機構の研究』）。ただし、「根本的には最近閣内の居心地が面白くなかつたといふことも決心を誘つた一因」とも報じられている（「宇垣外相辞職迄」『東京朝日新聞』九月三十日付朝刊）。

興亜院

実際、辞表提出の際、宇垣は近衛に対し、「支那を独立の国家として国際的に取扱はんと企図しある今日に於て（中略）其立案の基礎観念に於て余の考とは全然一致し難い」と対支院に反対しただけでなく、「余の閣内に在ることが何となく政府内の平和を害するのではないか」と理由を述べた（角田順校訂『宇垣一成日記』2、十月一日条）。萱野と孔祥熙の交渉は以後も続いたが、宇垣の外相辞任によって事実上無意味化した（崎村義郎著・久保田文次編『萱野長知研究』）。なお、対支院は、十二月十六日に興亜院という名称で設置され、総裁には皇道派退役将軍の一人である柳川平助が起用された。

再び辞意

宇垣の辞職を受けて、近衛は池田蔵相と木戸厚相に対し、内閣の不統一と宇垣の任命責任を理由に辞意を示し、池田成彬は賛成した。しかし木戸は、漢口攻略を控えた現状では内閣退陣は許されないとして、板垣陸相、米内海相とともに近衛を説得し、翻意させた（『木戸幸一日記』下、九月二十九日条）。

内大臣転任に西園寺反対

それでも近衛は、新党党首就任を避けるためという理由で、内大臣への転任を理由に米内海相に禅譲する構想を原田熊雄に示した。しかし、原田からこれをきいた西園寺は、近衛内閣が「今日までとにかく続くといふことは、陸軍の支持があるからで、もし内大臣として側近に近衛を置いたなら、やはり陸軍の勢力が宮中に及ぶ」ので自分は絶対に反対だが、「近衛はもし辞めたいのならば、充分責任を尽して後のことも考へ、無責任だと言はれないやうにして、漢口の攻略でも済んだら時機を見て、立派に堂々と辞めることが宜しい」という意向を原田に示した（『西園寺公と政局』七、十月二十日・二十五日条）。西園寺は近衛の辞職については一定の条件のもとで認めたが、かつて自身が望んでいた近衛の内大臣就任については、陸軍の勢力拡大につながるとして強く反対したのである。

外相・拓相補充

近衛はとりあえず外相と拓相を自分で兼任し、後任を探したが、なかなか適任者を得られず、ようやく十月二十九日に、外務官僚出身で元広田内閣外相の有田八郎を外相に、元満鉄副総裁の八田嘉明《はったよしあき》を拓相にあてた。

連盟との関係終了

この間、九月十一日に蔣介石政権が国際連盟に日本を侵略国として提訴、二十七日に連盟総会は事実上、日本を侵略国として認定した（伊香俊哉『満州事変と日中全面戦争』）。これに対し、近衛内閣は、十月十四日に連盟脱退後も維持していた連盟との協力関係終了を閣議決定、十一月二日に実施した（『日本外交年表並主要文書』下）。近衛は、かつては国際連盟協会理事として発展に協力した連盟との関係終了を、首相および外相として決断する立場となった。そしてそれは近衛の持論通り、日本が英米との国際協調路線から完全に断絶したことを意味した。

五　東亜新秩序声明

「東亜新秩序声明」

一方、汪兆銘工作については、汪出馬を促すため、昭和十三年（一九三八）十一月三日に第二次近衛声明、いわゆる「東亜新秩序声明」が発せられた。その主要部分は次のとおりである（『日本外交年表並主要文書』下）。

帝国の冀求《ききゅう》する所は、東亜永遠の安定を確保すべき新秩序の建設に在り。今次征戦究極の目的亦《また》此に存す。この新秩序の建設は日満支三国相携へ、政治、経済、文化等各般に亙り互助連環の関係を樹立するを以て根幹とし、東亜に於ける国際正義の確立、共同防共の達成、新文化の創造、経済結合の実現を期するにあり。〔中略〕固《もと》より国民政府と雖《いえど》も従来の指導政策を一擲《いってき》し、その人的構成を改替して更生の実を挙げ、新秩序の建設に来り参するに於ては敢て之を拒否するものにあらず。〔中略〕東亜に於ける新秩序の建設は、我が肇国《ちょうこく》の精神〔八紘一宇〕に淵源し、これを完成するは、現代日本国民に課せられたる光栄ある責務なり。

すなわち、従来近衛が主張してきた対中政策を、「東亜新秩序」という言葉で体系的な政策とし、その完成を日本の根本方針（国是）と定めたのである。

ラジオ演説

近衛はこの日、この声明についてラジオでも演説し、日本が真に希望するのは「支那の征服にあらずして支那との協力」と、日中関係の対等化を希望すると明言し、さらに国際正義にもとづく歴史の発展に併行する新平和体制が創造されるべきだが、それがいかなる犠牲を求めるかに対する「徹底せる理解」を国民に求めた（「首相・世界に告ぐ」『東京朝日新聞』十一月四日付夕刊〔三日発行〕）。近衛はこのラジオ演説で、日中関係の対等化を明言することで汪の出馬を促すとともに、日中戦争の戦争目的を改めて哲学的に正当化することで国民に負担増大の必然性への理解を求めた。

この直前に蠟山政道が「東亜協同体」という概念を提唱しはじめ、以後、この概念に関する論説が増えて一種のブームとなるが、このブームを引き起こしたのはこの第二次近衛声明だった（山口浩志「東亜新秩序論の諸相（Ⅰ）」）。この声明は政府の外交政策のみならず、政治思想の動向にも大きな影響を与えたのである。

「日支新関係調整方針」

ついで政府と軍部は、新中国政権との具体的な提携条件として、十一月三十日の御前会議で「日支新関係調整方針」を決定した。基本原則は「互恵」、すなわち対等な協力としながらも、具体的には、新政権への日本人顧問派遣、共同防共のため各重要地点への日本軍駐屯、経済提携のため日本への特別の便宜供与、日中戦争勃発以来の日本人の損害補償などを定めていた（『日本外交年表並主要文書』下）。「互恵」とは建前にすぎず、実際には中国を満洲国のように傀儡国家化するという内容で、声明やラジオ演説とは明らかに矛盾している。内容が公表されなかったのも不思議ではない。しかしながら、近衛は、この会議に参加していた以上、当然これに賛成していたことになる。

近衛演説延期

近衛はこの決定と、蔣介石の重慶不在中の十二月九日に、汪兆銘が昆明に脱出する予定であることをふまえ、十一日に「国交調整の大演説」をする予定だった。ところが、蔣が予定外に早く首都重慶に戻ったため、汪脱出は延期となり、近衛の演説も延期された。九日、近衛は原田熊雄に「大阪行は急にやめることにした。自分は今晩から病気になるんだ」と仮病を使うことを示した上で、「支那人のことだから、悪く思へば或は今までぺてんにかゝつてゐたかもしれない」と述べた（『西園寺公と政局』七、十二月六日・九日条）。近衛の中国の人々に対する侮蔑的発言は史料上この一回だけで、いかに近衛が動揺したかがわかる。

木戸に辞意途べる

十二日、近衛は木戸に、「陸軍方面にて行へる謀略も余り当にはならず、各方面の事情も必しも順調とは云ひ難く、所謂行づまりの状態なる故、長期建設の段階に入りたる機会に辞職したし」と辞意を述べた（『木戸幸一日記』下）。「各方面の事情」としては、対中工作、新党運動のほか、日独伊三国防共協定強化問題、総動員法第十一条発動問題があった。

新党運動

新党運動については、秋山定輔らの新党運動は近衛の積極的同意を得られず（伊藤隆『昭和期の政治』）、十一月中旬から末次信正内相、有馬頼寧農相、塩野季彦法相、木戸幸一厚相らが中心となって国民再編成の検討に焦点が移った。これは国民精神総動員運動の不振を挽回するために、民間諸団体を政府が統合して強力な団体を作ろうという構想だった。しかし、内務省が実権を握る案となったため、有馬農相が強い不満を抱き、紛糾が続いた。要するに、近衛がめざす挙国一致体制の形成にはほど遠い状況だった。しかも、政党側が「官僚偏重に過ぎる」として、次期通常議会で新組織の関係予算を握りつぶす方向だと報じられた（以上、「国民再編成の発足」『東京朝日新聞』十一月十八日付朝刊、「国民再編成問題　又難関に逢着」同紙十一月二十四日付朝刊、「国民組織再編成に　政府又も足踏」同紙十二月二十六日付朝刊）。

防共協定強化問題

防共協定強化問題は、六月にドイツが防共協定をソ連のみならずイギリスも事実上対象とする軍事同盟に強化することを提案したことから始まった。五相会議では対ソのみという条件で認める方針を定めたが、親独派で、ながらく駐独駐在武官を務めた大島浩駐独大使は、日本の政府軍部がドイツの提案を認めたと認識して交渉を進め、陸軍もこれを支持したため紛糾し続けた（大畑篤四郎「日独防共協定・同強化問題」）。

陸軍としては、日中戦争勝利のために、英米ソの蔣政権援助をやめさせようとして、日本が経済的に依存しているアメリカを除く二国に圧力をかけようとしたのである。しかし外務省は、イギリスへの圧力はアメリカの反発を招くとして反対したのである。

近衛の持論からすれば陸軍を支持するはずだが、『西園寺公と政局』や『木戸幸一日記』をみる限り、近衛は行司役に徹している。防共協定強化を強行すれば内閣が崩壊し、対中和平工作が中止となるのを近衛が恐れたためと推測するほかはない。

総動員法第十一条発動問題

総動員法第十一条発動問題は、陸軍や末次内相が、国民負担強化との兼ね合いから同条の発動による軍需関係企業の株式配当制限や増資強制の実施を主張、企業活動が委縮するとして反対した池田蔵相兼商相と対立した問題である（『昭和戦中期の議会と行政』）。十一月十八日の閣議において、近衛の判断により、発動範囲を大幅に狭めることで決着した（「総動員法第十一条発動　政治的解決成る」『東京朝日新聞』十一月十九日付夕刊〔十八日発行〕）。

池田蔵相の辞意

しかし、池田は「末次内務大臣の所に、あゝ右翼がはびこり〔中略〕乱暴に方々立札を立てて、内容はほとんど赤のやうなことを宣伝するので、財界はまことに落付かない。〔中略〕自分もとてもやつて行けない」と、辞意を強めつつあった（『西園寺公と政局』七、十一月二十六日条）。この問題が内閣の動揺を招いたのである。極右的な言動や、極右容認の行動が目立つ末次信正は、保守系が過半数を占める議会でも問題化するのは必至だとして、近衛すら「末次が癌だ」と木戸に嘆くほどになっていた（同前十一月二十二日条）。

十一月二十六日、内務省警保局保安課長清水重夫は、事実上陸軍の政策研究団体だった国策研究会（『昭和戦中期の総合国策機関』）で、「一般に近衛内閣に対する信頼薄らぎ、其為、民間に種々動揺を生じつゝあり、殊に右翼の活動漸次盛になり居り、来年の議会に於る言論如何によりては、二、三月の頃何か大事件起らぬや、治安上心配」と述べた（近代日本史料研究会編刊『大蔵公望日記』三）。近衛内閣への世論の批判は強まりつつあった。

第三次近衛声明

こうしたなか、十二月二十日、ようやく汪兆銘が重慶から脱出してハノイに到着したことを知った近衛は、二十二日に第三次近衛声明を発表した。日本は中国に対し、満洲国承認、防共協定の締結と条約に伴う特定地点への日本軍駐屯、資源開発に関する便宜供与を要求するかわりに、領土や賠償は求めず、中国の主権を尊重し、中国における日本の治外法権の撤廃や租界の返還も検討するという内容である（『日本外交年表並主要文書』下）。この声明は、中山優に書かせた原案に、近衛が筆を入れたものだった（「訊問調書被疑者西園寺公一」小尾俊人解説『現代史資料』三）。

いずれにしろ、声明では主権尊重としながら、御前会議決定では日本人顧問派遣とあり、声明では無賠償としながら、御前会議決定では補償は求めるというように、建前と本音の矛盾が激しいことがわかる。近衛は、翌昭和十四年十月十日付『東京日日新聞』

掲載の「汪兆銘と私」（上）において、「国家間の武力抗争の解決条件として、かくまで道義的なものは歴史上に例を見ぬこと（中略）これがためにわれ〳〵は支那事変を敢て聖戦と呼ぶ」と自画自賛しているが、残念ながらはなはだしい偽善だといわざるをえない。

声明は失敗

この声明に対し、アメリカやイギリスは蔣介石政権への物資援助を強化した（社説「近衛声明の反響」『東京朝日新聞』十二月二十四日付朝刊）。それだけでなく、日本側が期待した、蔣政権の他の有力者から汪への同調者はなかった。近衛の言動と行動は、本人の主観はどうあれ、自国の面子を守るために、協力すべきとした相手国の面子を犠牲にした結果、本来の目的からすれば完全な失敗に終わったのである。

こうしたなか十二月二十八日、木戸厚相は知人に、「近衛公にはなんらの主義主張なく、また悪物ぐひにて、内閣の不一致、いまや如何ともいたし方なし。本人も素行に関してかれこれ云はれだしたれば、ぜんぜん闘志を欠如、辞職真にやむを得ぬ」と近衛への不満をぶちまけている（『小山完吾日記』）。「素行」うんぬんとは、愛人問題と推測される。

総辞職

翌二十九日、板垣は近衛に対し、汪兆銘工作が成功しかけていることを理由に首相留任を求めたが、近衛は拒否した。三十一日、近衛は平沼騏一郎と会談し、その席で平沼は近衛に、自分と交替に枢密院議長への就任を要請した（『木戸幸一日記』下、『西園寺公と政局』七、十二月二十九日・三十一日条）。こうして昭和十四年一月四日、近衛内閣は総辞職した。

近衛の退陣声明は、「今や事変は新段階に入り東亜永遠の平和を確保すべき新秩序の建設に向つて主力を注ぐべき〔中略〕此の新たなる事態に処するが為には新たなる内閣の下に〔中略〕民心の一新を図る」べきというものだった（「近衛内閣遂に総辞職」『東京朝日新聞』一月五日付夕刊〔四日発行〕）。近衛はかねてからの主張通り、外交方針の転換を退陣理由としたのである。

平沼騏一郎内閣に入閣

板垣陸相は近衛に、特例的に枢密院議長と国務大臣の兼任を要望、木戸もこれに同意した（『木戸幸一日記』下、一月四日条）。昭和天皇の命で元老西園寺公望の意見を聴取した湯浅倉平内大臣は、昭和天皇に対し自分の責任で平沼騏一郎を後任に推薦、平沼は近衛に枢密院議長と兼任の国務大臣就任を要請し、近衛も承諾した。平沼はこれと並行して元老西園寺に枢密院議長と国務大臣の兼任についての意見聴取を原田熊雄に依頼した。西園寺は、明治期に実例はあったが弊害が多々あったので反対だと返答したが、すでに組閣は進行していた（『木戸幸一日記』下、一月四日条、『西園寺公と政局』七、一月四日・五日条）。

近衛の入閣理由について、平沼は、一月五日の組閣後初の記者会見で、「今度内閣が変つたが、対支処理方針〔中略〕の本筋は決して動かないのだといふ事をはつきり内外に思はせねばならぬ」とした（「平沼内閣の新指標」『東京朝日新聞』一月六日付朝刊）。東亜新秩序政策の継続性を示すためだというのである。

近衛批判表面化

こうして退陣した第一次内閣期の近衛について、先に木戸幸一の酷評を紹介したが、「近衛首相の組閣当初より意図せる諸案件が徒らに時日を閲したのみで殆ど見るべき成果なく」と批判する新聞もあった（「昭和十三年を顧て　内政」（下）『読売新聞』十二月二十四日付朝刊）。しかも、戦争を収拾できずに退陣した近衛に対する批判も表面化した。

評論界の長老徳富蘇峰《とくとみそほう》は、『東京日日新聞』一月十一日付夕刊（十日発行）掲載のコラム「仰天苦言」で、「当人が戦局開始の当局者であり、而して即今それに関する重大なる声明を中外になして、これが一段落だ、故に拙者は御免を蒙るとの理屈は〔中略〕全く訳の分らぬ話」と批判した。

議会でも批判論

年明けから実質審議が始まった第七四回帝国議会でも、一月二十二日の衆院本会議で、政友会の安藤正純《まさずみ》が、「国民の常識から考へれば、どうしても去るべき時とは考へられない、内閣は辞職すれば其の責任を免れ得ますが、国民は永久に事変の責任より免れることは出来ない」と述べ、民政党の加藤鯛一《ちょういち》も、「総辞職の弁なるものは、国民は必ずしも之を納得しなかつた〔中略〕此の事変発生当時の責任者が、此の事変の終局を見ずして総辞職すると云ふことは、聊《いささ》か無責任」と述べた。この衆院本会議を欠席していた近衛は、二十八日の衆院本会議で弁明したものの、内容は辞職時の声明と同じだった。

当然、議員たちは納得しなかった。三月十七日の衆院予算委員会で、民政党の中山福蔵は、「近衛さんは日支事変の火元〔中略〕之を消さずに逃げるのは卑怯」と述べたのである。

要するに、第一次内閣期の近衛は、陸軍の支持を背景に、従来の首相とは比較にならないほどの絶大な権力を得て、持論に従った施政を行なった。しかし、日中戦争の収拾や国論統一のため体制作りのめどが立たなかったことから退陣したのである。そして、日中戦争収拾失敗の責任が近衛にあることは、昭和十三年七月の会見で本人が認め、さらに退陣後に、近衛が責任を果さないまま退陣したという批判が広く行なわれたことは注意しておきたい。

第四　再び首相として

一　第二次内閣の組閣事情

枢密院議長

前章の最後でもふれたように、首相退陣後、近衛は枢密院議長兼平沼騏《き》一郎《いちろう》内閣の無任所相となった。そして、平沼内閣退陣後は枢密院議長専任となった。枢密院の運営に関して特段目立つ事績はなく、無任所相としても閣議への出席はなかった。

若者向けの言論活動

この時期で目立つことの一つは、若者向けの言論活動である。昭和十四年（一九三九）六月二十一日には、東京市内麴町における二荒《ふたら》芳徳《よしのり》伯爵の主宰する社会教育専門学館という組織が開いた「近衛さんと語る夕」で、集まった三十人あまりの若者に「私は今の青年が昔の青年に劣つてゐるとは思はない〔中略〕非常時は未《ま》だ〳〵一年や二年では終らない〔中略〕皆さんが真先に凡《あら》ゆる困難を忍んでこの時局を乗り切」るよう訴えた（「近衛さん青年談議」『東京朝日新聞』六月二十二日付朝刊）。

「東亜新秩序創造の責務」

七月七日には、日比谷公会堂における国民精神総動員中央連盟主催の「支那事変二周年記念講演会」で「東亜新秩序創造の責務」と題する講演を行なった（『銀行通信録』六四三号）。この講演で近衛は、「世界が古き現状維持の精神とコミンテルンの赤化工作との間にはさまれて窒息せんとしつゝある時、生々発展する世界史の本流に乗つて之を再組織せんとする運動」は満洲事変が端緒であり、今や断乎として新秩序を創造すべきだという使命感を持てば、今日の苦しい負担を輝しい将来の希望に転じることができるので、「日本の国際的使命を遂行する為には我々は内に於て国民の思想を一にし政治経済の諸機構を整備」すべきことを「青年学生諸君に力説して其自覚を促し」たいと論じて、再び哲学的な正当化によって青年層に戦争協力を呼びかけた（『支那』昭和十四年八月号）。

注目すべきは、近衛はこの講演のなかで、「欧羅巴《ヨーロッパ》に於ける進歩主義の諸勢力と世界新秩序の建設に向つて協力しなければなりませぬ」と、独伊との関係強化を主張し、「国家なきところ個人はな」く、「政治は思想によつて導かれ思想は信念に於て結晶するもので」、「信念は（中略）身を殺して仁をなすの対象あるに依つて初めて結晶を見る」が、日本の場合その対象は「崇厳なる国体」だとしている点である。

全体主義国家論

国家が個人に優先し、利己を超えた信念から生まれた思想が政治を動かすことが望ましく、日本の場合、利己を超えるには天皇絶対という日本独特の国のあり方（「国体」）が必要だというのである。典型的な全体主義国家論であり、近衛はもうこの時点で典型的なファシストといってよいが、注意すべきは、この講演の内容は近衛の大正期以来の主張の延長線上にあることである。そのことの意味については本書の最後で述べる。

汪兆銘の手紙

次に目立つのは対中関係についての活動である。第三次近衛声明で対等協力ができる新政権を作れると信じていた汪兆銘《おうちょうめい》は、影佐《かげさ》ら陸軍側と今後について協議するなかでそれがむずかしいことを知り、衝撃を受けた（劉傑『漢奸裁判』）。そこで昭和十四年二月四日付の近衛あての手紙を高宗武《こうそうぶ》に託し（原文中国語、拙訳）、新しい「政府には貴国と平等の地位が必要である。そうして初めて全国の人民の了解と信任を得ることができる」と訴えた（衛藤瀋吉監修『近衛篤麿と清末要人』）。新政権が国民の支持を得るには、日本との実質的な対等化が必要だと主張したのである。

汪との会談

昭和十四年六月、汪は、今後の方針を日本側と協議するため来日、六月十四日には近衛と会見し、日本政府との関係対等化を再び主張した。しかし近衛は、「吾朝野は挙げて貴下に信頼し」と応じたのみで、汪への明確な賛意を示さず（「近衛文麿、汪兆銘会談要領」『東亜同文会史　昭和編』）、会談内容もこの部分は公表されなかった（「近衛公が語る汪兆銘氏」『東京朝日新聞』九月十六日付朝刊）。

汪は、九月二十四日付の近衛あての手紙でも、再度対等化を主張した（『近衛篤麿と清末要人』）。しかし、『東京日日新聞』十月十一日付朝刊掲載の「汪兆銘と私」（下）において、近衛は、汪政権に対して日本が「十分に指導せねばならぬ」と、汪の希望を事実上拒否した。近衛は新政権の事実上の傀儡国家化を定めた「日支新関係調整方針」決定に賛成していた以上、不思議ではない。もちろん日本政府も軍部も同じ意向であった。

汪兆銘政権

昭和十五年一月、高宗武ら汪グループの一部が、事実上汪の容認のもとに香港へ脱出し、第三次近衛声明と日本側の本音の違いを暴露して、日本の非を世界に訴えた（『漢奸裁判』）のは、当然の結果だった。汪兆銘政権は、占領地に日本軍が作った親日政権を統合する形で昭和十五年三月三十日に南京に成立したが、中国の人々の支持は得られず、荊の道を歩むことになる（小林英夫『日中戦争と汪兆銘』）。

文隆の和平工作

一方、昭和十三年夏にプリンストン大学を中退して首相秘書官となっていた長男文隆《ふみたか》は、内閣退陣後、上海にわたって東亜同文書院主事となったが、現地で蔣政権との和平工作にかかわり、誘拐されそうになるなどして近衛を心配させた（『西園寺公と政局』七、六月三日条、「小川平吉日記」七月六日・十三日条）。もっとも近衛本人も、小川平吉《へいきち》と萱野《かやの》長知《ながとも》による蔣政権との和平工作に依然関与していた（「小川平吉日記」六月三十日条）。

しかし、日本側が中国からの全面撤兵など譲歩を示さない限り、蔣が応じるはずもなく、むしろ天津のイギリス租界封鎖などにより、中国を支援するイギリスに日本軍が圧力をかけつづけるのを見たアメリカは、日本に圧力をかけるべく、七月二十六日に日米

政権交代への関与

平沼騏一郎

通商航海条約の破棄を通告した（伊香俊哉『満州事変と日中全面戦争』）。

枢密院議長在任中でもう一つ注目すべきは、政権交代への関与である。平沼内閣は、防共協定強化問題をめぐって紛糾し、平沼首相は、強化に反対の昭和天皇と、強化実施を主張する陸軍（板垣陸相）や出先外交官（大島浩駐独大使、白鳥敏夫駐伊大使）の板挟みになって苦慮していた。そこへ、昭和十四年八月二十二日（現地時間で二十三日）、突如独ソ不可侵条約が締結された。防共協定の強化は意味がなくなり、平沼は二十三日に近衛と相談の上（「近衛無任相と重要協議」『東京朝日新聞』八月二十四日付朝刊）、二十九日に内閣総辞職に踏み切った。

八月二十三日、平沼騏一郎から辞意を聞いた湯浅内大臣は、近衛、木戸と協議し、広田弘毅《こうき》を後継候補とした（『木戸幸一日記』下）。しかし、西園寺《さいおんじ》公望《きんもち》は「自分には意見がない（中略）今日のやうな陸軍の勢力では困る。誰がやつても非常に難しい（中略）日本はどうしても英米仏と一緒になるやうにしなければならん」と、賛否を保留した。広田自身は後継首班に近衛を推した(『西園寺公と政局』八、八月二十四日条)。

そこで近衛は池田成彬《しげあき》を推した。これに対し西園寺は、近衛が主導するならば賛成するとした(同前八月二十五日条)。西園寺が、陸軍が政治の主導力であり、近衛を親軍派と認識していたこと、池田が第一次近衛内閣の蔵相時代に陸軍と対立したことをふまえると、西園寺は、近衛の推薦により陸軍が協力しなければ、池田成彬内閣は成立しないと考えたのである。

阿部信行に決定

二十五日、陸軍内部からは、阿部信行元陸軍次官を推す声が現われた。すると近衛は、池田推薦を渋りはじめた(同前八月二十六日条)。二十七日、湯浅倉平《くらへい》は近衛と相談の上、後継候補を阿部に絞り、二十八日午前、平沼内閣が総辞職すると、湯浅は天皇の指示で西園寺を訪ね、近衛と相談の上で阿部ではどうかと聞いたところ、西園寺が承諾したので、天皇は阿部に組閣を指示した(「後継内閣組織の大命」『東京朝日新聞』八月二十九日付夕刊〈二十八日発行〉、「大命阿部大将に降下」同紙同日付朝刊)。こうして八月三十日、阿部信行内閣が成立した。

失政続く阿部内閣

筒井清忠氏が『昭和十年代の陸軍と政治』で指摘したように、近衛は、阿部内閣成立に決定的な役割を果たしたのである。ただし、阿部内閣は、物価政策の失敗をはじめとする失政が続いたため、世論や議会のみならず、陸軍からも見放され、昭和十五年初頭には後継首相人事が話題となる状況となった（拙著『戦時議会』）。日米の国交調整も、親米派海軍高官の野村吉三郎《きちさぶろう》が外相に迎えられたものの、日本側は「東亜新秩序」政策の理解をアメリカに求めるのみだったため交渉は進まず、昭和十五年一月二十六日、日米通商航海条約は失効する（服部聡『松岡外交』）。

近衛待望論

そうしたなか、昭和十五年一月四日付『東京朝日新聞』朝刊の「地方に聴く」は、「一部では近衛さんは矢張り良家の生まれであつて迫力がない責任感がない」という批判もあるが、「三内閣の中では近衛内閣が一番評判がよい、これは民衆の印象といふか、近衛公に対する信頼の念といふか、そんなものに基いてゐる」ので、近衛の再登場を一般に期待する空気が濃厚だと報じた。つまり、第一次内閣の失敗をふまえても、平沼内閣や阿部内閣よりはましだという理由で、近衛再出馬を期待する世論が高まっていたのである。

米内光政内閣の成立

陸軍（杉山元《はじめ》陸相や武藤章《あきら》陸軍省軍務局長）も後継首班に近衛を推していた。しかし、近衛は湯浅内大臣に対し出馬を強く否定したため、湯浅は米内光政《よないみつまさ》を天皇に推薦する意思を固めた（『西園寺公と政局』八、一月九日・十一日条）。

その後も、近衛には出馬を要請する陸軍や政界要人の訪問が相次ぎ、新聞でも盛んに報じられた。しかし一月十三日、近衛は記者団に「僕は経済問題に関しては全く自信がないのだ〔中略〕漠然たる門地や人気、親和力、そんなものにたよることは危険だ」と、出馬を完全に否定した（「出ざるの弁　近衛さん」『東京朝日新聞』一月十四日付朝刊）。陸軍出身者を首班とする内閣で物価統制が失敗し、統制に対する不満から保守系政党の人気回復傾向がみられたこと（『戦時議会』）をふまえると、この状況で出馬しても、統制強化をはかりつつ戦争を乗り切るという、当時の近衛の持論の実現は難しいと近衛が判断したことがわかる。結局、一月十六日、米内光政内閣が成立した。

反軍演説事件

こうした状況の変化の端緒は、二月二日の衆議院本会議における民政党代議士斎藤隆夫のいわゆる反軍演説事件である。斎藤はこの演説で、「東亜新秩序」声明を、抽象的過ぎて戦争収拾の手だてとなりえないと批判した。この演説に対して、日本の国論が分裂しているとの印象を内外に与え、蔣介石政権を利する、という批判が軍部や政界から出て、斎藤は三月七日に衆議院から除名された。これを機に、いわゆる親軍派の少壮代議士を中心に三月二十五日に結成された聖戦貫徹議員同盟は、挙国体制確立のための新党結成を主張した。そして、新党党首に近衛を担ぎ出すことを、久原房之助《くはらふさのすけ》（政友会久原派の総裁）、有馬頼寧《よりやす》（第一次近衛内閣農相）や風見章《かざみあきら》（同内閣書記官長）らが画策しはじめた（『戦時議会』）。

第二次大戦の急転

そうした動きの追い風となったのが、前年九月一日に始まった第二次世界大戦の戦況の急変だった。昭和十五年四月、ドイツ軍は電撃戦を開始してまたたく間に西ヨーロッパを席巻、六月十四日にフランスの首都パリを占領した。有馬頼寧が五月中旬の日記に「日本の政治の現状を見て居ると、世界の動きにをき去られる様な気がする」（『有馬頼寧日記』四、五月十六日条）と書いたように、政界の一部では、ナチスドイツがその団結力でヨーロッパの覇権を獲得したと認識し、日本もこれにならい、かつドイツとの同盟を強化することで、国際的な困難を乗り切れるのではないかとの思惑が浮上した。

新党運動の開始と申し合せ

五月二十六日、近衛、有馬、木戸が集まり、第二次近衛内閣成立後に新党運動を開始するとし、首相、陸海両相、参謀総長、軍令部総長による「最高国防会議」を設置し、内閣は首相と陸海両相だけで組閣し、新党樹立後に党員から閣僚を採用することなどを申し合せた（『木戸幸一日記』下）。六月一日、昭和研究会の会員で、後藤隆之助《りゅうのすけ》の紹介で近衛に初対面した東京帝大法学部助教授の政治学者矢部貞治《やべていじ》は、近衛から、新興勢力三で既成政党二ぐらいで工作しているが、将来新興勢力と旧党とが衝突すれば、新興勢力と一緒にやるという意向を聞いている（『矢部貞治日記』銀杏の巻）。

木戸幸一内大臣就任

なお、同じ六月一日、病気を理由に引退を希望していた湯浅倉平に代り、木戸幸一が内大臣に就任した。昭和天皇、湯浅、松平恒雄《つねお》宮内大臣、近衛枢密院議長、米内首相、そして最終的には元老西園寺の賛同を得た人事だった。木戸の就任理由は、「近衛はい、が、少しいろいろな者が大勢付き過ぎてゐるのと、更に将来、実際政党を担当する必要がある」という昭和天皇の松平宮相への言葉と、原田熊雄が要人たちから話を聞いた結論として、「木戸なら宮中のことも相当知つてをり、最近の政治の事情にも精通している」と記したあたりに集約されている（『西園寺公と政局』七、五月二十九日・三十日条）。つまり、宮中と政界の事情に明るく、かつ首相候補でないために木戸が採用されたのである。

なお、右の史料から、昭和天皇が五月二十六日の近衛らの申し合せを知っていたことがわかるが、二十八日に近衛や木戸と懇談した松平康昌《やすまさ》内大臣秘書官長経由と推測できる（『木戸幸一日記』下）。

六月四日の記者会見

六月四日、近衛は記者会見で「新党問題」について語った（「既存政党合体のみで　新体制たり得ず」『東京朝日新聞』六月五日付朝刊）。すなわち、「新しい政治体制によつて強力な新党を結成してこの重大なる時局に対処しなければこの難局は打開出来ない」が、既存政党の合同による新党ではなく、「新政治体制としては国民全部に呼掛け、旧政党にも呼掛けてその組織、思想も今までの立場にとらはれないで時代の要求にピツタリ合」い、かつ「軍とピツタリ一緒になつてやつてゆく」のが理想なので、一週間や一ヵ月の短期間でできるものではないとした。さらに、近衛自身の「新党運動」への参加は、枢密院議

政界動く

枢密院議長辞任

長辞職が天皇から許されることと、各政党の解党が前提だとした。要するに、条件つきながら出馬の意志を公にしたのである。

この会見を機に、政界の動きはあわただしくなった。解党に進む政党が出はじめ、末次信正率いる東亜建設連盟、これに加盟する中野正剛《せいごう》の東方会など革新右翼も賛成だった（「東亜建設連盟は好意的静観」『東京朝日新聞』六月十一日付朝刊）が、「右翼陣営の愛国団体」、すなわち精神右翼系勢力は反対だった（『西園寺公と政局』八、六月九日条）。しかし陸軍は、「東亜新秩序建設と最近の欧州戦争を中心とする世界情勢に対処するため国内諸体制の整備強化を断行し高度国防国家の建設を熱望する」と報じられた（「強力政治体制確立　軍部従来の熱望」『読売新聞』六月十六日付朝刊）ように、新体制に賛成した。

近衛は、六月十二日には枢密院議長を辞めないと原田に語っていたが、十九日には、枢密院議長が政治的発言をすることに枢密院内から批判があるとして、辞意を固めた（『西園寺公と政局』八、六月十二日・十九日条）。そして二十四日、近衛は次のような歴史的な声明を発表した（「強力挙国体制確立に」『東京朝日新聞』六月二十五日付夕刊〈二十四日発行〉）。

内外未曾有の変局に対処するため、強力なる挙国政治体制を確立するの必要は、何人《なんぴと》も認めるところである。自分は今回枢密院議長を拝辞し、斯くの如き新体制の確立の為に微力をさゝげ度《た》いと思ふ。最近頓《とみ》に活発になつた所謂《いわゆる》新党運動もこの新体制確立と云ふ意味ならば誠に結構である。然《しか》し単なる既成政党の離合集散や眼前の政権のみを目標とする如き策動であるならば、自分はこれと事を共にすることは出来ぬ。挙国体制の具体的内容又之を具現すべき方策等については各方面の意見を聴き慎重なる考究を遂げた上、これが実現に努力しようと思ふ。

新体制運動の開始

挙国政治体制確立のため、近衛はこの日、枢密院議長を辞任したのである。こうして近衛が自由な立場となったことで、当時の政界の大多数が望む、近衛を指導者とする新しい政治組織を作る現実的可能性が生まれた。したがって、従来からこの日をもって新体制運動が始まったとされてきたのは納得できる。

枢密院議長の後任

後任の枢密院議長について、近衛は平沼騏一郎の再任を考えていた（『西園寺公と政局』八、六月二十三日条）が、米内首相は原嘉道《よしみち》副議長を昇格させた。この段階における近衛の動きに、反感を持っていたことは明らかである（「近衛公の推挙を　首相遂に容れず」『東京朝日新聞』六月二十五日付夕刊）。米内光政が、防共協定強化に海相として反対したように、外交的に穏健姿勢をとっていたことが背景にあることはまちがいない。

新党運動にあらず

注意すべきは、近衛が当面進めるのは「挙国政治体制」あるいは「新体制」の確立で、「新党運動」ではないとしていることである。近衛は二十九日にも原田熊雄に、「自分は未だ嘗《かつ》て新党といふ言葉を使つたことはない。一体挙国政治体制といふ中には、立法府ばかりでなく行政府も、或る意味からいへば統帥府も入らなければならない」と語っている（『西園寺公と政局』八）。ここでは明らかに議員政党を政党と呼んでいる。

『有馬頼寧日記』『木戸幸一日記』『西園寺公と政局』の記述では、近衛は「新党」という言葉を使っていることになっている。しかし、六月四日の記者会見での近衛の発言は、「新党」という言葉も出てくるものの、「新政治体制」は「組織、思想も今までの立場にとらはれない」としている。さらに会見の冒頭で「私は新しい政治体制の必要なことは昔から考へてゐた」とも述べている。これは、明らかに昭和十二年一月の論文「我が政治外交の指標」で「挙国一致、一切の勢力を渾然融合せしめた力の集団をして、施政の任に当らしむる」と主張したことをさしている。

めざすは「新体制」

つまり、昭和十五年六月四日の記者会見における「新党」という言葉は、近衛の不注意発言である。国民も軍も行政も包含した「新体制」を作りたいというのが近衛の真意であり、だからこそ確立には時間がかかるとしたのである。したがって、有馬や木戸や原田の史料中にある近衛の「新党」発言は、近衛の話を聞き手が表現する際に、近衛の真意を理解できずに「新党」という言葉を使ったものと考えるほかはない。

六月十二日、近衛は原田に、「純青年層に呼びかけて、将来新党を作りたいとは思つてゐるけれども」と述べている（『西園寺公と政局』八）が、あくまで「将来」の話である。

挙国一致を一貫して模索

しかも、近衛は七月七日の記者会見で、「憲法によれば日本の政治は権力均衡の上に立つて安定を図らうといふのであつて、新体制は国策の線に総てを一元的に総合的に組織せんとするもので、其処に問題があるやうだが新体制は勿論憲法に則」ると述べている（「新政治体制の確立」『東京朝日新聞』七月八日付朝刊）。近衛は、「我が政治外交の指標」でも憲法の範囲内でと断っていた。近衛は、天皇による政権選択を実質的に不可能にする一党独裁体制は違憲となるという国体論的憲法論を前提としての挙国一致体制を構想していたのであり、その意味でも新体制は新党ではありえなかった。

従来、近衛の側近グループ（風見章、有馬頼寧、第一次近衛内閣時の首相秘書官だった岸道三《みちぞう》、牛場友彦）、近衛の学生時代からの友人後藤隆之助が主宰していた政策研究集団昭和研究会のグループ（後藤、尾崎秀実《ほつみ》ら）が、実質的にはナチスのような急進的な一党独裁体制の形成をねらい、近衛もそれに同意していたが、近衛の優柔不断や反対勢力の抵抗でなし崩しになっていった、という伊藤隆氏の見解（伊藤『近衛新体制』第Ⅴ章）が通説的な位置を占めてきた。しかし、近衛は、いかなる意味でも政党ではない、大日本帝国憲法に適合する挙国一致体制を最初から一貫して模索していたのである。その意味で、評論家杉山平助が、新党という言葉を使ったことはないという近衛の言葉も引用しつつ、「ブレーンと称される人々の自己陶酔的な理論が、〔近衛〕公に与へる影響が如何に小さなものであるかは、いづれ実行期に入るとともに実証される」と評した（「近衛公の政治性」『中央公論』昭和十五年八月号）事態は、すでに現実のものとなっていたのである。

近衛は、七月初旬以降、矢部貞治に新体制の具体案や声明案の作成を依頼していくが、すでに見たように近衛なりの基本方針を持っており、問題点の自覚もあったこと、矢部に何度も案を練り直させていること（伊藤隆『昭和十年代史断章』）から、七月七日の新聞談話で「総て僕自身がやつてゐる」（「山荘の近衛公大いに語る」『読売新聞』七月八日付朝刊）と述べたのは本心とみなせる。

各政党の解党

こうしたなか、七月六日の社会大衆党を皮切りに諸政党の解党が始まった。十六日に政友会久原派、二十六日に国民同盟、三十日に政友会中島派、そして八月十五日の民政党解党によって東方会以外の主要政党はすべて解党した。ただし、各政党とも自党勢力が新体制運動の実質的主導権を握るべく時機をみはからっての解党だった（『戦時議会』）。

米内内閣総辞職

そして、「全国的に殆ど公を中心とする強力な新政治体制の実現を要望してゐる」（「新政治体制と地方の動向」『東京朝日新聞』七月十一日付朝刊）と報じられるなか、陸軍は近衛内閣成立に向けて、畑俊六《しゅんろく》陸相に辞表を出させ、後任を出さないという形をとったため、七月十六日に米内内閣は総辞職した。総辞職必至となった十六日午前、木戸幸一は後任首相の選定方法について、内大臣が首相経験者と枢密院議長を集めた会議（重臣会議）で意見を聞き、元老の意見も聞いた上で天皇に推薦することに変更することを昭和天皇より許可を得、翌日さっそく重臣会議を開いた。近衛以外の全員が近衛を推したが、これを聞いた西園寺は最近の政情がわからないという理由で返答を拒否した。近衛には反対だが代案もないということである。そのため、木戸は元老の意見聴取を省略して昭和天皇に近衛を推薦、昭和天皇は近衛に組閣を指示した（以上、『木戸幸一日記』下、『西園寺公と政局』八）。西園寺公望はもはや元老としての役割を終えたのである。

一人で組閣

近衛は組閣参謀を作らず、荻窪の自邸で電話を使って一人で組閣を進めた（「慎重の構へ〝電話組閣〟」『東京朝日新聞』七月二十一日付朝刊）。まず、十九日に陸相予定者の東条英機《ひでき》、海相留任予定者の吉田善吾《ぜんご》、外相予定者の松岡洋右《ようすけ》を荻窪の自邸に招いて会談を行ない、三国防共協定強化、日ソ不可侵条約締結、南方進出、対米関係について、無用の衝突を避けつつも東亜新秩序建設への干渉排除、新政治組織結成とそのための首相直属の「政治の大方針を策定建議すべき機関」の設置、経済機構の改革、国民生活の安定などの方針を合意した（稲葉正夫ほか編『太平洋戦争への道』別巻　資料編〈新装版〉）。原案は近衛が用意した（「対外問題が中心」『東京朝日新聞』七月二十日付朝刊）。組閣前に軍と外務の閣僚予定者だけで内閣の方針について協議したのは史上初である。その後、近衛は本格的に組閣を進め、七月二十二日に第二次近衛文麿内閣が成立した。

第二次近衛内閣記念写真

この四人以外の閣僚は、蔵相河田《かわだ》烈《いさお》（元大蔵次官、東亜海運社長）、内相兼厚相安井英二、法相風見章、文相橋田邦彦（第一高等学校長兼東京帝大医学部教授）、農相石黒忠篤《ただあつ》（元農林次官、産業組合中央金庫理事長）、商相小林一三《いちぞう》（元阪急電鉄社長）、逓相兼鉄相村田省《しょう》蔵《ぞう》（大阪商船社長）、無任所大臣兼企画院総裁星野直樹（満洲国国務院総務長官）、内閣書記官長富田健治（長野県知事、末次信正内相期内務省警保局長）、法制局長官村瀬直養《なおかい》（元法制局第一部長、元商工次官）で、拓相は松岡が兼任した。

星野直樹と近衛は従来接点がないので、陸軍の要望で起用したという報道（「革新勢力と連絡」七月二十二日付『読売新聞』朝刊）が正しいと考えられる。商相について、近衛は当初、岸信介《のぶすけ》商工次官の昇格を考えていた。しかし、統制強化をするなら「彼の人がするのだから仕方がない」という雰囲気にするため、実業界出身者がよいという岸の助言で、池田成彬の仲介で小林一三を起用した（『木戸幸一日記』下、七月二十一日条）。

兼任が多い理由

兼任が多い理由は、近衛自身が、記者会見で「新体制が出来たときの含み」と説明している（「近衛首相・方針を明示」『東京朝日新聞』七月二十四日付朝刊）。つまり、新体制成立に協力した人々の論功行賞の材料として入閣枠を残すための措置だったのである。

近衛の独裁色強い

安井英二、風見章、富田健治が近衛の政治的側近格で、それ以外は所管事務の利害関係者ばかりで、代議士は風見のみである。近衛と同格かそれ以上の大物政治家はおらず、近衛が一人で組閣作業をしたことも含め、近衛の独裁色が強い。なお、海相は、吉田善吾の体調不良（「海相に及川大将確実」『朝日新聞』九月五日付朝刊）のため、九月五日に及川古志郎《おいかわこしろう》にかわった。

二　第二次近衛内閣の政策

政策の争点

近衛は昭和十五年（一九四〇）七月二十三日の記者会見において、政策の第一の重点を国防の充実におくとし、次に外交の刷新をあげた。国防第一である以上、「随分国民生活の上にも苦痛を忍んで貫はなければならぬ。併し最小限度の国民生活だけは確保する」とした。次に、日中戦争終結の条件は東亜新秩序声明であるとし、新体制については考慮中としながらも「建前として一つしか政党がない、其党の総裁が首相になるといふのは我国の国体に反すると思ふ。いはゆる幕府的存在になる。だが事実有力なものが出来て、その総裁に大命が下るといふことは考へられる」とし、選挙法改正は新体制と不可分の問題なので実行するとし、経済については、経済界が自主的に統制強化に協力することが望ましいが、「必要とあらば強権の発動も止むを得ない」とした（「近衛首相・方針を明示」『東京朝日新聞』七月二十四日付朝刊）。

ラジオ演説「大命を拝して」

さらに同日夜のラジオ演説「大命を拝して」では、従来の政党の弊害を、自由主義、社会主義など、「其根本の世界観、人生観が既に国体と相容れない」ことと、党派結成の主目的が政権争奪であるためとし、新体制では「億兆心を一にし（中略）この歴史的なる世界の重大変局に際し、内外に山積する幾多の問題を敏速に適切に解決しなければならない」とした。外交については、あくまで日本独自の立場で、自力で「世界の新秩序」を作り上げるとし、経済については「外交国策の強き実現のために、一日も早く外国依存の体形より脱却しなければな」らないとし、そのためには、「国民の全部が皆私心を去り、一面積極的増産に力を致すと共に、他方大節約に努めなければならない」と

「基本国策要綱」

「世界情勢の推移に伴ふ時局処理要綱」

した。そして、教育については、「皇国民の錬成」という方針で教育の刷新を図るとした（「大命を拝して」同前）。

全体として、日中戦争を勝利に導き、新国際秩序形成の先頭に日本が立つため、国民に対し意識変革（教育もここに含まれる）による一致団結と耐乏生活への協力を求めている。七月二十六日に閣議決定され、八月一日に公表された「基本国策要綱」も、同じ趣旨であった（『日本外交年表並主要文書』下）。注目すべきは前文と根本方針で、「数個の国家群の生成発展を基調とする新なる政治経済文化の創成」という「世界史的発展の必然的動向を把握して庶政百般に亘り速に根本的刷新を加へ万難を排して国防国家体制の完成に邁進することを」当面の目的（「刻下喫緊要務」）とし、そのために、「皇国を核心とし日満支の強固なる結合を根幹とする大東亜の新秩序」を建設するとしたのである。そして国防と外交の最大の重点は「支那事変の完遂」、すなわち日中戦争の勝利であった。

また、七月二十七日には、大本営政府連絡会議において、秘密裏に「世界情勢の推移に伴ふ時局処理要綱」が決定された。そこでは、すみやかに蔣政権の屈服を図り、南方進出を推進することが基本方針とされ、独伊との国交の飛躍的調整をはかる一方、アメリカに対しては「公正なる主張と厳然たる態度」をとり、それによる日米関係の一定の悪化はやむをえないが、摩擦の増大は避けるとし、時機を見て武力による南方進出をはかるが、イギリスを敵と想定しながらも対米戦の準備もしておくとされた（『日本外交年表並主要文書』下）。この政策は六月中旬から軍部及び外務省の事務担当者間で検討されていた（服部聡『松岡外交』）。しかし、基本的には、第一次近衛内閣における近衛の演説「時局に処する国民の覚悟」、さらには「東亜新秩序」声明以来の日本の主張と行動の延長線上の政策であることはいうまでもない。

新体制運動

新体制運動については、前述のように、近衛は、諸政党の解党状況をにらみながら組織案や声明案の原案を矢部貞治に作らせ、それを添削しては再検討させることを繰り返す形で準備を進めた。ただし、声明案については、反国体的とみなした思想や人物への攻撃的言論で知られていた右翼思想家蓑田胸喜《みのだむねき》にも意見を求めた。それを知った矢部は「あんなものと一緒にされては堪らぬ」と日記に書いた（『矢部貞治日記』銀杏の巻、八月二十三日条）が、近衛としては挙国一致を目指していた以上、この措置は当然である。

新体制準備会

その結果、八月二十日、近衛は新体制の具体案を作るため新体制準備会の設置を決意し、二六名の委員を決定した。主な経歴を付しながら紹介すると、貴院からは後藤文夫（岡田内閣内相）、有馬頼寧（元農相）、大河内《おおこうち》正敏（元理化学研究所所長）、井田磐楠《いわくす》（右翼運動家）、堀切善次郎（国民精神総動員中央連盟理事長）、太田耕造（平沼内閣書記官長）、衆院からは永井柳《りゅう》太郎《たろう》、小川郷《ごう》太郎《たろう》（以上旧民政党）、前田米蔵《よねぞう》（旧政友会中島派）、岡田忠彦（旧政友会久原派）、

金光庸夫《かねみつつねお》（旧政友会金光派）、秋田清（無所属）、麻生久《あそう》（社会大衆党書記長）、学界から平賀譲《ゆずる》（東京帝大総長）、財界から井坂孝（日本経済連盟常務理事）、八田嘉明《はったよしあき》（日本商工会議所会頭）、外交界から白鳥敏夫（前駐伊大使）、愛国団体から末次信正（東亜建設連盟会長）、橋本欣五郎（大日本青年党統領）、中野正剛（東方会会長）、葛生能久《くずうよしひさ》（黒竜会主幹）自治団体から岡崎勉（全国町村会会長）、言論界から古野伊之助（同盟通信社社長）、高石真五郎（東京日日新聞社会長）、正力松太郎《しょうりき》（読売新聞社社長）、緒方竹虎《おがたたけとら》（朝日新聞社主筆）であった（「委員の顔触れ」『東京朝日新聞』八月二十三日付朝刊、「準備委員更に追加」『読売新聞』八月二十四日付夕刊〈二十三日発行〉）。

近衛が人選

『東京朝日新聞』は「各階層のバランス・オブ・パワーを相当顧慮した」（「各階層均衡に苦心」八月二十三日付朝刊）とし、『読売新聞』も「各階層の現在の勢力関係を比率的に可成り正確に代表せしむると共にこれ等の各階層間の調和協力を確保することに第一の重点が置かれてゐる」と評し、さらに、「大体に於いて近衛公自身の裁断によつて決定された」と伝えている（「準備委員の顔触れ」『読売新聞』八月二十四日付夕刊〈二十三日発行〉）。人選に挙国一致という近衛の方針がよく現れており、少なくとも近衛が最終的に判断した人事であることは疑いない。なお、麻生久は九月六日に病死する（「麻生久氏」同紙九月七日付夕刊〈六日発行〉）。

また、二十三日に、準備会の事実上の事務局として幹事と幹事補佐も決定した（肩書きを補足、丸かっこ内は補佐）、武藤章陸軍省軍務局長（牧達夫同軍務課員）。阿部勝雄海軍省軍務局長（高木惣吉軍令部兼海軍省出仕）、富田健治内閣書記官長（稲田周一内閣官房総務課長）、村瀬直養法制局長官（森山鋭一同第二部長）、小畑忠良企画院次長（奥村喜和男同調査官）、後藤隆之助（沢村克人朝日新聞社論説委員）である（「事実上の事務局六幹事補佐も決定」『東京朝日新聞』八月二十四日付朝刊）。後藤と沢村の民間人コンビが異色である。

新体制準備会の性格

新体制準備会は、官制は制定されていないので法令上の根拠はないが、首相が設置し、幹事は役職で選ばれたことが明らかな官僚や軍人が中心であり、会合も首相官邸で行なわれたので、事実上は首相の私的諮問機関である。委員に現役軍人が含まれていないのは、軍部が「民間機関となるならば軍としては現役軍人を参加させることは出来ぬとの建前」をとったためである（「準備会・政府に置かず」『東京朝日新聞』八月九日付夕刊〈八日発行〉）。軍人勅諭に軍人の政治不干与条項があるためと考えられる。

近衛の声明

八月二十八日、首相官邸で第一回新体制準備会が開かれ、冒頭で近衛が声明を読み上げ、当日の夕刊各紙にも掲載された。そのなかで近衛は、難局打開のための挙国一致体制の形成が新体制運動の目標であると改めて明示し、政党の活動は部分的対立的な性質をその本質のなかに含むが、首相はあくまで全体の立場に立つべきなので、この運動が政府の立場で行なわれる場合は、いかなる意味でも政党の運動ではありえないとし、さらに、国家と党を同一視し、「党」に反対するものを国家に対する反逆と断ずる、いわゆる一国一党も、「一君万民の我が国体の本義」に合わないとして否定した。これは明らかにドイツのナチスやイタリアのファシスト党を念頭においた議論である。その上で近衛は、新体制運動の性格を、「挙国的、全体的、公的」な「超政党の国民運動」と定義した（「近衛総理大臣声明」『東京朝日新聞』八月二十九日付夕刊〈二十八日発行〉）。近衛が、新政治組織に対する違憲論にいかに神経質になっていたかがわかる。

新体制運動の性格

ついで村瀬法制局長官は、近衛声明の論理に従い、「新体制」は治安警察法の規制対象たる「政事結社」、すなわち法令の規制対象となる政治団体ではないという解釈を示した（「新体制準備会記録（第一回）」国立公文書館蔵「内閣総理大臣官房総務課資料」）。

準備会の推移

以後、新体制準備会は、九月中旬まで七回（うち一回は特別審議会）開かれ、中核体を大《たい》政翼賛会《せいよくさんかい》と称すること、その組織や規約、運動目標の案を定めていった。議論の過程で組織を政党化しようとする意見が多数出たものの、結論として、運動推進のため中央本部、地方支部、中央協力会議、地方協力会議を設ける一方で、会員制度を設けないこととなったのは、近衛の基本方針をふまえれば当然のことであった。準備会は九月十七日に終了した（下中弥三郎編『翼賛国民運動史』）。二十八日、準備会委員のうち、小川が鉄相に、秋田清が拓相に、金光が厚相に就任し、兼任閣僚はいなくなった。明らかに衆議院勢力の支持をつなぎとめるための措置である。

近衛の意見書

なお、近衛は第一回準備会の前日に声明案を昭和天皇に報告した際、木戸内大臣に、政治、外交、経済に関する意見書を渡し、天皇に見せるよう依頼した（『木戸幸一日記』下）。その趣旨は七月二十三日の記者会見やラジオ演説で述べたものと同じだが、政治に関しては、国家の総力を統合、集中一元化するのは世界のすう勢だが、その実現は分立主義をとる大日本帝国憲法下では難しいとして、「憲法改正のことをもうしまするは憚りがありまするが、少くとも時代の進運に応じて、憲法の運用につき考慮せらるることは、切望に堪へざるところ」として、第八条（緊急勅令）、第一四条（戒厳令）、第三一条（緊急大権）、第七〇条（財政の緊急処分）の活用を検討すべきだと主張した（「近衛総理、未発表、内奏案」伊藤隆編『高木惣吉　日記と情報』上、九月九日条）。

憲法停止を主張

これが実現すれば事実上憲法停止となり、ドイツと同じ独裁国家となってしまう。近衛が、これまでの主張と異なり、強権的手法をちらつかせてまでも新体制の早急かつ完全に実現する必要性をいかに痛感していたかがうかがわれる。ただし、昭和天皇は、「近衛が兎角《とかく》議会を重ぜない様に思はれるが、我国の歴史を見るに、蘇我、物部の対立抗争以来、源平其他常に二つの勢力が対立して居る、此対立を議会に於て為さしむるのは一つの行方で、我国では中々一つに統一と云ふことは困難の様に思はる」と木戸に述べた（『木戸幸一日記』下、八月三十一日条）ように、近衛の主張には批判的であった。当然、昭和天皇が憲法停止という近衛の意見を承認することはなく、この近衛の意見が公表されることもなく、以後近衛がこの意見を主張することもなかった。

アメリカの経済制裁

一方、軍事外交に関しては、日本は英米による蔣介石政権への物資援助を止めるため、六月以降、イギリスにビルマ（現在のミャンマー）ルートの停止を申し入れ（英は七月十二日受諾）、フランス領インドシナ（現在のベトナム）北部（北部仏印）に監視団を派遣した。これに対しアメリカは、七月十六日にビルマルート封鎖に反対を表明、二十六日、石油と屑鉄の輸出許可制を開始し、三十一日には航空用ガソリンの東半球への輸出を禁止した。アメリカはついに日本への経済制裁を開始したのである。

北部仏印進駐

しかし、日本は、軍事力を背景に仏印政府に圧力をかけ、九月二十三日に北部仏印進駐を開始した。これに対し、アメリカ政府は二十六日、十月十六日以降の屑鉄の全面禁輸を発表、実施した。蔣政権や東南アジアへの日本の軍事的圧迫に対し、アメリカは強く反発し、日本の戦争遂行に必要な石油と屑鉄の禁輸や輸出制限に踏み切った。軍事力による勢力拡大は、第一次世界大戦後の国際秩序では侵略行為として許されず、しかもすでに日本は国際連盟から侵略国と認定されていた以上、理はアメリカにあった。

ドイツとの軍事同盟

松岡外相はアメリカ外交に不信感を抱いており、日米関係を日本に有利にするためには日本の立場を強く主張するべきだと考えていた。松岡は、政府軍部の諸決定に従い、八月一日以後、ドイツに軍事同盟締結を働きかけ、九月七日にドイツ特使スターマーが来日、スターマーと松岡の交渉において、加盟国が第三国、具体的にはアメリカに攻撃された場合は、他の加盟国が軍事的に援助するという案がまとまった。アメリカの第二次大戦参戦防止が目的であったが、海軍は独伊とアメリカの戦争に日本が巻き込まれるとして難色を示した。しかし、松岡外相が及川古志郎海相に、自動的に参戦はしないと説明したため海軍の反対はなくなり、十七日に日独交渉は妥結した（『松岡外交』）。

同盟の危険性

それでも、この同盟の危険性は近衛を含む関係者の間で当初から認識されていた。九月十六日、近衛が同盟案を昭和天皇に説明した際（『木戸幸一日記』下）、昭和天皇は、「アメリカに対して、もう打つ手がないといふならば致し方あるまい。しかしながら、万一アメリカと事を構へる場合には海軍はどうだらうか。（中略）万一日本が敗戦国となった時に（中略）総理も、自分と労苦を共にしてくれるだらうか」と近衛に語りかけた（『西園寺公と政局』八、九月二十日条）。西園寺公望とともに親英米派として防共協定強化に抵抗し続けた昭和天皇は、ドイツの快進撃によって自信を失い、消極的とはいえ三国同盟を受け入れたのだが（拙著『昭和天皇』）、当然その危険性を十分に認識していたのである。

これに対し近衛は、「平素は自分はまことに冷静な、極めて冷やかな者であるが、この時には、陛下のお言葉を伺って目頭が熱く」なり、昭和天皇に対し、日露戦争直前に伊藤博文が明治天皇に対し、万一国が敗れた場合は、爵位勲等を拝辞し、単身戦場に赴いて討死する覚悟だと述べたという、金子堅太郎の話を披露しつつ、「自分も及ばずながら誠心御奉公申上げる覚悟でございます」と述べた（『西園寺公と政局』八、九月二十日条）。

日独伊三国同盟成立

日独伊三国同盟の締結を議題とした十九日の御前会議でも、松岡が、本同盟は日中戦争の勝利に相当の効果を期待できるとしたのに対し、原枢密院議長が、かえってアメリカが日本への圧迫を強化し、蔣介石政権を極力援助すると追及した。これに対し松岡は、日本が少なくとも中国の半分を放棄すれば一時はアメリカと握手できるが、アメリカの対日圧迫は止まないので、「我れの毅然たる態度のみが戦争を避くる」と反論した。しかし原がそれは逆効果だと追及すると、松岡は、アメリカが硬化するか反省するかの「公算は半々」と、ついに三国同盟政策の危険性を認めた。しかし、近衛が、日米戦争になっても日本は物資面で耐えられると説明して参加者に了承を求め、本案は了承された（佐藤元英『御前会議と対外政略』1）、三国同盟は二十七日に締結された。

和平工作

なお、この間、日中戦争は軍事的には行詰まっており、昭和十四年末から陸軍が宋子良《そうしりよう》という人物を通じて、蔣政権との和平工作を試みていた（桐工作）。昭和十五年八月に入り、蔣政権側が、近衛の親書があれば、蔣が板垣征四郎支那派遣軍総参謀長との会談に応じるとしてきたため、近衛は二十二日付で、「本会見は必ず両国国交調整の礎石を確立すべきを信じて疑はざるものに候」などという親書（稲葉正夫ほか編『太平洋戦争への道』別巻　資料編〈新装版〉）を書き、陸軍に託した。しかし、蔣政権側は親書の内容が空疎だと不満を示し、結局十月初旬に工作は中止となった（戸部良一「桐工作をめぐって」）。

「重大時局に直面して」

三国同盟締結翌日の九月二十八日、近衛は「重大時局に直面して」と題するラジオ演説を行なった（『週報』二〇七号）。近衛は、「全国民諸君に向つて、率直に時局の真相を語り、諸君の一大奮発に訴へたい」と前置きした上で、東アジアをめぐる列国の動きは日中戦争の解決を困難にしているため、日中戦争は、「世界旧秩序の根底に横たはる矛盾に、一大斧鉞《ふえつ》を加ふること」によってのみ解決できるので、日本は「全世界の紀元を更新すべき絶大の偉業に参画し、その重要なる役割を分担せねばならなくなつた」と、日中戦争解決のためには国際秩序を変える必要があるという理由で独伊との提携強化を正当化した。

「一億一心」

その上で、日本は、日中戦争によって多くの将兵を犠牲にし、多大の費用と経済力を消耗したが、その消耗を補いつつ、生産力の拡充と軍備の充実に全力を注ぐ必要があるため、消費財の生産は大きく制限され、国民生活も著しく抑圧されるものの、「一たび国難来《きた》らんとするに当りては、何はさて措《お》いても、全国民が結束して眼前の難関を突破せねばならず、そこに分派対立の余地もなく、一身の生活と享楽は同胞のために、個人の栄誉と利益は君国のために、安んじて犠牲に供されねばならぬ」と、国民は国難打開に協力すべきであるという観点から新体制運動を正当化し、「日本国家は非常時に際し、一人の暖衣飽食も許さず、また一人と雖も飢ゑに悩む者あらしめず、億兆その志を一にし、その力を協《あわ》せて、海外万里の波濤を開拓せねばなりませぬ」として国民の協力を求めた。なお、演説中では、以後近衛が多用する「一億一心」という言葉も使われている。

国民に一致団結と耐乏生活を求める

　この演説で近衛は、日中戦争を解決できないまま、日本が多くの犠牲者と経済的損失を出し続けている現実を率直に認めた。ただしその理由を国際秩序の現状に求め、国際秩序を時代の流れに合わせ、日本が大国の一つとなるためには三国同盟が必要であるとし、それでもなお事態の急速な打開は困難だとして、国民に、一致団結と耐乏生活の継続を求めたのである。「分派対立の余地もなく、一身の生活と享楽は同胞のために、個人の栄誉と利益は君国のために」とは、まさに天皇を奉じた全体主義そのものであり、『ニューズウィーク』一九四〇年十月十四日号掲載の「近衛文麿公爵とその人脈」の「近衛は日本型の全体主義体制（天皇を元首とする一党制）の確立を支持した」という指摘は的確といえる（『ニューズウィーク日本版別冊　激動の昭和』）。

事態の重大性

これほど切迫した内容の国民向けの近衛の演説は、結果的にこれ一つである。近衛がこの段階の事態の重大性を十分に認識していたことがよくわかる。さらに近衛は十月五日の記者会見で、「日独伊も米州大陸に於けるアメリカの指導的地位を認める〔中略〕アメリカが日独伊の立場を理解せずどこまでも三国同盟を敵対行為と目しこれに対抗して来るなら三国は敢然これに戦ふ」と、戦争も辞さないという強い態度で、アメリカにアジアへの干渉、すなわち蔣政権援助の中止を迫った（「太平洋平和の楔子」『朝日新聞』十月五日付朝刊）。三国同盟政策を何としても成功させたいという近衛の気持ちがうかがえる。

危険な賭け

いずれにしろ、三国同盟締結によって日本が危険な賭けに出たことは、関係者には当時から自明のことだった。ただしそれは、大正期以来、近衛が主張してきたアジア主義的な外交路線を近衛自らが推進してきた結果だった。そしてやはりアメリカは態度を硬化させた。ルーズベルト大統領は、大統領選挙期間中の十月十三日、オハイオ州デイトンでの演説で、三国同盟に対抗し、イギリスや中国への援助を継続強化すると表明した（「三国同盟対抗の用意」同紙十月十四日付朝刊）。十月十四日に山本五十六《いそろく》海軍次官は「結果において近衛だのなんかが、気の毒だけれども、国民から八裂きにされるやうなことになりやしないか」と、二十六日には元老西園寺も「とにかく、なんといつても英米を向ふに回したことは、外交の非常な失敗だ。〔中略〕日本の陸軍がこんな風な状態で勢を振るつてゐる時には、なんともしやうがない。まことに困つたもんだ」と原田熊雄に述べている（『西園寺公と政局』八）。二人の見方が正しかったことはすでに我々が知るところである。

結局ルーズベルトは十一月六日に三選を果たし、十二月二十九日のラジオ談話で日独伊三国との対決姿勢を改めて表明した（「ル大統領援英強化揚言」『朝日新聞』十二月三十一日付朝刊）。

三 新体制運動の展開と挫折

新体制運動のその後

さて、新体制運動のその後であるが、首脳部の人選が、近衛、有馬頼寧、後藤隆之助、古野伊之助、風見章、富田健治の協議で進められ（『有馬頼寧日記』四、九月十八日・十九日・二十六日条）、昭和十五年（一九四〇）九月二十七日朝刊各紙で報じられた。総裁は近衛、常任総務は有馬、後藤文夫、前田米蔵、永井柳太郎、大河内正敏、井田磐楠、古野、中野正剛、橋本欣五郎、八田嘉明、中央本部は事務総長有馬頼寧、議会局長前田米蔵、組織局長後藤隆之助、企画局長小畑忠良である（「翼賛会首脳本極り」『朝日新聞』九月二十七日付朝刊）。総務については、各界各層の力の均衡を保つことに重点が置かれたものの、中央本部については、「強力な政治力と実践力を結集せしめる観点から各界の有名無名の少壮にして革新的人材を登用する」という近衛の方針とずれが生じ、部長級の人事で近衛の方針の実現をはかることになった（「決定までの経緯」同前）。この分析が正しいことは、近衛の従来の主張と、十月四日の記者会見で、翼賛会人事について、近衛が、「出来るだけ無名の人を取りたい」と述べている（「太平洋平和の楔子」同紙十月五日付朝刊）ことからわかる。

共産主義との関係

なお、この会見で近衛は、新体制運動の根底に共産主義思想があるという話を最近一部から聞くとして、「新体制運動の中には成程所謂転向者と言はれてゐる人も加はつてをり、さういふ人の智能の一部を取入れそれを参考にするといふこともある」が、「新体制は強く打てば強く響き弱く打てば弱く響く、大きな太鼓のやうなもので、或る時はナチの音がするし又或る時はマルクス主義の音がするかも知れないが、その本音は日本の国体に根差したもの」と述べ、近衛が新体制批判論を気にしていたことがわかる。

新体制批判

近衛は、十月三日に木戸内大臣から、「新体制運動の裏に共産主義者あり等との心配を頻々聞くを以て、其の点につき何等か考慮」すべしと注意をうけている（『木戸幸一日記』下）ので、その影響であることは明らかである。木戸幸一の情報源は特定できないが、井田磐楠は、新体制準備会終了直後から、会合の席などで準備会について、「頗るいんちき」と批判を始めていた（伊藤隆ほか編『真崎甚三郎日記』4、九月二十一日条）。また、憲法学者の佐々木惣一元京都帝大教授は、『中央公論』十月号（九月末発売）掲載の論文「新政治体制の日本的軌道」において、国家の政策決定や政策の実行は、政府や帝国議会の関

大政翼賛会の発足

朝日新聞

夕刊

翼賛會發會式を擧行

一億一心逞しき發足

大政翼賛の臣道實践

綱領宣言はこの一語につく

近衛總裁決意を闡明

獨ソ近く會談

歐洲經濟の新秩序

英羅危機に直面

大政翼賛会発会式の『朝日新聞』記事（昭和15年（1940）10月13日夕刊）

与のもとに天皇の権限で行なうのが大日本帝国憲法の基本原理なので、憲法に規定されていない翼賛会が独自にこの種の行為をすることはできないと主張していた。こうした状況が木戸の判断につながったと考えられる。

近衛の四十九歳の誕生日でもある十月十二日、新体制運動を推進する中核組織として大政翼賛会が発足した。首相官邸で行なわれた発会式において、近衛は総裁としての挨拶のなかで、

大政翼賛運動綱領については準備委員の会合においても数次真剣なる議論が行はれたことを承つて居ります、然しながら本運動の綱領は「大政翼賛の臣道実践」といふことに尽

きると信ぜられるのでありまして、このことを御誓ひ申上げる（中略）かく考へ来つて本日は綱領宣言を発表致さざる事に私は決心いたしました。

と述べた（「大政翼賛の臣道実践」『朝日新聞』十月十三日付夕刊〈十二日発行〉）。

綱領宣言取りやめ

近衛は前日夜遅くまで有馬と綱領宣言案を協議した（『有馬頼寧日記』四、十月十一日条）が、結局すべて取りやめとなったのである。発会式に参加した役員のほとんどは事情を知らず、驚いた者が多かったが、こうなった理由は「本運動の発足以来公が機会ある毎に強調してゐる徹底した臣道観」とされた（「徹底した臣道観」『読売新聞』十月十三日付夕刊〈十二日発行〉）。たしかに近衛は、憲法や国体論の範囲で運動を進めると明言してきたが、具体的な綱領や宣言を定めることにさえ違憲性が生じるとは気づいていなかったのである。発会式直前の動揺は、明らかに佐々木の違憲論の影響である。

なお、十四日、中央本部の宣伝部、総務部、青年部、訓練部の正副部長人事が各紙で伝えられたが、いずれも東方会や大日本青年党など革新右翼系の人物や新聞記者らで、精神右翼系は一人も入らなかった。その結果、精神右翼の新体制運動批判は激化した。

新体制批判激化

すなわち十月末、「藤原氏（近衛氏）の不逞を歴史に見る」と題する近衛批判の怪文書事件が起きた。同文書は近衛について、首相として日中戦争に遭遇すると政治的見識を欠如して事態を混迷させ、収拾不能となると枢密院議長となって、「巧みに責任を回避し日夜遊芸に耽り」、三国同盟締結の気運が熟し、国内新体制の緊急が唱えられると、天皇の大権を「郎党と私議して」再び首相となって「恥を知らず」と批判した（『高木惣吉　日記と情報』上、十一月二十二日条）。要するに近衛の首相としての行動を無責任として批判する内容で、「遊芸に耽り」というくだりには愛人の存在が示唆されている。

これは篤麿グループの一人大竹貫一が小川平吉らと連絡を取りながら作成配布したもので、大竹は十一月五日に警察に検束され、いったんは釈放されたものの、同年十二月末に不穏文書臨時取締法違反により東京区裁判所で禁固二年執行猶予二年の判決をうけた（柴田紳一「昭和十五年大竹貫一怪文書事件」）。さらに、小川は、小林一三商相や頭山満《とうやまみつる》など精神右翼とも連絡を取りつつ、政府内で立案中の経済新体制案への反対運動を展開した。すでに財界主流は同案に反対しており、資本と経営の分離を掲げた経済新体制は、大幅に骨抜きされて十二月七日に閣議決定された（中村隆英・原朗「経済新体制」）。

西園寺死去

なお、十一月二十四日、元老西園寺公望が死去した。享年九十一。西園寺は十一月四日、「近衛も実に気の毒だ」として、原田熊雄に対し、政治の目標はどこか、日中戦争をどう収拾するつもりか、日本の外交はこのままでよいと思っているのかを近衛に聞くよう依頼した。二日後にこれを原田から聞いた近衛は、「自分が行つて直接お話しよう。御無沙汰してゐるし」と述べたが、果せないままとなった（『西園寺公と政局』八）。

平沼入閣

十二月六日、近衛は平沼騏一郎を無任所大臣とした。首相経験者で近衛とかねてから親しい平沼は副総理格ないし近衛首相の最高顧問格とみられ、また、大政翼賛会の現状をめぐってかなり批判的言動が伝えられるなかで、「翼賛会が最近政策問題等について政府と併立的な立場に立つかの如き観を呈して」いることに対し、平沼は「臣道に反する」との固い信念を持っているので、この点に関する根本的な是正も必ず行なわれるとみられた（「翼賛会にも質的影響」『朝日新聞』十二月五日付朝刊）。さらに二十一日、内相が安井英二から平沼に代わり、法相も風見章から陸軍皇道派の柳川平助興亜院総務長官に代わった。有馬頼寧がこの人事について、この日の日記に「もう駄目だ」と書いたことでわかるように、近衛はこの時点で翼賛会の改組を決意したのである。

近衛の嘆き

昭和十六年（一九四一）一月三日、近衛は荻窪の自邸に矢部を招き、大政翼賛会の状況について、有馬と後藤隆之助の不和、安井と風見の不和、そして大蔵省が翼賛会補助金予算削減を求めるなどの状況を見た議会人が翼賛会を見くびり、その予算を大削減するというので困るとし、「この方式で理論は通ってゐるし、人に依ってやれたのかも知れぬが、自分の不徳の致すところで申訳ない」と矢部に詫び、今後については、「平沼氏の考へに従ひ、翼賛会は之を精神運動とし、議会には勝手に政党を作らせる」と述べ、さらに「一億一心と口では言ふが、みんな私が先で一人一心だ」と嘆いた。矢部は、近衛は命を惜しまないほどの決意を持っているが、自分の陣営を持たないところに弱点があると見た（『矢部貞治日記』銀杏の巻）。しかし、そもそも近衛は独裁政党を作る気がなく、政治家、官僚、軍人、一般国民すべてが自発的に一致協力する状態を作りたかったのであるから、矢部の批判は的外れである。近衛の嘆きは、彼が理想とする手法による、彼が理想とする政治体制の形成が不可能だと彼が認識したことの現れなのである。

議会における翼賛会批判

結局、昭和十六年一月に実質審議が始まった第七六帝国議会（通常会）で、近衛は貴衆両院で厳しい翼賛会批判にさらされた。一月二十五日の衆院予算委員会で川崎克《かつ》（旧民政党）の翼賛会違憲論に反論できず、二十七日の貴院本会議では赤池濃《あつし》議員から経済新体制や翼賛会はマルクス主義だと批判された。その結果、近衛は、二月八日の衆院予算委員会において、翼賛会は公事結社なので、それにふさわしい組織に改組すると確約した。翼賛会はもはや政治団体ではないとされ、改組が約束されたのである。

政治責任を認める

この議会で注目すべきは、改めて近衛が日中戦争に関する自分の政治責任を認めたことである。一月二十七日の衆院予算委員会で近衛は、日中戦争の長期化は「全く私の責任」であり、天皇にも国民にも「誠に相済まぬ」ので、これを「最後の御奉公として」尽す旨を述べた。責任を改めて認めて国民に謝罪しただけでなく、今回の内閣を最後に政界を去る覚悟で問題解決に当るという決意を示したのである。

近衛批判顕在化

こうした状況のなかで、世論の近衛批判が顕在化した。三月十日付『朝日新聞』朝刊の社説「近衛首相への期待」は、一月二十七日の近衛の議会答弁をふまえ、近衛首相が非常な決意と責任感を持って任務をまっとうしようとしているのに不安が残るのは、「その決意を行為化する勇気と実行力とに遺憾ながら満幅の信頼をつなぎ得ないから」だと近衛を批判した。『大陸』四月号の山浦貫一「近衛公に送る書」も、近衛を「近衛々々」と呼び捨てにする一般人が増えたという例をあげて近衛の人気低下を指摘した上で、「人を用ひる場合にはよく考へること、一旦用ひた人間は擁護すること、はなさらなくては、採算上からいつても損です、破綻を見る日が必ず来る」と、近衛の人事方針を批判した。人々の自発性を重視する近衛の政治手法は、結局、当時の人々には理解しがたいものであった。結果として、近衛の政治手法は、現実の政治の世界では通用しない、机上の空論だったのである。

思想統制・経済統制強化

なお、この議会では治安維持法の改正（刑罰を強化し、予防拘禁制度を導入）、国家総動員法の改正（産業統制の強化）、国防保安法の制定（スパイ対策）など、思想統制、経済統制の強化が図られた。選挙法改正案は結局有権者を戸主に限るという内容となったが、異論が多かったため、提出は取りやめとなった（拙著『戦時議会』）。

翼賛会改組

四月二日、翼賛会が改組された。有馬頼寧や後藤隆之助らは会を去り、柳川法相が新設の副総裁を兼任し、事務総長は石渡荘太郎《いしわたそうたろう》に代わるなど、中央本部は官庁からの出向者が中心となり、県支部長も県知事の兼任が確定した（下中弥三郎編『翼賛国民運動史』）。翼賛会は「精動化」、つまり国民精神総動員運動に逆戻りした（『矢部貞治日記』銀杏の巻、二月一日条）。改組直後、後藤隆之助は「近衛公のやり方を憤慨し」、「もう一ヶ月やらせれば、地方の挺進隊組織を一応整へてやれるところなので、実に未練がある」と矢部に語った（同前四月九日条）。

情報局設置

そのほか重要なできごととしては、昭和十五年十二月六日に、情報の宣伝や統制を強化するため内閣情報部を拡充して情報局が設置され、同月三十一日に文官任用令など官吏制度関係の勅令の改正が行なわれて身分保障がなくなる一方、民間人の官吏への転職が若干緩和された。ただし、改正法令が最初に活用されたのは、新体制運動に深入りしすぎた県知事の免職であった（『戦時議会』）。さらに、昭和十六年三月には、近衛が設置した教育審議会の答申にもとづいて国民学校令が制定され、四月から小学校は国民学校となった。

井上日召と会談

また、三月上旬、近衛は小川平吉の紹介で井上日召《にっしょう》と会談した。井上は大正期から過激な国家主義を掲げて若者を集め、昭和六年政財界要人の暗殺事件（血盟団事件）を主導し、五・一五事件にも影響を及ぼした。昭和十五年秋、関係者とともに特赦により出所していた、精神右翼の系譜に属する国家主義者であった。

井上との盟約が成る

井上の戦後の回想によれば、井上が、近衛は社会主義と日本主義、つまり「理智と直感の分裂で、事毎にフラフラ迷つてをられる」と指摘すると、近衛は「実はさうなんです。それで困つてゐるんです」と認め、井上が、日本の革新は天皇の「大号令」があれば最小の犠牲で成就できるとして天皇への橋渡しを近衛に求めると、「そのくらゐのことは、私にも出来ます」と答え、盟約が成った。そして右翼のテロ防止のため、井上は近衛邸に住み込んだ（井上日召『一人一殺』。会合時期は『真崎甚三郎日記』5、三月十一日条による）。

真崎甚三郎の四月十七日の日記に、井上が近衛邸に泊まり込んでいるという情報が出ており、八月三十日には井上自身が真崎を訪ねて「時局を憂ひ近衛公を守りあり」と述べている（『真崎甚三郎日記』5）ので、井上の回想はおおむね事実と判断できる。

近衛の思惑

ただし、近衛はフラフラ迷っていると井上に語っているが、実際にはそれなりに一貫した論理で政治を進めてきていたことは、ここまでの叙述で明らかである。昭和十九年一月に山本有三に伝記執筆を依頼する際、自分は困っているので助けてほしいという言い方で相手をその気にさせる手法を用いており（山本『濁流』）、今回もその手法を用いたと考えるとつじつまが合う。井上の真崎への発言をふまえると、むしろ井上を側近に迎えたことは、時局収拾のためには右翼の反発を招きかねないような思い切った施策も視野に入れざるをえない、という近衛の決意のあらわれといえる。

内閣改造

四月に入り、近衛は内閣改造を行なった。まず四月二日、無任所相に、財界から住友本社総理事の小倉正恒《おぐらまさつね》を迎えた。入閣理由について、近衛は経済閣僚をまとめるためとした。ついで四日には商相を小林一三から豊田貞次郎《ていじろう》海軍次官に、企画院総裁兼無任所相を星野直樹から鈴木貞一《ていいち》興亜院総務長官心得（代理に相当）に更迭した。小林と星野は経済新体制問題紛糾の責任をとったもので、後任がいずれも軍人出身であることについて、近衛は記者会見で、企画院と商工省が軍需省化しつつあることへの対応だと説明した（「意見統一を期待」『朝日新聞』四月二日付朝刊、「旧套的銓衡を一擲」「近衛内閣再発足の姿勢」同紙四月五日付朝刊）。一連の改造は、財界との関係を維持しつつ、経済統制を強化するための措置といえる。

なお、六月十一日には石黒忠篤の体調不良のため、井野碩哉《いのひろや》農林次官が農相に昇格した（「石黒農相、病気で辞任」同紙六月十二日付夕刊〔十一日発行〕）。

四　日米交渉

日ソ中立条約

さて、近衛の政治的関心はこのあと日米交渉に集中する。昭和十六年（一九四一）三月十二日、東京を出発した松岡外相は、ソ独伊を訪れ、スターリン、ヒトラー、ムッソリーニと会談、再びモスクワに戻り、四月十三日に日ソ中立条約を締結した。ソ連と英米の接近を防ぎ、日本の南進をしやすくするためである（服部聡『松岡外交』）。

日米諒解案

その直後の四月十六日、アメリカのハル国務長官が野村吉三郎駐米大使にいわゆる日米諒解案を日米交渉の基礎案として提示した。日独伊三国同盟の参戦条項について、日本はドイツがアメリカに積極的に攻撃された場合のみ適用されると事実上空文化し、日中戦争に関しては、日本が事実上九ヵ国条約の復活を認め、軍隊を撤退させるかわり、中国が満洲国を承認するという条件でアメリカが日中和平を仲介し、日米間の通商を復活させるという内容だった（『日本外交文書並主要文書』下）。本案はルーズベルトの知人のアメリカ宣教師ウォルシュ、アメリカに赴いた井川忠雄（産業組合中央金庫理事、昭和研究会メンバー）と岩畔豪雄《いわくろひでお》（前陸軍省軍事課長）らが近衛と連絡をとって作成した（塩崎弘明『日英米戦争の岐路』）。

松岡外相の反対

日米諒解案は、四月十八日の大本営政府連絡懇談会で議題となり、近衛はこの案を基礎に日米交渉を進めることを木戸内大臣に告げた。木戸からそれを聞いた昭和天皇は、三国同盟の効果だと喜んだ（『木戸幸一日記』下、四月十九日・二十一日条）。二十二日の大本営政府連絡懇談会では、当日帰国したばかりの松岡外相はこの案についての意見を保留したものの、他の出席者（近衛、平沼騏一郎、東条、及川古志郎、杉山元参謀総長、永野修身軍令部総長ら）は早期推進で合意した。しかしその後、松岡は連絡懇談会で三国同盟重視を主張し、五月三日付のハル国務長官あてのオーラルステートメント（口頭での伝達）でも独伊支援を明示した（参謀本部編『杉山メモ』上、外務省編『日本外交文書　日米交渉』上）。独ソ戦間近を知っていた松岡は、アメリカの欧州戦参戦を牽制するために、強硬姿勢に出たのである（『松岡外交』）。

アメリカの四原則

これに対し、アメリカ側は、日米両国および他国の領土保全と主権尊重、内政不干渉、商業上の機会均等、平和的手段の場合を除く太平洋の現状不変更、という四原則を基本方針とした（五月八日付松岡外相あて野村大使電報）。この四原則は九ヵ国条約、四ヵ国条約、不戦条約の延長上にあるもので、日本に対し、中国からの完全撤兵と、親日政権支援のような内政干渉の撤廃、東南アジアへの軍事進出の撤回を求めたのである。しかし、五月十二日付で松岡が野村大使に伝達した日米諒解案の修正案は、三国同盟堅持を明示した上、アメリカに汪兆銘政権の承認を求めた（以上、『日本外交文書　日米交渉』上）。

近衛の辞意

独ソ開戦が確実視された六月二十一日、近衛は木戸内大臣、平沼内相と会談し、独ソ開戦となれば日独関係に支障が出るので、平沼内閣にならい退陣したいと述べた。三国同盟の参戦条項発動の可能性があるが、日ソ間には中立条約があることを念頭においた発言である。しかし木戸幸一は、今回の独ソ開戦は平沼内閣のような不意打ちではないので、退陣の必要はないとした。さらに近衛が「最近、松岡外相の言説については、其の真意の那辺にあるやを捕捉し難き点あり。重大なる転換期に当り内閣不統一問題を惹起する」と松岡への不信感を洩らすと、木戸は、重大な転機が来たら、近衛は首相として敢然と指導力を発揮すべきだと助言した。事実上松岡の更迭を示唆したのである（『木戸幸一日記』下）。これに先だって近衛は、小川平吉に対米妥協の決心があるかを聞かれ、「確乎として不動」と述べていることから、これに同意したことはまちがいない（「小川平吉日記」六月十九日付）。

独ソ開戦

六月二十二日、独ソ開戦となり、松岡は、対ソ対米同時開戦を主張して、近衛や昭和天皇を困惑させた（拙著『昭和天皇』）。そして翌二十三日には野村大使から、三国同盟問題を空文化に戻したアメリカの日米了解案と、事実上松岡外相を忌避するハル国務長官のオーラルステートメントが日本に届いた（『日本外交年表並主要文書』下）。

米紙のインタビュー

六月二十九日、近衛はアメリカの通信社ユナイテッドプレスの記者のインタビューを受け、三十日の『ニューヨーク・タイムス』に「日本の首相、我々との親善を求める」と題して掲載された。そのなかで近衛は、日本はアメリカとの友好関係継続を切望しており、それができない理由はない、三国同盟の主目的は戦争防止だという発言を繰り返した。この記事はアメリカ政府の対日空気を緩和させた（七月二日付松岡外相あて野村大使電報、『日本外交文書　日米交渉』上）。しかし、松岡は野村に対し、この記事はねつ造で、三国同盟への背信行為だと非難した（七月十一日付野村大使あて松岡外相電報、同前）。松岡が閣内で孤立しつつあったことを考えれば、松岡の方が虚偽を言っていることは明らかである。

一方、陸海軍は、蔣政権や南方への軍事的圧力をかけようと六月下旬に南部仏印進駐を決意、七月二日の御前会議決定「情勢の推移に伴ふ帝国国策遂行要領」で認められた（『杉山メモ』上）。

「汪精衛閣下を迎へて」

近衛はこの間、六月二十四日には「汪精衛（兆銘）閣下を迎へて」と題して、七月二日には興亜奉公日にちなむラジオ演説を行なった。前者では日中戦争は正義の戦いで、世界史の流れにも沿っているとその正当性を説き、最後のラジオ演説となった後者では、難局打開のための団結（「一億一心」）を国民に呼びかけた。明らかにアメリカ向けの発言とは矛盾する内容である。あえて好意的に解釈すれば、東亜新秩序原則を捨てずに対米妥協をはかるため、方向転換に際して国民からの反発が出ないよう団結を求めたことになる。

前者の演説は汪兆銘の来日にちなんだもので、二十四日に近衛は汪と会談し、汪は、蔣介石に対する和平工作が必要だが、そのためにはアメリカの尽力が必要と述べ（『木戸幸一日記』下、六月二十五日条)、日米交渉の必要性が一層明白となった。

松岡、交渉打ち切りを主張

七月十日の大本営政府連絡懇談会において、松岡は、アメリカの日米諒解案は東亜新秩序建設や三国同盟を否定している上、ハルのオーラルステートメントは日本を馬鹿にしていると非難し、十二日の同懇談会で対米交渉打ち切りを提議した。杉山元参謀総長は南部仏印進駐や関東軍増強直前の対米開戦は避けたいとし、平沼内相は「今の戦争を除くことが皇道主義」と反対したため、松岡は交渉継続を約束した(『杉山メモ』上)。

松岡更迭のため総辞職

しかし、松岡は七月十五日、近衛への相談なしに改めて五月十二日案と同様の強硬な対案を野村に送った(『日本外交文書　日米交渉』上)。これを知った木戸内大臣は松岡更迭を近衛に要請し、近衛も同意したが、近衛はアメリカの注文による内閣改造と見られるのは好ましくないとして、総辞職の上で内閣を改めて組織することを主張した。結局、近衛の主張が通り、七月十六日、近衛は、変転きわまりなき世界の情勢に善処するため、内閣の構成に「一大刷新」の必要があるなどという辞表を昭和天皇に提出、第二次近衛内閣は総辞職した(『木戸幸一日記』上、七月十五日・十六日条)。

第三次近衛内閣

十七日、恒例により重臣会議が開かれ、近衛推薦で一致(同前七月十七日条)、十八日、第三次近衛内閣が発足した(「第三次近衛内閣成立」『朝日新聞』七月十九日付朝刊)。今回も組閣作業は近衛一人で行なった(「参謀もなし、独り沈思」同紙七月十八日付朝刊)。東条陸相、及川

第三次近衛内閣記念写真（毎日新聞社提供）

古志郎海相、橋田邦彦文相、井野碩哉農相、鈴木貞一国務相兼企画院総裁は留任、外相には豊田貞次郎が転じ、小倉正恒は蔵相に転じ、平沼騏一郎と柳川平助は無任所相に転じ、拓相は村田省蔵の兼任、内相には平沼内閣で逓相を務めた平沼の子分格の一人である田辺治通《はるみち》が、商相には元海軍次官の左近《さこん》司政三《じせいぞう》北樺太石油社長が、厚相には元陸軍省医務局長の小泉親彦《ちかひこ》が入った。

議会出身閣僚は一人もいなくなり、平沼系と陸海軍の比率が増した。『朝日新聞』が「勢力均衡主義（中略）は影をひそめ（中略）近衛・平沼の隣組を一段と緊密化した」と評した（「毅然たる新内閣の特徴」七月十九日付朝刊）のは妥当といえる。

なお法相には二十五日に岩村通世《みちよ》検事総長が入ったが、岩村は第二次山本権兵衛《ごんべえ》内閣時の平沼法相の秘書官を務めたのでやはり平沼系といえる。要するに、戦争回避に賛成の平沼系を増やし、海軍出身者を外相とした点で日米戦回避への姿勢が現われた人事といえる。

初閣議後の記者会見

近衛は初閣議後の記者会見で、「真に皇国緊張の秋《とき》」なので「死力を尽して聖旨を奉行し」たいと決意を述べ、「一億国民の熱誠なる協力を得てこの時艱《じかん》を克服し、一意肇《ちょう》国《こく》の大理想完遂に向つて邁進致したい」と国民に協力を求めた（「急速果断の実行のみ」『朝日新聞』七月十九日付朝刊）。決意の中身が日米戦回避であることは、これまでの叙述から明らかであるが、こうした内情は報道されておらず、一般国民が近衛の真意をどれだけ理解できたかはわからない。

南部仏印進駐

しかし、七月二十一日、仏印政府は、日本の南部仏印進駐を承認した。ルーズベルト米大統領は二十四日に進駐中止を野村駐米大使に勧告したが、日本は準備を進めたため、二十六日、英米は日本資産凍結に踏み切り、日本の会社や銀行は英米では活動できなくなった。しかし日本は二十八日、予定通り南部仏印進駐を実施、これに対しアメリカは八月一日に石油の対日全面禁輸を実施した（『日本外交年表並主要文書』下）。日米関係はもはや戦争寸前となった。日本側は南部仏印進駐の英米への影響を甘く見積もりすぎていたのである。

政策転換を決意

同じ八月一日、近衛は、牛場秘書官を通じて、矢部貞治に対し、「「東亜新秩序」、「大東亜共栄圏」といふことの内容に英米の絶対排除といふ意味があるか」についての研究を依頼した。近衛は、大胆な外交政策の転換を決意したのである。近衛が、アメリカの対日石油全面禁輸が日本の戦争遂行に致命的な悪影響を及ぼすと判断したことがわかる。

矢部は、東亜新秩序声明や基本国策要綱に英米排除は明示されていないが、この二つの政策の内容は九ヵ国条約とは明らかに矛盾するので、英米に九ヵ国条約修正の余地があれば妥協の余地があり、日本の国力は不十分だから、新秩序を一挙にして実現するのは危険なので、一時は協調することも必要だ、という意見を翌日近衛に書き送った（『矢部貞治日記』銀杏の巻、八月一日・二日条）。矢部は、対米妥協の可能性を示唆して近衛を支援したのである。

日米首脳会談を提唱

四日、近衛は陸海両相に対し、このままずるずると戦争に入るのは天皇に申し訳ないので、大統領と会見して、日本の真意を率直大胆に披瀝したいと、ホノルルでの日米首脳会談を提唱した。そして、アメリカも合法的な九ヵ国条約の改訂には応じる用意があり、日本も大東亜共栄圏確立を目指すが、それを一挙に実現するのは今日の国力の上から無理だとして、九ヵ国条約改訂と東亜新秩序や大東亜共栄圏構想の解釈変更ができれば妥協可能と主張した。矢部の意見に沿った主張であることは一目瞭然である。ただし、「媚態となり、屈服の観があってはならぬ」とも述べており、一方的妥協はしないとしている。翌日、東条陸相と及川海相はこれを承諾した（『木戸幸一日記』下、八月五日・六日条）。

平沼襲撃される

こうしたなか八月十四日、平沼邸を訪問した右翼結社まことむすびの会員が、三国同盟締結による日米関係悪化を憤って平沼を襲い、負傷させた（『木戸幸一日記』下、『真崎甚三郎日記』五）。八月十八日、近衛は首相官邸で頭山満、今泉定助《さだすけ》、井上日召と会談した（「頭山、今泉、井上三氏首相訪問」『読売新聞』八月十九日付朝刊）。今泉定助も精神右翼の思想家である（日本大学今泉研究所編刊『今泉定助先生研究全集』第一巻）。井上日召は、「世間が余りやかましくなつて来たので、近衛公に万一の事があつてはならぬと思ひ、それには先づ第一に（頭山）翁に公の真意を理解して貰ふ必要があると痛感し」たためだと戦後回想している（井上『一人一殺』）。つまり、近衛内閣の外交政策を失敗だとみてのテロの動きが表面化したので、テロが近衛に及ばぬよう、井上が精神右翼の大物にテロ抑制を依頼したのである。海軍で政治情報収集に携わっていた高木惣吉のこの会談についてのメモにも、頭山らの意向として「近エ内閣支持」とある（『高木惣吉　日記と情報』下）ので、会談は事実と考えられる。そして会談が行なわれた背景に平沼襲撃事件があったことは疑いない。

八月二十六日、日米首脳会談交渉に関する外務省案ができあがり、大本営政府連絡懇談会で議題となった。近衛は、三国同盟や大東亜共栄圏建設の問題にふれていないことを不満として修正を求めたが、豊田外相は、これに触れたら国交調整はできないと拒否した（『杉山メモ』上）。検討条件の内容から考えて、豊田貞次郎は条件を明示した場合、それが漏れて日本国内で政治的混乱が起きることを懸念したと考えられる。

近衛メッセージ

結局、この外務省案が承認され、この日、まず両首脳者が直接会見して、大所高所から時局救済の可能性があるかを検討することが必要だという内容のルーズベルト大統領あてのメッセージが野村駐米大使に訓令された（いわゆる「近衛メッセージ」）。ルーズベルトは会談実現に好意的で、野村に対し、会談場所としてアラスカのジュノーを提案した（八月二十八日付豊田外相あて野村大使電報）。しかし、アメリカ政府は九月三日付で首脳会談前に具体的条件の検討が必要だという意向を示した（以上『日本外交文書　日米交渉』上）。アメリカ政府の対日不信感は根強かったのである。

「帝国国策遂行要領」

それでも政府と軍部は、首脳会談の随員や近衛たちを乗せる軍艦の準備を進めていた（防衛省防衛研究所戦史研究センター史料室蔵「東久邇宮日誌」九月四日条）。しかし、九月三日の大本営政府連絡懇談会における、物資需給の関係上戦機は今しかないという永野修身《おさみ》軍令部総長の要求、開戦準備に時間がかかるという杉山元参謀総長の要求により、十月上旬までに外交交渉成立のめどが立たない場合は下旬に開戦という「帝国国策遂行要領」が承認された。近衛、永野、杉山は五日、昭和天皇にこれを報告して御前会議開催を求めた。これに対し昭和天皇は「成るべく平和的にやれ〔中略〕外交を先行せしめよ」と指示した（『杉山メモ』上）。この日、近衛は、皇族にして陸軍の長老の一人である東久邇宮《ひがしくにのみや》稔彦《なるひこ》王《おう》を訪ね、陸軍は日米会談に熱心でなく、内部の意見も一致していないとして、戦争回避にむけて、陸軍の意見とりまとめを依頼した（「東久邇宮日誌」）。

昭和天皇の意向

「帝国国策遂行要領」は六日の御前会議で承認されたが、昭和天皇は、「四方の海皆同胞と思ふ代になどあだ波の立騒ぐらむ」、すなわち世界中皆仲間だと思うのになぜ波がたつのか、という明治天皇の和歌を引用して外交優先を指示した。御前会議での天皇の発言は初めてのことで、昭和天皇の意向の強さは出席者に痛感された（『杉山メモ』上）。

しかし七日、東久邇宮の説得に対し、東条陸相は「陛下が日本の不利をしのぎて迄も、如何にしても日米国交を調整せんとお考えになり、東条はその事が国家百年のために不利なりと考ふれば、どこまでもお諫め申し上ぐ」と応じなかった（「東久邇宮日誌」）。

戦争回避に懸命の努力

御前会議と同じ九月六日、豊田貞次郎外相は、アメリカに対し、事実上三国同盟の空文化と、日中戦争が収拾できれば蔣介石政権と国交を回復し、軍隊を撤兵させるという案を示した（『日本外交年表並主要文書』下）。この日、近衛はグルー駐日大使と会談し、日米関係悪化の責任は自分にあると認めつつ、アメリカ側の四原則に「決定的且つ全面的に同意する」と述べ、これをルーズベルトに伝えるよう依頼した（グルー〔石川欣一訳〕『滞日十年』下）。

さらに近衛は、企画院に国策転換時の治安強化に関する案を検討させる一方（拙著『昭和戦中期の総合国策機関』）、風見章や、九月二日に衆議院の過半数の議員によって結成された翼賛議員同盟（院内会派）の幹部である前田米蔵に、国策転換時の議会統制を依頼していた（『高木惣吉　日記と情報』下、九月二十日条）。近衛は戦争回避に懸命の努力をしていたのである。その一方で、九月十八日には日米交渉反対を唱える極右団体（皇道真理会）による近衛暗殺計画が発覚し、関係者が検挙された（同前九月二十一日条）。

アメリカ、会談を拒否

しかし十月二日付のアメリカ政府の回答は、日本側の条件では首脳会談にはなお不十分というものだった（『日本外交年表並主要文書』下）。事実上、会談を拒否したのである。アメリカ政府の対日不信感の強さが改めてわかる。そしてついに、「帝国国策遂行要領」で外交交渉のめどとされた十月初旬が過ぎ、日本は和戦を決断すべき時期となった。

五相会議

十月十二日、近衛邸で近衛、豊田外相、東条陸相、及川古志郎海相、鈴木貞一国務相兼企画院総裁による五相会議が開かれた。豊田外相が、駐兵問題で妥協できれば日米交渉は妥結するとし、近衛もこれに同意した。しかし、東条は、「御前会議決定により兵を動かしつつある〔中略〕日本では統帥は国務の圏外に在る、総理が決心しても統帥部との意見が合はなければ不可」と、御前会議決定を根拠に開戦を主張した。

近衛と東条

近衛は「戦争に私は自信ない、自信ある人にやつて貰はねばならぬ」と内閣総辞職をちらつかせたが、東条は、「駐兵問題は陸軍としては一歩も譲れない〔中略〕退却を基礎とすることは出来ぬ。陸軍はガタガタになる〔中略〕輿論も青年将校の指導もどうやればどうなるか位は知つて居る、下のものをおさえて居るので軍の意図する処は主張する、御前ででも主張する」と恫喝的な言辞で強硬論を述べ、結論は出なかった（『杉山メモ』上）。

十月十四日の閣議前、近衛は東条に対し、改めて駐兵問題での妥協を求めたが、東条は拒絶、東条は閣議でも、「米国の主張に其儘服したら支那事変の成果を壊滅するものだ、満洲国をも危くする、更に朝鮮統治も危くなる〔中略〕之を回復する為又々戦争となる〔中略〕撤兵は退却〔中略〕軍は志気を失ふ、志気を失つた軍は無いも等しい〔中略〕これ迄譲りそれが外交とは何か、降伏です」と駐兵問題での妥協を拒否し、閣内不一致となった（同前）。

山本五十六との会談

なお、このころ近衛が山本五十六連合艦隊司令長官と会談した話はよく知られている。これについて、従来は近衛の回想手記『失はれし政治』に依拠して描かれてきたが、実際には、昭和十六年四月上旬、九月十二日の二回（すでふれた海軍次官時代を含めれば三回）あり、その細部も海軍関係者の日誌などから明らかとなった（横谷英暁「検証近衛文麿・山本五十六会談」）。山本が、対米長期戦は戦力的に無理だとして対米戦回避を主張したことはまちがいなく、山本の意見が近衛の戦争回避論の論拠の一つだったことは確実である。

しかし、海軍は、対米戦を前提に部隊編成を行なってきた経緯から、対米戦回避を主張することは組織の自己否定になるため、表立って対米戦回避を主張することはなかった（手嶋泰伸『海軍将校たちの太平洋戦争』）。

東久邇内閣を提唱

十月十五日、近衛は木戸内大臣を訪ね、総辞職は避けられないとして東久邇内閣説を提案した。木戸幸一は陸海軍が自重論で一致するという条件付きでこれを承認し、近衛は昭和天皇の承諾を得た上で、東久邇宮に出馬を要請した（『木戸幸一日記』下）。その際近衛は、海軍ができないという以上、日米戦争はできないので、駐兵問題をなんとか譲歩して日米交渉を継続しようとしたため陸軍との意見の相違を生じ、東条は内閣の意見不一致を理由に内閣総辞職を主張したので後任に東久邇宮の出馬を要請し、天皇の承諾を得た、と東久邇宮への出馬要請の事情を語っている（「東久邇宮日誌」）。

第三次近衛内閣総辞職

しかし、東久邇宮は出馬に消極的で（同前十月十六日条）、陸海軍の意見統一は無理と見た木戸も反対論に転じたため、近衛の工作は失敗に終わり、十六日、近衛は閣僚の辞表を取りまとめ、総辞職を行なった（『木戸幸一日記』下、同日条）。情報局は総辞職理由を「最近に至り国策遂行の方途に関し遂に意見の一致をみること能はざるに立ち至りたるをもつて」と発表した(「近衛内閣総辞職決行」『朝日新聞』十月十七日付朝刊)。不一致の理由は公表されなかったのである。その後、陸軍が倒したのだから、陸軍が責任をとるべきだという木戸の主導で、十月十八日に東条英機内閣が成立した(拙著『昭和天皇』)。

第三次内閣において、近衛の記者会見は初閣議後の一回のみで総辞職時には行なわれず、ラジオ演説は全く行なわれなかった。近衛のめざした政策転換は、国民に簡単には納得させられないほど大胆なものだったのである。しかし、近衛は結局、軍部が主張する開戦を判断すべき期限までにアメリカの要求と陸軍の要求との矛盾を解決できず、総辞職に至った。

失敗の原因

第三次内閣期における戦争回避に向けての近衛の奮闘ぶりはすでによく知られており、ここでも確認したところである。それが失敗した原因は、国内的短期的には陸軍と海軍がそれぞれ自己の組織が国家の死命を握っていると考えたため、自己の組織の維持を最優先したためである(『海軍将校たちの太平洋戦争』)。そうした要因が発生した制度的背景を考えれば、統帥権を独立させ、議院内閣制に消極的な、大日本帝国の制度設計の問題性も指摘しなければならない。

失敗の要因を作ったのは近衛

しかし、長期的な内外の政治過程という側面から見れば、今まで見てきたところからわかるように、事態をここまで悪化させた原因を突き詰めると、近衛が、大日本帝国の制度的問題性を知りながらも、彼自身の若い時からの思想信念にもとづき、満洲事変以後行なってきた言論活動や政治活動が、日本の国際的孤立を招いたことに行きつく。結局、戦争回避に奮闘しなければならなくなり、しかもそれが失敗する政治的要因を作ったのは、ほかならぬ近衛自身だったのである。

太平洋戦争の開戦

第五　首相退任後

一　東条内閣期

昭和十六年（一九四一）十月十八日に就任した東条英機《ひでき》首相は、昭和天皇の指示で、軍部とともに国策再検討を進めたが、開戦を有利とするという判断となった。しかし昭和天皇は決定に慎重を期すべく、十一月二十九日、重臣（首相経験者と枢密院議長）を集めて意見聴取も行なった（拙著『昭和天皇』）。近衛は十月十九日に総理大臣前官礼遇を受け、名実ともに重臣の仲間入りを果たしていた（井原頼明『増補皇室事典』）。本来は通算三年以上が必要で（同前）、近衛の在任年数はわずかに足りないが、枢密院議長や無任所大臣の在任期間も考慮されたと推測できる。重臣たちのほとんどは慎重論を述べ、近衛も「外交々渉決裂するも直に戦争に訴ふるを要するや、此の儘の状態、即ち臥薪嘗胆の状態にて推移する中又打開の途を見出すにあらざるかとも思はれ」ると述べた（『木戸幸一日記』下）。しかし国家としての判断は開戦だった。十二月八日、太平洋戦争は開戦した。

政治責任を痛感

緒戦の勝利に国民や東条首相はもちろん、昭和天皇さえ喜びを示した（拙著『東条英機』『昭和天皇』）。しかし近衛は、十二月十六日、木戸内大臣を訪れ、「政治上の同公の責任を云々せられ、心境を語」った（『木戸幸一日記』下）。さらに昭和十七年一月三日、小山完吾《かんご》が近衛に「戦は大捷利《しょうり》で結構でした」と話しかけても、近衛は「なんとなく浮きたたぬ、ちよつと、戸まどひの態」だった（『小山完吾日記』）。近衛は、天皇に避戦を誓いながら果たせなかった政治責任を痛感していたのである。

ゾルゲ事件

さらに近衛に追い打ちをかけたのはゾルゲ事件である。ドイツの新聞特派員を装っていたソ連のスパイ、リヒャルト・ゾルゲとその仲間たちが、国防保安法、治安維持法、軍機保護法などの違反容疑で九月末から十月中旬にかけて警察に検挙された。近衛との関係では、第三次近衛内閣退陣前日の十月十五日に検挙された尾崎秀実《ほつみ》が重要である。

元朝日新聞記者だった尾崎は、昭和研究会を通じて、風見章《あきら》や、西園寺公望《さいおんじきんもち》の息子で近衛とも親しい西園寺公一《きんかず》と知り合い、昭和十三年七月から第一次近衛内閣の退陣まで内閣嘱託を務め、第二次、第三次近衛内閣時にも、近衛の側近の一人だった西園寺公一を通じて、政府の動きについて情報を入手し、ゾルゲに伝えていた。このため、昭和十七年三月に入り、西園寺公一も検挙された（小尾俊人編『現代史資料』一・二）。事件の報道は昭和十七年五月十七日に解禁されたが、記事には検挙者たちと近衛個人や三次にわたる近衛内閣との関係は一切書かれていない（「国際諜報団検挙さる」『朝日新聞』同日付朝刊）。

辞爵を検討

三月二十日、近衛は木戸内大臣を訪ね、西園寺公一の件を中心に懇談したが、木戸は極力自重を希望した（『木戸幸一日記』下）。木戸の書きぶりや、四月二十一日に、近衛としばしば会っていた政治評論家岩淵辰雄が真崎甚三郎《まさきじんざぶろう》に「尾崎事件は近衛公に及ぶ恐あり、辞爵問題も起りあり」と話していること（『真崎甚三郎日記』5）から、近衛は責任をとるとして爵位の返上を木戸に相談したが、慰留されたと考えられる。

検察の訊問

その後、近衛は十一月十八日に証人として検察の訊問を受けた（『現代史資料』二）。近衛は尾崎と面識があったことは認めたものの、直接言葉を交わしたのは数回にすぎないとしている。これは尾崎の供述（同前）とも一致するので事実と考えられる。結局、ゾルゲと尾崎は昭和十八年九月二十九日に東京地方裁判所で死刑判決を受け、大審院に上告した（国防保安法の裁判は控訴できないため）が棄却され、翌年十一月七日に執行された。西園寺公一は十一月二十八日に東京地裁で懲役一年六ヵ月、執行猶予二年という有罪判決を受け、西園寺が上告しなかったためこれで確定した（『現代史資料』一〜三）。

東条内閣としては、ゾルゲ事件と近衛の関係を暴露して、近衛の政治生命を断つこともできた。それをしなかったのは、この事件が近衛個人のみならず、国家そのものの信頼性をゆるがしかねない不祥事と政府が考えていたことを示している。

スイス派遣構想

昭和十七年六月十一日、外務次官や駐英大使を歴任し、戦後首相となる吉田茂が木戸を訪ね、近衛は承諾済みとして、戦争早期終結のため近衛を中立国スイスに派遣することを提案した。スイスで近衛に国際情勢を観察させ、時期が来れば講和全権になってもらうという案である。しかし、木戸は結局これを却下した（『木戸幸一日記』下、同日条、『真崎甚三郎日記』5、十月三日条）。一連の動きから、木戸は、なお近衛を首相候補として考えていたことがわかる。

近衛政権待望論

そして、『真崎甚三郎日記』『木戸幸一日記』『高木惣吉　日記と情報』『細川日記』をみると、太平洋戦争中もしばしばあちこちで近衛政権待望論が現われていたことがわかる。しかし、近衛は、入閣をにおわせることはあっても、首相再登板をうかがわせる発言はしていない。少なくとも近衛は敗戦までは自分の立場をわきまえていたのである。

吉田　茂

共産主義者陰謀論

こうしたなか、昭和十七年末ごろから近衛は、戦争拡大は陸軍と共産主義者の陰謀だという説を唱えるようになった。

史料上、この近衛の戦争陰謀説の初出は、昭和十八年の元旦ごろに書かれた木戸あての書簡である（『木戸幸一関係文書』）。

そのなかで近衛は、「昭和十一年より十二年に亙り、参謀本部石原《いしわら》莞爾《かんじ》が日満財政経済研究会なる宮崎正義《まさよし》をして起案せしめたる生産拡充五個年計画に伴ふ（中略）所謂《いわゆる》革新政策の全貌を最近見る機会を得た」が、これは石原の左遷後、次第に急激化し、明白にソ連と同型の共産主義となったとし、近衛の首相在任中に陸軍が提案した諸政策はその片鱗にすぎないものの、着々と実現し、彼らにとって戦争は革新を実現するための手段で、この思想は満洲事変当時からすでに一部に唱えられ、彼らは敗戦こそが望ましいと考えているに違いない、として、元陸軍次官で当時関東軍司令官の梅津《うめづ》美治郎《よしじろう》や、陸軍で梅津の同郷の後輩池田純久《すみひさ》を最も警戒を要する「革新分子」とした。

殖田俊吉の図式

右の書簡に出てくる「革新案」を近衛に見せて、日中戦争の長期化が共産主義者の仕業だとの結論に達し、これを近衛にも説明したのは、元大蔵官僚の殖田《うえだ》俊吉《しゅんきち》だった（昭和十八年三月二十三日付小林躋造「耄碌志に添ふ」伊藤隆ほか編『海軍大将小林躋造覚書』）。要するに、近衛は、戦争拡大は共産主義者と陸軍の一部による陰謀という殖田の図式を全面的に受け入れて持論としたのである。

社会主義は否定せず

近衛は、昭和十七年九月末に皇道派の小畑《おばた》敏四郎《としろう》に対し、陸海軍大臣を現役に限ったのは失敗だとか、国体問題について非常に憂慮している旨を述べている（『真崎甚三郎日記』5、九月二十七日条）ので、このころからこうした図式を考えはじめていたことがわかる。ただし同年十二月十六日、東久邇宮《ひがしくにのみや》に、「平時なれば、社会政策上、個人の利じゆんを制限せざる可らず、今は戦時中なれば戦争に勝つのが第一目的なり、社会政策は戦後の問題とし、今は個人の若干の利じゆんを認めて、経済産業を大に発展せしめて行きつまれる現状を打開し、以て戦争に勝たざる可らず」と（「東久邇宮日誌」）、社会主義的色彩が色濃いユニークな政策論を述べているので、社会主義全般を否定しているのではなく、敗戦が共産主義革命、すなわち皇室の廃絶を引き起こすことで、弱者救済に必要な国家が崩壊してしまう危険性を心配していたのである。

皇道派政権工作

近衛はこの観点から、昭和十八年二月ごろから吉田茂、岩淵辰雄、殖田俊吉らと、荒木貞夫、真崎甚三郎、小畑敏四郎を中心とする皇道派政権樹立を考えるようになり、海軍出身で前台湾総督の小林躋造《せいぞう》をその首相候補と考え、三月に小林と会談した（伊藤隆『昭和期の政治』）。なお、その際も近衛は、「自分は時局を今日の如くにした事に就いて責任を痛感してる」と政治責任を明確に認めている（「耄碌志に添ふ」）。戦争陰謀説は、近衛の責任の取り方について、自分の失政を挽回する手段としての皇道派政権樹立運動を合理化する論拠となった。昭和十七年十月以降、近衛は吉田茂や大蔵公望《おおくらきんもち》（元満鉄理事）を

宇垣政権工作

中心とする宇垣政権工作に参加したが、昭和十八年春には断念した。その原因としては、木戸内大臣が消極的だったことと、宇垣が統制派の起用もにおわせていたことなどがあると考えられる（『昭和期の政治』、中島康比古「太平洋戦争下の宇垣・真崎提携運動」）。

敗北を予測

昭和十九年二月一日、近衛は、第二次、第三次近衛内閣で首相秘書官を務め、その後も近衛の側近の一人だった細川護貞《もりさだ》に対し、「悲惨なる敗北を実感する」と述べた（『細川日記』上）。細川は、昭和十五年七月に病死した娘温子《よしこ》の夫である。このころ近衛は細川に対し、「軍が投出さずしては、収拾し得ず、その時初めて宮様の内閣を作つて、自分も之に協力する」、つまり東条内閣が倒れたら高松宮内閣を作り、自分も参加すると述べる（同前三月二日条）一方、「せつかく東条がヒットラーと共に世界の憎まれ者になつてゐるのだから、彼に全責任を負はしめる方がよい」のでこのまま東条にやらせる方がよいとも述べていた（同前四月十二日条）。

しかし、細川は、近衛の側近の一人である富田健治と、「近衛公自身の立場を考へても、自ら進んで此の難局に当り一身に怨を引受けても国を救ふの気概なくんば、結局悲惨なる敗戦の折の混乱の場合、不慮の災厄に遇はるゝ如き結果となる」と語り合った（同前四月十三日条）。つまり、二人は、首相在任時の政治責任を清算しなければ、近衛は国民の怨みを集めて敗戦時に殺されかねないとして、近衛が東条内閣倒閣工作の先頭に立つべきだと考えるようになっていたのである。

というのも細川は、「公は三国同盟を結び、此の戦争の因を作りたりと。曰く、公はバドリオなりと。曰く、公は日米交渉を中道にして廃したりと。等々大小幾十の有根無根の誹謗は公に向けられ居る」と、近衛批判の広がりを実感していたのである（同前七月十一日条）。

近衛批判の拡大

さらに六月下旬、富田と細川は、将来、近衛が再び首相になる可能性はあるものの、

其の際は公も従来の如き八方美人（例へば富田氏が一方に交渉してゐるとき、是を非難し、若しくは反対側の者来りて云ふ者あれば、「あれは富田君がやつてるんで」と云ふ如き逃げを打たるゝ態度）ではとても仕事は行はれず、やはり信を置いて、多少の誤りは公自ら引受ける程度の御心がまへに非ざれば、なか〳〵仕事は出来ざるべし。

と話し合っている。側近たちさえ、近衛の行動様式が無責任だとして不信感を抱いていたのである（同前六月二十一日条）。

側近、終戦工作を要請

六月二十六日、近衛は、細川護貞、富田健治、高村《こうむら》正彦（元近衛首相秘書官）に対し、「国民が未だ事態を正確に知らざるを以て、爆撃若《も》しくは本土上陸により、止むを得ずとの見地より方向転換に協力すべし」と述べた。本土が戦場となってはじめて国民が事

態を理解してから終戦に向けて動き出すという終戦構想を示したのである。これに対し三人は、それでは国民の犠牲が増えるだけなので、皇室存続以外は無条件で降伏する内閣を作るべきだと主張した。しかし近衛は、戦争に望みがないことを軍が確認する必要があると、消極的な態度をとった。そこで細川らは、軍も戦争に望みがないと内心は思っているが、それを言い出すだけの勇気と責任感はないと近衛を説得した。その結果、近衛は、天皇から東条首相に対し、戦争が続けられるかどうかを質問させるという三人の案にしぶしぶ同意した（同前六月二十六日条）。しかもこの程度の微温的な案さえ実行された形跡はない。

東条暗殺の意向

七月三日、一高時代以来の友人で、当時伝記執筆を依頼していた作家山本有三に対し、近衛は東条暗殺の意向を洩らした。しかし、山本に声明文の起草を依頼しただけで実行に移すことはなかった（山本有三『濁流』）。

サイパン陥落

昭和十九年一月、東条が従来兼任していた陸相に加えて、参謀総長も兼任して以降、岡田啓介元首相は、重臣を東条内閣倒閣に向けてまとめつつあり、衆議院でもそうした動きが出はじめつつあった（拙著『戦時議会』）。追い風となったのは七月七日のサイパン陥落である。すでに近衛も、「米ではB二九が出来ると遠距離から内地の空襲が出来る」と述べていた（『高木惣吉　日記と情報』下、昭和十八年十二月十日条）ように、米軍の本土空襲の可能性が現実のものとなってきたからである。

倒閣に積極的に動かず

岡田は七月十七日に重臣全員を集めて、昭和天皇に対し暗に内閣更迭を求める意見をまとめ、木戸内大臣経由で伝達したが、近衛はこれに同意したものの、積極的には発言しなかった（『木戸幸一日記』下）。近衛は早くから東条に反感を持ち、敗戦を予期していたにもかかわらず、結局東条内閣倒閣には積極的に動かなかったのである。結局、東条内閣は、重臣や議会有力者たちの工作により、昭和十九年七月十八日に総辞職となった（『戦時議会』）。

近衛の終戦構想は、人は納得しなければ動かないという近衛の信念から出ていることは明白だが、多数の人命がかかった当時の状況において、この信念は側近にさえ理解を得られなかった。ましてや実際の結果を知っている我々からは、到底許容できない考え方である。しかし近衛は結局その考えを変えず、名誉挽回の機会を逸したのである。

重臣会議

七月十八日、後任首相候補選定のための重臣会議が開かれた。近衛は、戦時中なので軍人が適任という若槻礼次郎の意見に賛成した上で、十数年来陸軍の一部に左翼思想があり、現在も軍官民の間で連絡をとって左翼革命を企てる者がおり、皇室や国体は敗戦でも維持できるが革命では維持できないという理由で、「自分は敗戦よりも左翼革命を恐るゝ」とし、この観点から陸軍大臣の人事が重要だと指摘した（『木戸幸一日記』下、七月十八日条)。皇道派の起用を示唆したのである。

小磯国昭内閣成立

しかし話はそういう流れにはならず、陸軍出身の朝鮮総督小磯国昭《こいそくにあき》が浮上した。翌日、近衛は木戸内大臣に対し、平沼騏一郎《きいちろう》も同意しているとして、「真の挙国一致内閣たらしむる為め、小磯・米内の連立内閣としては如何」と提案した。木戸もこれに賛成、翌日、小磯と米内光政《よないみつまさ》の二人に昭和天皇から組閣が指示され(同前七月十九日・二十日条)、米内が海相に就任する形で二十二日に小磯国昭内閣が成立した。

二　近衛上奏文

一撃講和論

内閣が代わって政界の空気も変わったが、即時終戦ではなく、局地的戦闘で一回は日本が勝ち、多少とも有利な条件で講和に持ち込もうという、いわゆる「一撃講和論」(拙著『昭和戦中期の総合国策機関』)が主流で、天皇も同じだった(拙著『昭和天皇』)。近衛も、昭和十九年(一九四四)九月二十六日の岡田啓介、若槻礼次郎、平沼騏一郎との会談で、「出来る限り抗戦し、国際情勢の変化を待ちて転換の策に出でん」という意見で合意していた(『細川日記』下、九月三十日条)。

汪兆銘死去

なお、十一月十日に汪兆銘《おうちょうめい》が名古屋の病院で病死した。その際の追悼談話で、「われ〳〵は汪氏を大東亜建設のため倒れた永遠の同志として、この大理想実現のため邁進せねばならない」と述べたのが、有力メディアにおける、近衛の外交関係の発言の最後となった（「勇気と熱意の人」『朝日新聞』十一月十三日付朝刊）。

昭和天皇退位を主張

しかし、戦局は好転せず、昭和二十年一月六日には、近衛は細川護貞に対し、最悪の場合、昭和天皇は退位し、仁和寺か大覚寺の門跡となって戦没将兵の供養をすべきだと主張し、「僕も勿論其の時は御供する」と述べた（『細川日記』下）。昭和天皇の退位と自身の政界引退を構想していたのである。

近衛はこれより先、昭和十九年三月初めに、外務省関係者の情報分析を根拠に、アメリカは、昭和天皇の責任は問題にするかもしれないが、皇室廃止は考えないはずだとして、皇室を守るには「多少の瑕疵は止むを得ず」と、暗に皇室存続には昭和天皇の退位が必要だという見方を示していた（『細川日記』上、昭和十九年三月三日条）。

「近衛上奏文」

そうしたなか、昭和十九年末から、昭和天皇が重臣の意見を聴く機会を設けるべきだとの議論が重臣周辺や宮中から起こり、翌年二月に実現した（柴田紳一「昭和二十年二月重臣拝謁の経緯と意義」）。近衛の天皇との会見は二月十四日に行なわれた。会見冒頭で近衛が読み上げた長文の意見書は、「近衛上奏文」として有名である（『細川日記』下、昭和二十年三月四日条）。

すなわち、「敗戦は遺憾ながら最早必至」と説き起こし、「最も憂ふべきは、敗戦よりも敗戦に伴うて起ることあるべき共産革命」だと主張した。そして、生活の窮乏、労働者の発言権の増大、英米に対する敵愾心昂揚の反面として親ソ気分、軍部内一味の革新運動、これに便乗する新官僚の運動や、これを背後から操る左翼の活動など、共産革命達成のあらゆる条件が備わりつつあるとした。

共産革命防止のための早期終結

さらに、特に憂慮すべきは軍部内の革新運動だと主張した。すなわち、満洲事変や日中戦争を起こし、これを拡大して遂に太平洋戦争まで導いたのは、これら「軍部一味」の計画によるとした。そして、「此の事は過去十年間、軍部、官僚、右翼、左翼の多方面に亙り交友を有せし不肖が、最近静かに反省して到達したる結論」で、「此の間二度まで組閣の大命を拝したるが、国内の相剋摩擦を避けんが為、出来るだけ是等革新論者の主張を採り入れて、挙国一体の実を挙げんと焦慮せる結果、彼等の主張の背後に潜める意図を十分看取する能はざりし」ことについて、「深く責任を感ずる」と、自己の政治責任を認めた。その上で、「国体護持」の立場から、共産革命防止のため、早期終戦と軍部の粛正を天皇に求めた。

昭和天皇同意せず

このあとの質疑応答で、軍部の粛正について、天皇が具体案を近衛に尋ねたものの、近衛がそれを示さなかったため、天皇は消極的態度を示した（『木戸幸一関係文書』）。近衛が梅津美治郎などの更迭を求めなかったのは不思議だが、「梅津は〔中略〕御上に於かせられても御信任深しと承はる」と（前掲二一四頁の昭和十八年元旦の木戸あて書簡）、昭和天皇が梅津を信任していることを近衛も知っていたことぐらいしかその理由は見当たらない。さらに質疑応答のなかで、昭和天皇は早期終戦についても、「もう一度戦果を挙げてから」と、なお一撃講和論を主張した。近衛の意見は、昭和天皇の同意を得られなかったのである。

皇道派政権工作の一環

近衛の、梅津らが共産主義者だという考え方は誤りで、当時の史料を見ても、近衛やその周辺（真崎甚三郎、岩淵辰雄ら）を除き、梅津美治郎を共産主義者とみなす動きはない。むしろ梅津は昭和十九年七月の参謀総長就任以後、杉山元《はじめ》陸相とともに、主戦派（ほぼイコールで東条派）を陸軍中央から排除しつつあった（山本智之『日本陸軍戦争終結過程の研究』）。多方面から情報を得ていた近衛がこうした状況を知らないとは考えられない。したがって、この「近衛上奏文」は、事実を指摘したというより、伊藤隆氏が指摘するように（『昭和期の政治』）、皇道派政権実現工作の一環なのである。

小磯内閣から鈴木内閣へ

昭和二十年四月五日、対中和平工作（繆斌《みょうひん》工作）の失敗を直接の原因として、小磯内閣が総辞職し、さっそく後任選びのための重臣会議が開かれた。会議の主導権は平沼騏一郎が握り、退役軍人で「今迄の行がゝりのなき人、信頼のおける人」という話になったところで、突如鈴木貫太郎枢密院議長が近衛を推したが、軍人がよいということで鈴木が候補となった（『木戸幸一日記』下）。六日、鈴木は近衛に入閣を求めたが、政見が違うという理由で謝絶し（『細川日記』下、四月九日条）、七日に鈴木貫太郎内閣が成立した。重臣中でほかに皇道派政権論者はおらず、多勢に無勢だったのである。

吉田茂ら逮捕

その直後の四月十五日、当時近衛周辺で皇道派政権工作にかかわっていた吉田茂、岩淵辰雄、殖田俊吉が「近衛上奏文」を流布した疑いで憲兵隊に逮捕された。三人とも五月三十日に釈放された（大谷敬二郎『新装版　昭和憲兵史』）。近衛が五月五日に木戸幸一に抗議し、木戸はそのことを阿南《あなみ》惟幾《これちか》陸相に伝えているので（『高木惣吉　日記と情報』下、五月十三日条）、その効果があったものと考えられる。

昭和天皇、早期終戦論に転換

昭和天皇は、木戸の説得やドイツの降伏確実（五月七日降伏）、沖縄戦の敗勢などから、五月初めには皇室存続以外は無条件での早期終戦論に転換した（拙著『昭和天皇』）。六月八日、木戸は昭和天皇の判断（「聖断」）によるという形の終戦方策案をまとめたが、そのなかに「天皇陛下の御親書を奉じて仲介国と交渉す」とあり、六月二十二日の最高戦争指導会議構成員（首相、外相、陸相、海相、参謀総長、軍令部総長）会合に昭和天皇が出席して早期終戦を指示、七月七日に昭和天皇は鈴木首相に対し、和平交渉のための特使をソ連に派遣するように指示した（以上、『木戸幸一日記』下）。ソ連は四月五日に日ソ中立条約不延長を日本に通告していたが、この条約の期間は五年間であり、まだ有効期間内だったので、連合国との和平の仲介役として期待されたのである。

近衛遣ソ構想

東郷茂徳《しげのり》外相の戦後の回想によれば、七月八日、東郷は軽井沢に近衛を訪ね、訪ソ特使を依頼した。近衛は天皇の命であれば引受ける旨を答えたという（江藤淳監修『終戦工作の記録』下）。東郷が八日に近衛を訪問したことは確実（『高木惣吉　日記と情報』下、七月十二日条）なので、回想も事実と考えられる。東郷が近衛を選んだ理由は、「ソ連にも米国にもどちらにも行ける人であること、反軍部以外のところから出たことが判然とすること、世界的に知名であることとの必要」であった（同前七月十日条）。

近衛人選の理由

ソ連にも米国にも行ける、というのは、社会主義に理解があって渡米経験もあることが、反軍部以外というのは近衛が本来は親軍派であることが、世界的な知名度というのは、近衛は欧米経験があり、かつアメリカの新聞雑誌に頻繁に登場していたことをさしていると考えられる。つまり、東郷茂徳が近衛を特使に選んだ理由は、日本のソ連への和平仲介依頼を契機に、米英が日本に直接交渉を持ちかけてくる可能性があり、その場合にも対応できるためだった、という吉見直人氏の考察が適切である（吉見直人『終戦史』）。

天皇から依頼

七月十二日、鈴木首相の助言により、天皇は訪ソ特使を命ずべく近衛を招いた。まず天皇が近衛に戦局の見透しを尋ねると、近衛は、最近陸軍からたびたび戦争遂行が可能だという説明を受けたが、海軍の説明をふまえると信用できないとし、さらに、「民心は必しも昂揚せられあらず、お上におすがりして何とかならぬものかとの気持横溢し居り、又、お上をおうらみ申すと云ふが如き言説すら散見する」と云う理由で、早期の戦争終結が必要であると答えた。そこで天皇が訪ソ特使を依頼すると、近衛は、第二次近衛内閣の時に昭和天皇から苦楽を共にせよと言われたことにふれつつ、「こう云ふ際故、御命令とあらば身命を賭して致します」と受諾した（『木戸幸一日記』下）。この日、東郷外相は佐藤尚武《なおたけ》駐ソ大使あてに、天皇が、無条件降伏以外の即時和平を希望して、近衛特使を派遣したいと希望していることを、ソ連政府に伝えるよう指示した（『終戦史』）。

交渉の具体案

近衛は交渉の具体案について、外務省側に「窮屈なものは困る」と述べていた（『細川日記』下、七月十九日条）が、皇室存続以外はほぼ無条件に近いものになることは必至だった。また、随員は細川護貞や富田健治ら近衛の側近の他、外務、陸軍、海軍各省の実務担当者が予定されていた（同前）。しかし、七月二十日、近衛特使の使命が不明なので受け入れの諾否は回答不能、という十八日付のソ連政府の返事が到着した（『終戦工作の記録』下）。そこへ、二十六日、日本に無条件降伏を求める米英中によるポツダム宣言が発表された。ソ連は秘密裏にポツダム会談に参加し、対日参戦を決めていたのである。対米英有条件降伏を目ざしていた東郷茂徳の和平工作はここに破たんし、近衛訪ソ構想も雲散霧消となった。

原爆投下

八月八日、広島への新型爆弾投下（六日の原爆投下）によって戦争が早期に終結するかもしれない旨を細川と語り合った近衛は、九日、細川からソ連参戦の報を聞き、「天佑であるかも知れん」と述べた（『細川日記』下）。ソ連はこの時からポツダム宣言に参加した。

「聖断」に同意

十日未明の御前会議で、皇室存続のみを条件とする降伏が天皇の決断、すなわち「聖断」の形で決定された（拙著『昭和天皇』、日付は「昭和天皇実録」）。十日午後、意見聴取のための重臣会議が開かれ、近衛も参加、東条を除く全員が御前会議の決定を支持した（『細川日記』下、同日条）。

事実上、皇室存続を認めるいわゆるバーンズ回答を知った近衛は、十三日、滞在先の湯河原から自動車で上京した。その途中では三回にわたって機銃掃射を受け、退避した（『細川日記』下、同日条）。近衛にとって最も危険な体験だったことになる。十四日、近衛は、「此の際形式と文字に拘泥せず、大局より国家を救ふ」べきという鈴木首相あての書簡を首相秘書官に渡したが、すでに二度目の「聖断」の御前会議中であった（同前、同日条）。

緩慢な近衛の動き

結局、戦争収拾に向けての近衛の動きははなはだ緩慢であった。ソ連参戦を「天佑」というのは、これによってようやく終戦に持ち込めるという意味であり、太平洋戦争開戦後、早くから悲惨な敗戦を予感しながら、側近にも批判されるほどに消極的な行動に終始した。

この戦争での日本人の犠牲は軍人軍属が二三〇万人、民間人で八〇万人、日本の戦域となった各地域の犠牲者は一九〇〇万人と見積もられている（吉田裕『アジア・太平洋戦争』）。近衛の緩慢な動きは、人は納得しなければ動かないという近衛の信念からすれば不思議ではないが、戦争を続ければ大きな犠牲を出して敗北することは近衛自身もわかっており、実際そうなった以上、肯定的に評価することは到底できない。しかも、戦争がここまで拡大した要因をつきつめれば、近衛が、有力政治家として欧米中心の国際秩序からの離脱を提唱し、それを推進したことに行きつくのである。

三　憲法改正に従事

東久邇内閣に入閣

さて、終戦を告げる天皇のラジオ放送（玉音放送）が流れた昭和二十年（一九四五）八月十五日、鈴木貫太郎内閣は敗戦の責任を取って総辞職した。後任首相について、木戸幸一と平沼騏一郎枢密院議長だけの相談で東久邇宮稔彦王《ひがしくにのみやなるひこおう》を首班とし、援助のため近衛も入閣させることで合意、昭和天皇もこれを承諾、十六日から赤坂離宮を組閣本部として東久邇宮と近衛を中心として組閣作業が始まり、十七日に東久邇内閣が成立した。近衛は

東久邇内閣記念写真（近衛文麿は２列目右）

無任所相として入閣した（『細川日記』下）。日本初の皇族首相の誕生の意味が、敗戦に伴う混乱の防止あるいは収拾、つまり敗戦処理に皇族という権威が必要とみなされたためであることは、すでによく知られている。

近衛の入閣も、木戸と平沼の協議の経緯や、新聞が「副総理格」と評したこと（「近衛公の役割に期待」『朝日新聞』八月十八日付朝刊）からうかがえるように、皇族首相を戴く内閣の副総理格として十分な出自と爵位、三度首相を務め、政界・軍部・官界・民間に幅広い交友関係を持ち、戦中も何度となく擁立説があったという政治的経歴が評価され、内閣のまとめ役を期待されたためであることは疑いない。

しかし、東久邇内閣は、詳細な人事分析は省略するが、従来の内閣と同じく、各勢力の寄せ集め内閣で、近衛の関係者では十九日に小畑敏四郎が無任所相として入閣したのみである。小畑の入閣理由は新聞にも関係者の日記にも出ていないが、小畑はのちに陸軍中央の若手主戦派将校の暴発防止のためであったと回想している（住本利男『占領秘録』）。他に手がかりがないので、とりあえずこれを認めるほかない。

新党党首の打診

一方、敗戦によって政党復活の気運が生まれ、近衛にも新党党首出馬の打診が相次いでいた（『細川日記』下、八月二十八日条）。しかし、近衛自身は木戸と「余等の責任問題」を論じる（『木戸幸一日記』下、八月三十日条）など、戦争に関する自己の責任を自覚しており、九月初めにはすでに内閣退陣の時機を探っていた（『細川日記』下、九月三日条）。九月十七日には、近衛は閣僚をすべて代議士に更迭すること、つまり事実上の内閣交代を木戸に提案さえしている。ただし、この段階では、大幅な更迭を行なうには占領軍の意向を確かめる必要があるということで、とりあえず十七日付で外相を重光から吉田茂に更迭するにとどまった（『木戸幸一日記』下）。岩淵辰雄によれば、更迭理由は日本の民主化を進めるためで、岩淵らが近衛を説得して進めさせた人事だという（『占領秘録』）。

更迭直後、重光は自分の更迭に憤慨して、「近公等は何れも政府の実権を擁して戦争責任回避の工作を進めん」とし、「近公に対しては副総理として度々其の挺身を勧説し、過去の責任を解除し得る好機会となることをも説きたるも、一般の人気を気にし言を左右に託して応ぜず」と記した(伊藤隆ほか編『続 重光葵手記』九月二十日条)。しかしこれは誤解で、先にも述べたように、近衛自身、退陣の時機を探っていたのである。近衛は二十九日にも高木惣吉内閣副書記官長に早期退陣論を述べている(『高木惣吉 日記と情報』下)。

マッカーサーとの会見

こうしたなか、九月十三日、近衛は占領軍の総司令官であるマッカーサーを総司令部に訪れ、会見した。ただし、通訳の拙劣さもあり、米軍は日本の軍閥の外形を破壊したので近衛らがその内実を破壊すべきだ、というマッカーサーの演説を聴くだけだった。

実現の経緯

この会見実現の経緯には諸説ある。近衛の側近細川護貞の日記には、占領軍の一部をなすアメリカ陸軍第八軍の司令官アイケルバーガーと懇意だった原口初太郎の仲介によるとある(以上、『細川日記』九月十四日条)。アメリカ出身の建築家、社会事業家として有名なヴォーリズの日記(奥村直彦『ヴォーリズ評伝』収録)によれば、九月六日に井川忠雄が作成した天皇詔勅案をマッカーサーに伝達するために、近衛にマッカーサーとの会見を要請し、会見実現のためにヴォーリズが占領軍の知人に仲介を依頼した。さらに岩淵辰雄は、マッカーサーに日本の事情を説明させるために、岩淵と小畑敏四郎が近衛に会見を勧めたと後年に回想している(「座談会 憲法は二週間で出来たか?」『改造』一九五二年増刊号)。これらの動きが重なった結果、会見が実現したと考えるほかはない。

近衛批判の新聞社説

近衛は、マッカーサーに時局収拾への乗り出しを勧められた形となったが、その直後から世論の近衛批判が表面化した。九月二十一日付『朝日新聞』朝刊の社説「重臣責任論」は、

長く険しい支那事変の迷路に日支両国を引摺り込んだ結果、東亜分裂の悲劇を演出し〔中略〕急遽、三国同盟の出現に拍車し〔中略〕東条軍事内閣の成立を不可避ならしめ〔中略〕不誠意、不熱心、怯懦《きようだ》なるの余り、その支那問題解決の絶好の機会を逸せしめ〔中略〕「蔣介石を相手にせず」などと同胞国民をして顔を赫らめさせるやうな暴言を政府の名において公表した責任は何処に帰せられるべきであるか。

として、軍人がすでに責任をとった以上、重臣を含む「上層吏僚の引責こそ、新日本建設の第二礎石」と論じた。明らかに近衛の戦争責任を問い、近衛に政界引退を求めている。日中戦争の拡大長期化についての近衛の責任を問う声は日中戦争期からあったが、三国同盟や東条内閣成立についても近衛の責任が表立って問われはじめたのである。

細川は、この社説を、首相秘書官太田照彦による、近衛を東久邇内閣から排除するための策謀だとしている（『細川日記』下、九月二十三日条）。しかし、風見章さえ九月二十三日付の有馬頼寧《よりやす》あて書簡で「満洲事変以来の指導責任者の責は外から問はれず内から問は

れるべし〔問われるはずだ〕」と書いている（国立国会図書館憲政資料室蔵「有馬頼寧関係文書」）。

近衛の責任の重大性

日中戦争や三国同盟についての近衛の政治責任の重大さは、本書ですでに明らかにした通りであり、東条内閣成立についても、近衛が積極的にそれを望んだわけではないが、第三次近衛内閣の退陣によって、そうした可能性に道を開いた結果責任を近衛に問うことは、不可能ではない。それに、三次にわたる近衛内閣が陸軍の支持を重要な権力基盤としていたことは、当時から自明だった。その陸軍が責任を取らされているのに近衛が健在であることは、たしかに矛盾である。

二度目の会見

十月四日、近衛はマッカーサーと二度目の会見を行なった。吉田外相がマッカーサーとの会見の際に、共産主義運動の危険性を説き、近衛の話を聞くべきだと勧めたためである（『続　重光葵手記』十月十八日条）。会見で近衛は、軍閥や国家主義勢力を助長したのは共産主義者であると持論を述べた上で、日本を、共産化を防ぎつつ建設的な「デモクラシー」国家にするには軍閥の排除は必要だが、「封建的勢力及財閥」は残し、漸進的方法により「デモクラシー」の建設に向うべきだと主張した。近衛は、日本の共産主義化を防ぎつつ民主主義化を進めるためには旧勢力の温存が必要だ、と主張したのである。

マッカーサーはこれに対し、「有益であり且参考となる」話だとしながらも、「日本の輿論は一面には軍閥一面には封建的勢力及財閥の為抑圧せられて来た」と近衛の主張を無条件には認めない意向を示した。その上でマッカーサーは、憲法改正と選挙権の拡張（女性参政権の実現）が必要だとし、さらに、日本側の改憲への対応が遅ければ占領軍が改憲に乗り出す意向を示唆した。

改憲の先頭に立つことを勧められる

これに対し近衛は、「今後は元帥の激励と助言とに依り国家の為出来得る限り御奉公し度い」と、占領軍の意向に従う意向を示した。これに対しマッカーサーは、

公は所謂封建的勢力の出身ではあるが「コスモポリタン」で世界の事情にも通じて居られる、又公は未だ御若い、敢然として指導の陣頭に立たれよ、若し公が其の回りに自由主義的分子を糾合して憲法改正に関する提案を天下に公表せらるるならば議会も之に従《っ》いて来ることと思ふ。

と、近衛に改憲案の立案とその実現の先頭に立つよう激励し、近衛が、今後定期的な会談を求めるとこれを了承した（「近衛国務相、「マックアーサー」元帥会談録」国立国会図書館電子展示会「日本国憲法の誕生」）。マッカーサーは、事実上、近衛に改憲や日本民主化の先頭に立つことを認めたのである。

マッカーサーとの会見回数

なお、公刊されている『東久邇日記』と占領軍の報告書を論拠に、九月十三日の会見とこの会見との間（九月十九日から二十四日の間）にもう一回近衛・マッカーサー会談があり、近衛はそこで改憲を示唆されたという説がある（原秀成『日本国憲法制定の系譜』第三巻）。し

かし、『東久邇日記』は後年書かれたもので、東久邇宮が当時つけていた未公刊の日記（「東久邇宮日誌」）とは記事にかなりの相違がある。「東久邇宮日誌」の記述を見る限り、近衛が九月後半にもマッカーサーに会見したことを示す記事はない。しかもその説では、なぜ再度十月四日に会見したのか、なぜ十月八日以後に近衛の改憲作業が始まるのかが説明できない。したがって、近衛・マッカーサー会談はやはり二回だったと判断できる。

幣原喜重郎内閣の成立

十月四日、占領軍は内閣に山崎巌《いわお》内相の罷免を要求、東久邇内閣はこれを理由に五日に総辞職した。小畑国務相は近衛に後任首相になるよう説得したが、近衛は、「出ると風当たりが強いし、この嵐の通りすぎるのを待とう」（『占領秘録』）と、自分への世論の批判の高まりをふまえて拒否した。木戸は平沼騏一郎枢密院議長と協議し、「米国側に反感のなき者、戦争責任者たるの疑なき者、外交に通暁せる者」として幣原《しではら》喜《き》重郎《じゅうろう》元外相を昭和天皇に推薦、昭和天皇は六日に幣原に組閣を指示し（『木戸幸一日記』下、十月五日・六日条）、九日に幣原喜重郎内閣が誕生した。組閣最中の八日、近衛は木戸に対し憲法改正の緊急性を説いた（『細川日記』下）。近衛はマッカーサーの勧めに応じ、事態収拾の先頭に立つ前提として、自己の戦争責任を清算するために、次期首相就任を拒否して、改憲作業に携わる決意を固めたのである。

改憲作業に乗り出す

その夜、近衛は、国際法学者の高木八尺《やさか》東京帝大法学部教授、側近の牛場友彦、松本

宮内省御用掛

重治《しげはる》とともに、マッカーサーの政治顧問アチソンを訪ね、アチソンの改憲私案を聞いた。衆議院の権限確立と貴族院の無力化、議院内閣制、枢密院の廃止、事実上の軍部大臣文官制、人権についての例外規定の削除、改憲手続の民主化（国民の参加）がその主な内容だった。九日、近衛は細川護貞を京都に派遣し、憲法学者佐々木惣一《そういち》に改憲案作成助力のために上京を促した（『細川日記』下）。かつて新体制運動違憲論を唱えた（一八四〜五頁参照）佐々木を近衛が招いた理由については、旧知の間柄だったから（松尾尊兊「敗戦前後の佐々木惣一」）という程度しかわからない。

同じ九日、木戸は幣原首相に改憲の緊急性を説いた。しかし幣原が改憲に否定的だったため、木戸は近衛に調査させるよう、昭和天皇に進言した。昭和天皇、石渡《いしわた》荘太郎《そうたろう》宮内大臣、平沼枢密院議長の同意を得た木戸は、手続きの簡単な宮内省御用掛として、近衛を改憲調査に従事させる意向を固めた。十一日、昭和天皇は近衛を招き、「ポツダム宣言の受諾に伴ひ大日本帝国憲法改正の要否、若し要ありとすれば其の範囲如何」の調査を指示した（『木戸幸一日記』下、十月九日〜十一日条）。この間、近衛は、東久邇内閣の閣僚就任で一時失っていた総理大臣前官礼遇の復活を「感ずるところあつて」辞退した（「近衛公前官礼遇を拝辞」『読売新聞』十月十日付朝刊）。近衛批判の世論を意識していたためであることはまちがいない。一方、佐々木は十二日に上京し、近衛とともに改正案の作成作業に入ることとなった(「帝国憲法の改正」『朝日新聞』十月十三日付朝刊)。

NBC特派員と会見

この日、近衛はアメリカの有力ラジオ局の一つであるNBCの特派員と会見し、立案方針を明らかにした。その内容はラジオでアメリカに放送され、十月十四日付の『朝日新聞』朝刊で報じられた(「憲法改正においては　内閣・議会にのみ責任」)。近衛は改正が天皇の発意であり、内閣が議会に対して責任を持つ、天皇大権は大幅に減らすとした上で、改憲に伴い天皇は退位を強いられるのではないかという質問に対しては「陛下はこの問題について重大な御関心を払つてをられる」と微妙な返答をした。

改憲従事への批判

近衛の改憲案作成が報じられると、これに対する批判も現れた。最初は十六日付『毎日新聞』朝刊における、憲法学者宮沢俊義《としよし》や政治学者蠟山政道《ろうやままさみち》らによる、改憲作業は政府の責任においてなされるべきという、形式論的な批判であった(『日本国憲法制定の系譜』第三巻)。ついで、近衛を不適任とする批判である。十八日付『朝日新聞』朝刊の社説「旧態依然たり」は、「憲法改正研究班」を内大臣府に設け、近衛が御用掛に就任したことについて、「国民は少くも両公侯において開戦と敗戦の共同責任者を見出してゐる」と論じた。内大臣府の改憲調査は近衛と木戸の責任回避工作ではないかと批判したのである。

本人たちの主観的意図はともかく、重大な政治責任を有する人々が権力的行為を続けるには、世論を納得させるに足る理由がなければならなかった。しかし、近衛も木戸もそのための弁明をしていない。マッカーサーが近衛たちの動きを支持してくれているという事実以外に、近衛は自分の作業の正当性を主張できなかったのである。

近衛の会見

同じ十八日付『朝日新聞』には近衛の会見記事があり、内大臣府が検討することへの批判については天皇の参考となるような調査研究だから問題ないとし、天皇退位についての十二日の発言の真意を聞かれると、米国世論の動向に関心を持っているという意味だとし、さらに、華族の政治的特権については、「華族は国民の床の間の飾りのやうなもの」だが、「近来床の間から妙なものが出て世間を騒がせた、しかし政治的特権が廃止されゝば床の間も風雅なものになるだらう、床の間に居れない者は国民の中に飛び出せばよい」と述べた。近衛がすでに栄爵拝辞のための文案を竹越与三郎《たけこしよさぶろう》に依頼していたこと（『真崎甚三郎日記』6、十月十六日条）を考えると、「妙なもの」とは近衛自身のことであり、自身の政治責任も視野に入れつつ貴族院を廃止し、自分は爵位を返上して政界で活動する意向をもっていたことがわかる。

栄爵拝辞を決意

十月二十四日、近衛は「大東亜戦争勃発に至るまでの自己の政治的責任を痛感して」栄爵拝辞を木戸に申し出たが、木戸は改憲調査終了まで保留するとし、近衛もこれを受け入れた（「近衛公　栄誉拝辞を決意」『朝日新聞』十月二十六日付朝刊）。その結果、十二月十六日の自殺まで公爵にとどまることとなった。なお、爵位返上については、岩淵辰雄は自分の勧めによるものと回想している（住本利男『占領秘録』）。しかし、すでにみたように、近衛は第三次内閣退陣直後から折にふれて爵位返上を考えていたので、自発的な意思によると考えられる。

AP特派員と会見

近衛は、NBCにつづいてAP特派員とも会見し、その内容は二十三日付『ニューヨーク・タイムズ』に掲載された（『日本国憲法制定の系譜』第三巻）。この会見は二十三日『朝日新聞』朝刊にも掲載されたが、改憲に関与するに至った経緯を明らかにし（内容はここまで述べてきたことと同じ）、改憲案は十一月中に天皇に提出する予定であるとし、さらに今後の政治活動について、「自分は古い政党をあるものを背景にした新政党の総裁になるやうにとの話を受けたが、回答を断つてゐる、自分の将来の政治的活動については自分でもきまつてゐない」と述べた（「近衛公、憲法改正を語る」）。

新党構想

旧政党を背景とした近衛新党構想については、旧政友会の中島知久平《ちくへい》を中心とする一派の動き、旧政友会の金光庸夫《かねみつつねお》を中心とする一派の動きが報じられていた（「旧日政派二分せん」『毎日新聞』十月十六日付朝刊、「旧日政分裂」『読売新聞』同日付朝刊）。近衛はこれらに対し即答せず、対応を考慮していたのである。

木舎幾三郎《きやいくさぶろう》の回想によれば、九月に入り、近衛は木舎に対し、新党運動乗出しの可能性が近く来るので、自分の陣営を堅めておきたいとして、数十名のリストを示して集めることを依頼した。木舎は後藤隆之助《りゅうのすけ》、細川護貞、風見章らに連絡したという。しかし、手紙の遅延や不着、近衛自身が体調不良で軽井沢から帰れなかったことから、十月十五日に予定された会合は実施できなかった。それでも木舎が近衛に蹶起《けっき》を促すと、近衛は「例の戦犯の問題」があり、「支那事変の責任が、うるさい問題となつている」と述べ、うやむやになったという（木舎幾三郎『近衛公秘聞』）。つまり、近衛は、新党運動乗り出しについて、側近たちの意見を聞く機会を作ろうとしたが実現せず、戦争責任問題を気にして消極的となったというのである。この木舎の回想は先にふれた十月二十三日付新聞掲載の会見での発言と符合するので、ほぼ事実と判断できる。

新党運動活発化

一方で、十月二十四日に栄爵拝辞を申し出たことは、「同公を総裁に推戴せんとする旧日政会の金光氏一派は同公が一野人として爾後わが政界の指導的役割を演ずる好機到来と観測し同公を中心とする活発な政治活動の展開を期待してゐる」（「近衛公栄爵を拝辞」『読売新聞』十月二十六日付朝刊）という報道にあるように、近衛新党運動を活発化させる結果をもたらしそうな形勢となった。近衛自身が次期総選挙に京都府の選挙区から出馬するという観測記事さえあらわれた（「総選挙に出馬か」同紙十一月一日付朝刊）。

近衛の対外政策は敗戦によって破綻したが、近衛は目的を日本再建に変更した上で、改めて国論統一のために尽力するという形で敗戦責任をとろうとしたのである。しかし、一連の戦争によるあまりに大きい犠牲に対する内外の人々の怒りは、これを許さなかった。

四　戦犯指名

アメリカでも近衛批判顕在化

このころ、アメリカでも近衛批判が顕在化した。近衛が昭和二十年（一九四五）十月二十三日付の会見記事（前出）で、天皇不可侵や天皇大権存続の意向を示したことなどが非民主的と判断されたためだった。二十三日の極東委員会（対日政策を検討するアメリカ政府の組織）において、改憲を戦前戦中の指導者に担わせるのは適切でないという議論が出たのをうける形で、評論家ピアソンは、二十四日付『ワシントンポスト』掲載の時評欄「ワシントンの回転木馬」において、近衛は軍部に反対しなかったので、改憲担当者として近衛は「最悪の男」だと批判した。

さらに、二十六日付『ニューヨーク・タイムズ』への中国研究家ペッファーの投書「日本にみられる誤った動き」でも、近衛は日中戦争勃発時の首相だったので、近衛を「日本の将来の設計者に任命すること」は、日本の降伏以降の極東では最も危険なことだと批判した。二十八日付同紙社説「日本の憲法」も、「せいぜい偽自由主義者にすぎない近衛公爵」が改憲に従事することを批判し、三十一日付『ニューヨーク・ヘラルド・トリビューン』の社説も、近衛を改憲に従事させるマッカーサーの判断は民主化に逆行すると批判した（以上、原秀成『日本国憲法制定の系譜』第三巻、一部は拙訳）。

日本でも批判拡大

日本でも、近衛批判はさらに拡大した。『読売新聞』十月二十六日付朝刊の社説「近衛公とその責任」は、近衛について、「日本を今日の状態に陥れた重大なる責任者として批評の対象となつてゐることを自身自ら承知しつゝ、なほかつ平然として或は終戦後における重大時局担当の一人となり、或は宮中奉仕の重責に任じ」ているだけでなく、日中戦争勃発、新体制運動、三国同盟締結、太平洋戦争開戦を必然化したのに、一切の責任を軍部に転嫁していると批判した。近衛は戦争責任があるので改憲作業には不適任だと指摘したのである。本書で見てきた経緯をふまえると、納得できる批判である。

斎藤隆夫の批判

斎藤隆夫も、十一月五日付『読売新聞』朝刊掲載の論説「悪や無策の連鎖　平然たる官僚群」で、近衛について、「支那事変の創作、汪政府樹立、三国同盟締結、これはみな彼がやつたことで、敗戦日本の今日を招いた主因」であり、近衛が作った大政翼賛会は、国民の「血税貯金」をしぼりあげ、国民の言論を封じたのに、「いま憲法改正をやつてをる、爵位返上など、いふゼスチユアをやつてみせる、敗戦責任などどこ吹く風だ」とし、近衛の責任を追及してはじめて日本に民主政治を実現できると論じた。少なくとも結果論的には、斎藤の議論は的確なものといわざるをえない。そして、近衛の栄爵拝辞は、世論においては政界復帰の手段としてとらえられていたことがこの二つの論説からもわかる。

ノーマンの覚書

戦前に東京帝大に留学して日本近代史を学んだカナダの外交官で、当時占領軍の一員であったハーバート・ノーマンが、近衛の戦犯指定に決定的な役割を果たした文書「戦争責任に関する覚書」を書いたのは、まさにこの十一月五日であった。ノーマンは、「一九四〇年から四一年にかけて総理大臣として政党の存在は天皇制と相容れないと信じることのできた人間がいまや、改正憲法起草者を自ら買って出ている」と近衛のかつての主張と改憲作業の矛盾を指摘した上で、「かれの圧倒的な重大責任は、第一に、アジア本土に対する日本の侵略のテンポを速めたこと、中国に対する戦争を継続したこと、日本を枢軸に加盟させたこと、日本国内で警察の弾圧を強化したのをはじめ、ファシスト支配の過程を促進したこと」なので、戦争犯罪人にあたると結論づけた。

その上で、近衛の人格について、「淫蕩なくせに陰気くさく、人民を恐れ軽蔑さえしながら世間からやんやの喝采を浴びることをむやみに欲しがる近衛は、病的に自己中心で虚栄心が強」く、マッカーサーに対し「自分が現状勢において不可欠の人間であるようにほのめかすことで逃げ道を求めようとしているのは我慢がならない」と、感情的な非難まで行ない、最後に「かれが何らか重要な地位を占めることを許されるかぎり、潜在的に可能な自由主義的、民主主義的運動を阻止し挫折させてしまう」と強調した（大窪愿二訳『ハーバート・ノーマン全集』第二巻）。

ノーマンの覚書の評価

このノーマンの覚書について、近衛を陥れようとする左翼、あるいは木戸幸一の策謀の成果とする見解もあるが、それが全く誤りであることは、ここまでの本書の叙述で明らかである。日中戦争、新体制運動、三国同盟、日米交渉に関する首相としての近衛の政治責任はその当時から指摘され、敗戦後も再燃し、近衛の政界復帰は納得できないという論調は、日米両国で高まりつつあった。文章中に感情的な部分があるとはいえ、ノーマンは、近衛の首相時代の治績という歴史的事実と、それに対する当時の日米両国の世論における評価をふまえて、戦犯指定という判断を下したのであって、これは客観的裏付けを持った説得力の高い主張といえる。十一月十五日、占領軍は近衛を戦犯とする方針を決定、本国の許可を求める作業に入った（同前、大窪愿二の解説）。

戦略爆撃調査団の訊問

なお、近衛は十一月九日に戦略爆撃調査団に呼び出されて、首相在任時の外交の経緯について訊問された（「Interrogation of Prince Konoye」国立国会図書館デジタルコレクション「米国戦略爆撃調査団文書」所収）。その際、昭和十三年十二月二十二日の第三次近衛声明について、

「あれは精神的な声明であり、もしきちんと理解されていれば、汪兆銘との円滑な合意の基礎になったばかりか、蔣介石との統一の基礎にもなった」と（工藤美代子『われ巣鴨に出頭せず』）、この段階においても東亜新秩序構想の正当性を主張したことは注目される。ただし、訊問の目的は戦争経緯の調査なので、近衛の戦犯指定とは無関係である。

改憲案を提出

十一月二十二日、近衛は昭和天皇と会見し、改憲私案を提出した（『木戸幸一日記』下）。その内容は、貴族院は選挙制による特議院に改組し、統帥権の独立は廃止して軍事も国務とし、天皇大権は形式上残すものの、原則として帝国議会の協賛を必要とし、議会の召集が間に合わない場合は両院議員による憲法事項審議会の協賛を必要とし、国務大臣は天皇に加え議会にも責任を問われるとし、首相の権限を強化し、枢密院は廃止するとした（憲法調査会事務局編刊『帝国憲法改正諸案及び関係文書（六）（増補版）』）。近衛案は実質的に国民主権、議院内閣制をとっている。満洲事変以降、新体制運動期までの近衛の主張と大きく異なっているだけでなく、貴族院を事実上否定した点で満洲事変以前の近衛の主張とも大きく異なっており、占領軍の意向に最大限従った内容といえる。

佐々木惣一との共同作業

なお、この近衛私案の作成は佐々木惣一との共同作業の成果であり、内容的には佐々木案の要約に相当することが明らかになっている（松尾尊兊「敗戦前後の佐々木惣一」、廣田直美「内大臣府の憲法調査」）。

幣原内閣は別途改憲案を検討しはじめていたため、近衛案の内容は一部が報道されただけで闇に葬り去られてしまった。しかし、近衛私案作成をめぐる一連の論争は、自主的な民主憲法立案の動きを誘発し、それらの内容はかなりの程度日本国憲法に採り入れられていった（原秀成『日本国憲法制定の系譜』第三巻）。近衛の改憲作業は結果的に国内における改憲の動きを誘発する役割を果たしたのである。

新党運動再燃

当面の課題が達成されたため、近衛は二十七日、「歴閣各《おのおの》尽瘁《じんすい》する所ありと雖《いえども》国勢陵夷《りょうい》遂に千古拭《ぬぐ》ふ可らざるの汚辱に沈淪せり」、つまり、首相在任時に戦争の収拾に失敗し、敗戦を招いた責任を取るという理由で、正式に栄爵拝辞を天皇に出願した（矢部貞治『近衛文麿』下）。そして、金光らの新党運動も再燃し（『高木惣吉　日記と情報』下、十一月十三日条）、富田健治や細川護貞ら側近たちは近衛新党を進めようとしたが、近衛は消極的で、「僕自身はどうでもよい。お役に立てば、敢て批難攻撃も恐れない」とはいうものの、細川は出馬の可能性を二割とみていた（『細川日記』下、十一月十四日条）。

斎藤隆夫の議会演説

しかも十一月二十八日、第八九回帝国議会の衆議院本会議で、斎藤隆夫が幣原首相への質問演説のなかで、「支那事変がなければ大東亜戦争はない」ので、「此の戦争を惹起した所の根本責任は近衛公爵と東条大将」にあるとし、近衛内閣が結んだ「三国同盟が大東亜戦争を導いたと云ふことは隠れもない事実」であり、「近衛公の戦争に対する責任は実に看過すべからざるものがある」と批判した。

十二月一日付『読売新聞』の社説「戦争責任の究明に徹せよ」は、この斎藤発言について、「先づ第一に近衛公の責任を追及したことはわれ等国民の総意を極めて端的に表示したもの」と支持し、近衛の栄爵拝辞についても「政治的躍進の下心」だと批判した。近衛批判が拡大しつづけたことは、これと前後して池田成彬や山本有三が、世論を配慮して、近衛の自重を側近に要望していたこと（『高木惣吉　日記と情報』下、十一月十一日条、『細川日記』下、十一月二十九日条）からもわかる。もはや近衛の政治生命は、事実上尽きていたのである。

戦犯指名

十二月六日、ついに十六日を出頭期限とする近衛の戦犯としての逮捕指令が占領軍から発せられた。木戸など八名と同時である。これはラジオニュースで伝えられ（『木戸幸一日記』下）、翌日の各紙朝刊でも報じられた。これを軽井沢の別荘で知った近衛は、十二日に帰京し、知人宅をへて十四日に荻窪の自邸に戻った（『細川日記』下、十二月十七日条）。

出頭前日

出頭期限前日の十五日、近衛邸には関係者、知人が次々と来訪した。富田健治の回想によれば、その際、後藤隆之助が裁判で堂々と所信を披歴して天皇を守るように説得したが、近衛は「自分が罪に問われている主たる理由は、日支事変にあると思うが、日支事変で責任の帰着迄を追究して行けば、政治家として近衛の責任は軽くなり、結局統帥権の問題になる。従って窮極は陛下の責任ということになるので、自分は法廷に立って所信を述べるわけには行かない」と述べ、側近らは自殺を察したという（『敗戦日本の内側』）。自殺を報じる新聞記事で内田信也が同じ趣旨の証言をしている（「「陛下に責任及べば　生きてをれぬ」〝自殺の前日〟語る内田氏」『朝日新聞』十二月十七日付朝刊）ので、この回想は事実と認められる。ただし、この近衛の見解は、近衛自身が陸軍の意見に同意し、対外的な強硬論を主張するなかで政権の座に就き、所信を実行したという事実を軽視した見解で、客観的には責任逃れの弁明といわざるをえない。

自殺

結局、近衛は十二月十六日未明、寝室で就寝時に青酸カリを飲んで自殺した。享年五五（「近衛公服毒自殺す　きのふ自宅荻外荘で」「懸つけた医師の話」『朝日新聞』十二月十七日付朝刊）。

遺書

近衛が死の床につく直前、「僕の心境を書かうか」と言って通隆の眼前で執筆し、通隆に託した遺書は次の通りである（矢部貞治『近衛文麿』下）。

> 僕は支那事変以来、多くの政治上過誤を犯した。之に対し深く責任を感じて居るが、所謂戦争犯罪人として、米国の法廷に於て、裁判を受けることは、堪へ難い事である。殊に僕は、支那事変に責任を感ずればこそ、此事変解決を最大の使命とした。そして此解決の唯一の途は、米国との諒解にありとの結論に達し、日米交渉に全力を尽したのである。その米国から今、犯罪人として指名を受ける事は、誠に残

念に思ふ。

しかし、僕の志は知る人ぞ知る。僕は米国に於てさへ、そこに多少の知己が存することを確信する。

戦争に伴う昂奮と激情と、勝てる者の行過ぎた増長と、敗れたる者の過度の卑屈と、故意の中傷と、誤解に本づく流言蜚語《ひご》と、是等一切の輿論なるものも、いつかは冷静を取戻し、正常に復する時も来よう。其時初めて、神の法廷に於て、正義の判決が下されよう。

自殺の動機

この文面から、法廷で被告となることを屈辱と感じたことが、近衛の自殺の動機だと判断できる。そして、最後の段落の叙述からは、自分の主張は結局内外の理解を得られないという諦めの心境がうかがえる。実際、近衛の内外政策についての主張は、実現しないか、実現しても失敗するか、中国やアメリカなど、最も理解してほしい相手に理解されないかのいずれかであった。要するに遺書の最終段落は、事実上近衛の敗北宣言なのである。

なお、自殺直前に通隆が出頭を促した際の返答については、細川護貞がその翌日に通隆に聞いた話（『細川日記』下）では、「あゝそれあ行くとも」と答えたとなっているが、通隆が『政界往来』昭和二十六年九月号に寄せた随筆「最後の日の父」では、「行くと

(日刊) 朝日新聞 昭和二十年十二月十七日 (月曜日)

國教の分離を指令

神道より軍國主義拂拭

天皇絶對を否認

公式の新任參拜も禁止

日本歷史の書直し

在瑞日本公使館閉鎖

生糸一億五千萬俵

明後年までに輸出可能

マ司令部發表

十億弗以内か

ポーレー氏談 日本の對米賠償

近衞公服毒自殺す

きのふ自宅荻外莊で

日米交渉の不調を詫ぶ

日米危機の關頭に立てる近衞公上奏文

上奏文

賃金統制令を改正

鑛山八割、工場五割を引上げ

法三郎より外

局長は不加入

地主保有面積の細目

地方長官が決定

勞組法あす成立

施行は三月一日より

肥料八千トン

進歩黨首は

近衛公服毒自殺す
きのふ自宅荻外莊で

戰爭犯罪容疑者として十六日巣鴨拘置所に出頭を命ぜられてゐた近衛文麿公は出頭當日の十六日午前五時頃杉並區西田町一ノ七四二の自宅荻外莊で服毒自殺を遂げた、享年五十五

日米交渉の不調を詫ぶ　近衛通隆氏談

近衛公の次男通隆君は自決直前の父公爵との対談模様を次の如く語つた

父は十六日の午前一時ごろ自分の心境を書いた紙片を手渡しながら靜くいろ〳〵なことを話してゐました、しかし父の顔色にも態度にも自決するやうな變感を感じさせるなにものも見られませんでした、父の話は大体次の三つに要約されます

第一に父は自分は支那事變の解決と日米交渉に全力を盡したが力及ばず今日の事態に立ち到らしめたことは深く遺憾とするところで上陛下に対し下全國民に対し衷心からお詫びしたい

次に自分は戰爭の直後に「第二次、第三次近衛内閣における日米交渉の經過」「三國同盟について」といふ二つの記録を殘しておいたから自分としてはあの記録によつて世界の公平な批判をうけたい

最後に國體護持の問題についてであるが自分はこの問題に対しては全力を竭して守つて來たつもりだが今後もまた守り抜かねばならぬと思ふ、そしてこのことは國民は別として近衛家としてはなほさらであると以上の心境を披瀝してゐました

近衛の死を伝える『朝日新聞』の記事と拡大部分
（昭和20年（1945）12月17日朝刊）

も行かぬとも答えず、黙っていた」となっている。後者はかなりあとの回想で、しかも文章全体が感傷的な書き方となっているので、自殺直後の通隆の話の方が正確だと考えられる。

また、近衛の死の枕許にオスカー・ワイルドの『獄中記』が置いてあり、自己犠牲を示す一文に下線が引いてあったという逸話がある。この話は岡義武『近衛文麿』の末尾で使われており、出典は昭和二十六年（一九五一）刊行の加瀬俊一（外交官）の著書『ミズリー号への道程』となっている。この逸話の初出は『ニューズウイーク』一九四五年十二月二十四日号の「近衛の「恥辱の死」」（『ニューズウィーク日本版別冊　激動の昭和』一九八九年七月二十六日号に邦訳掲載）で、加瀬はこれを参考に、その『獄中記』は自分が貸したものとみて書いたと考えられる。しかし、細川護貞の回想によれば、この本は細川が近衛から借りた際に線を引き、その後に返して近衛邸にあったもので、この話はアメリカ人記者の演出だとしている（住本利男『占領秘録』）。いずれにしろ、事実かどうか不確定な逸話であることだけは確かである。

各紙の報道

近衛の自殺は新聞各紙で一斉に報じられたが、その政治的影響については、「逮捕命令を受けた時から政治上の指導的地位から去つたわけで自殺によつて直接の影響は少い」という『毎日新聞』十二月十七日付朝刊の評価が適切である（「既に指導的地位を去る」）。

葬儀

近衛の葬儀は、十二月二十一日に東京都内の有栖《ありす》川宮《がわのみや》恩賜公園内にあった養正館で営まれ、幣原首相以下各閣僚、岡田啓介ら要人も出席したが、「前総理、前枢府議長の葬儀らしい盛大さは全く見られず、自殺した貴人の数奇な運命を思はせて、しめやかに寂しい葬儀」と報じられた（「近衛公葬儀」『朝日新聞』十二月二十二日付朝刊）。細川護貞も四日後の日記に「会葬者も、僅々数百名に過ぎなかつた」と書いているから事実と考えられる。遺骨は、昭和二十一年（一九四六）一月二十四日、近衛家代々の菩提寺である京都の大徳寺に葬られた（『細川日記』下、一月二十八日条）。

人々の感慨

近衛自殺に人々は様々な感慨を懐いた。フランスの有力通信社ＡＦＰの日本駐在特派員ロベール・ギランは、「近衛さんの重大な責任はアメリカとの戦争を回避するため払つた努力によつてある程度償はれたとは思はれない」と述べた（「〝近衛公の自殺〟どう見る連合国記者にきく」『読売新聞』昭和二十年十二月十八日付朝刊）。

昭和天皇は、高松宮に「仕方があるまい。近衛は気が弱いから。気の毒をした」と述べ（『高木惣吉　日記と情報』下、十二月十七日）、さらに昭和二十一年春に側近への談話で、

近衛は思想は平和的で、ひたすらそれに向かって邁進せんとしたことは事実だが、彼は自分に対する世間の人気ということを余りに考え過ぎた為、事に当って断行の勇気を欠いたことは、遂に国家を戦争という暗礁に乗り上げさして終い、次に立った東条の最後の努力をもってしてもこれを離礁せしめることが出来なかった。

と批判している（聖談拝聴記録原稿③「結論」木下道雄『側近日誌』）。

これらの見解のなかでは、ギランのものが最も事実関係をよくふまえた妥当なもので、昭和天皇の見解は、昭和十六年春までの近衛の思想と行動が戦争の拡大に与えた影響の

大きさが十分に認識されていないといわざるをえない。

葬儀はさびしいものだったが、近衛が自殺直前まで執筆していた数々の手記は、自殺翌日から新聞各紙に連載され、近衛イコール平和論者という神話の形成が始まっていく。

神話の形成

おわりに

近衛文麿は、天皇家に次ぐ家格を有する家の長男として生まれ、世襲の貴族院議員となった。しかし、それだけでは、貴族院議長にはなれたかもしれないが、首相にはなれない。元老西園寺《さいおんじ》公望《きんもち》の後援を得たことと、高い知的能力と、幅広い読書や多方面にわたる交友がもたらす豊富な情報収集能力を生かして、同時代的に一定の妥当性を有する言論活動を旺盛に行なった、という二つの要因によって、政界における支持が広がったことに加え、昭和六年（一九三一）の満洲事変を契機に政党内閣の慣行が途切れた、という時代状況が、近衛に首相への道を開いたのである。

近衛の政治思想については、正義人道という哲学的な観念論の立場から、国内の経済的不平等を解決するには、日本が国際社会で列強と対等にわたりあえる強国になる必要があり、そのためには国論の統一が必要だという点で一貫していた。そしてそれから派生する問題として、外交的には、少なくとも中国における日本の既得権益は維持すべきであり、中国はアジアの安定のためにそうした日本の意志を認めて協力すべきであり、国際連盟については日本の正当性を認めてくれる限りで協力すべきと考えていた。また、国内的には国論統一がしやすいように政治のあり方を変えていくべきであり、国家の行くべき方向性について国民が自覚するように教育を改革するべきであるという点でも一貫していた。社会主義を基盤とした国家主義を持論としたので、近衛は思想的には国家社会主義者と意義づけられる。

思想的に変化した点としては、次の三つがあげられる。

第一には、満洲事変を機に国際連盟への期待をあきらめ、日本を盟主とするアジア独自の国際秩序の形成をめざすようになったことである。

第二には、当初は国論統一の手段として政党政治に期待していたが、昭和六年の三月事件などの軍部クーデター計画や満洲事変のような国家的危機に団結して対処しようとしない政党政治を見放し、政策的には陸軍に賛同し、政治のあり方としては政党政治以外の方法を模索するようになったことである。

第三には、持論正当化の論拠として、世界史という時間軸を含んだ観念論を用いるようになったことがあげられる。あくまで持論実現の手段の部分が、外的な条件変化によって変化したのである。

持論実現のための政治手法としては、政党のような数の力を使う手法を嫌い、言葉と論理による説得という形で賛同者を増やし、さらに賛同者の自発的な活動に期待し、自身はまとめ役に徹するという姿勢で一貫していた。人々の自発性を重視する点で手法的には自由主義者であり、説得を重視する点では啓蒙主義者ともいえる。

つまり、近衛は自由主義的国家社会主義思想を奉じる啓蒙的政治家だったのである。近年の歴史研究は、大正デモクラシー運動の流れのなかで、知識人や地域有力者が、人々に国民としての自発性を喚起しようとすると、国家主義の昂揚も引き起こすという傾向が、大正期の日本に見られたことを明らかにしている（畔上直樹『「村の鎮守」と戦前日本』、住友陽友『皇国日本のデモクラシー』）。弱者救済や人々の自発性尊重という考え方を持ちながらも、国家を最重要視するがゆえに国家主義に傾くという近衛の思想と行動は、まさにこうした大正デモクラシー運動の歴史的特徴が、統治者の思想と行動という局面で最大限に発現した典型例といえる。

また、昭和十四年から十六年にかけての近衛の発言に、異論の余地は許さないという全体主義的色彩が目立つことは明らかである。しかし、国民の自発的協力に期待していたことは、大政翼賛会に会員制度を認めなかったこと、第三次内閣初期まで、他の首相には例を見ないほど頻繁に講演やラジオ演説で国民に協力を呼びかけていたことだけでなく、空襲によって国民が危機を自覚するまでは終戦工作は成功しないという、現在の視点からは許容しがたい発言からもうかがえる。戦中期の近衛は、自由主義の手法で全体主義を実現しようとした、自由主義的全体主義者となっていったのである。

さらに、「来る者は拒まず、去る者は追はず」（『高木惣吉　日記と情報』下、昭和二十年四月二十二日条）という発言から、閣僚や翼賛会の人事において、簡単に更迭を行なえたのも、党派を作る気がないためであると判断でき、敗戦後の新党運動にかかわっての、「僕自身はどうでもよい。お役に立てば、敢て批難攻撃も恐れない」という自己犠牲的な発言（二四六頁参照）からは、批判があっても、周囲に頼まれ、活躍できると判断できれば出馬する近衛の姿勢の一貫性が浮き彫りとなる。

また、近衛は、世間的な人気によって首相の座についたり、それを維持しようとしていたわけではない。それは、昭和十一年の二・二六事件の直後や昭和十五年初頭に首相就任を拒否したこと、首相在任中、国民にも我慢を求める発言を繰り返していたことから明らかである。同時代における人気取り政治家という評価は、ラジオ演説などで国民に直接呼びかける手法の意味が理解されていなかったか、政界での人気という意味だったと考えるほかはない。

近衛については、意志が弱く、定見のない政治家という評価が生前から根強く、近年は近衛をポピュリスト、つまり人気取り政治家という評価が増え、同時代の評価でもこうした例が多い。しかし、近衛は実は思想的にも手法的にも一貫性が強く、人気取り政治家でも意志が弱いわけでもなかった。つまり、通説は見直されるべきなのである。

政治上の主張や手法の一貫性が高く、さらにそれらが高尚な哲学に基づいていたこと、党派を組まず、おおむね一身の毀誉褒貶《きよほうへん》を度外視して活動したこと、人々の自覚に期待し、力による強制をきらったこと、金権政治とは無縁だったことなどから、近衛を、信念を持ち、クリーンな政治を目指した政治家として肯定的に評価する余地があるかもしれない。しかし、近衛の政治家としての業績を肯定的に評価することは到底不可能である。

近衛が、満洲事変後に首相候補の一人と目されるようになってから行なったことは、満洲事変以後の陸軍の国防・対外政策を支持する立場から、中国に対して一貫して強硬姿勢をとることであった。日本の国際的地位の維持・向上を焦るあまり、満洲事変という、吉野作造の指摘したように、正義にかなっているとはいいがたい日本国家の行動を正当化しつづけ、結果的に日本国家が誤った路線を進むことを助長したのである。

第一次内閣の首相としては、従来の自己の対中国論、陸軍支持の正当化の論理として世界史的必然性という哲学的観念を援用し、昭和十二年七月に勃発した日中戦争を、日本内部からは批判不能な「聖戦」と位置づけ、その線上に翌年秋には「東亜新秩序論」

を提唱した。その結果、日本の外交軍事政策を硬直化させ、政策変更を著しく困難にした。

しかもこの「東亜新秩序論」は、あくまで日本の東アジアにおける主導権獲得を正当化するという独善的な論理であったため、中国や国際社会に到底受け入れられなかった。結局、近衛の言説は、外交評論家清沢洌の警告（一一六頁参照）どおり、戦争の拡大長期化を招き、日本を経済的外交的に窮地に追い込んだ。昭和十四年一月の近衛退陣は、大局的には、こうした日本の軍事的外交的行き詰まりの打開策の一つとしての政界再編を思うように進める見通しが立たなかったためといえる。

第二次内閣の首相としては、ヨーロッパにおけるドイツの優勢という状況を背景にして、日中戦争を日本に有利に収拾するため、アメリカの蔣介石政権支援を防ぐという間接的手段によって中国へ圧力をかけることを策し、昭和十五年九月に三国同盟を結んだ。そして、やはり蔣介石政権に圧力をかけるための国論統一の手段として、組閣前から近衛自身が始めた新体制運動の成果として、同年十月に大政翼賛会を創設した。

しかし、三国同盟はアメリカの態度をさらに硬化させた。この政策は失敗したのである。さらに新体制運動も拙速ゆえに失敗に終わった。国力的に対米戦は不可能と判断した近衛は、対米戦回避のため日米交渉に全力を注ぎ、第三次内閣期には日本軍の撤退や

「東亜新秩序」政策の事実上の撤回まで覚悟して交渉に尽力した。しかし、アメリカに信用されず、中国からの撤退に踏み切れない陸軍との対立も生じ、退陣を余儀なくされた。その結果、昭和十六年十二月の太平洋戦争開戦となった。近衛がアメリカに信用されなかったのは、近衛が国際連盟中心の国際協調体制に懐疑的で、満洲事変を機に国際協調体制からの離脱、さらには日本主導による東アジアの国際秩序刷新を主張していたことが主な要因だった。

近衛は首相として、日中戦争の解決は蔣介石政権との和平以外に手段はないと知りながら、日本の威信にこだわって蔣政権が受け容れるような条件を提示せず、三国同盟についても最初から成功の可能性は五分五分とされていたのに締結した結果、かえって日米関係を悪化させた。近衛の首相としての政治責任はきわめて重大である。さらに、首相退陣後、重臣（首相経験者）の一人として、敗北と多大な犠牲を予期しながら、早期終戦に尽力しなかった政治責任もまた重大だといわざるをえない。

大日本帝国憲法下の日本は、結局のところ、戦争に必要な資源が自給できないのに、国家の威信にこだわりすぎて国際的な孤立を招き、内外に莫大な災厄をもたらしてしまった。近衛は、本書五〇～五二、一七六頁でもふれたように、分立主義的な大日本帝国憲法下の日本の国家体制に問題があることを知りながら、日本の早急な強国化を焦りすぎて、国家の破綻を招いたのである。

昭和二十年の敗戦後、近衛は東久邇《ひがしくに》内閣に入閣し、再び政治の舞台に返り咲いたかに見えた。そして、日本再建のための国論統一の中心となるよう近衛に求める動きがあり、近衛は一民間人としてその期待に応えようとした。しかし結局、近衛は、太平洋戦争開戦に至る自身の政治責任の重大さを内外から追及され、戦犯指名直前には政治活動は不可能となっていた。そして、戦犯指名を拒否する形で自殺を遂げたのである。

いうまでもなく近衛は、日本を焦土にしたかったわけではない。しかし、日本を強い国にしたいという結果の追求に焦るあまり、他者の立場を尊重する余裕を持たず、手法の正当性に対する考慮が甘く、重大な局面で無責任といわざるをえないような行動をとったことが、近衛が政治家として失敗した最大の原因である。

中国やアメリカ、国際連盟に対して、近衛は哲学的な正当化の論理を用いることで日本の立場や主張の正しさを主張し、それに対する理解を求めるばかりで、相手の主張に耳を傾ける姿勢をほとんど見せなかった。自己の主張を抽象的な哲学論で正当化したことは、主張の独善性と硬直性を高めた点で決定的な誤りだった。

なお、無責任とされる行動の数々については、二・二六事件後の首相就任拒否や昭和十六年の日米交渉の際の近衛の姿勢を考えると、少なくとも従来しばしばいわれてきたような意志の弱さではないことは明らかである。さらに、近衛のこうした無責任な行動や、側近や賛同者に対する冷たい態度について、重光葵《しげみつまもる》が「浅薄なる公卿的政治家以上の何者でもない。体よく他を利用するに長ずると共に自己の地位となると人一倍神経質」（『続　重光葵手記』昭和二十年十月五日）と評したように、公家特有の行動様式とみなされることもある。しかし、下級武士出身の伊藤博文にも同様の傾向があった（馬場恒吾『政界人物評論』伊東巳代治の項）ので、特に公家だからと即断することはできず、近衛固有の性癖だった可能性もありえる。

政治上の手段に関しては、満洲事変後に陸軍を支持するようになったことも決定的な誤りだった。陸軍は、危険な暴力集団でありながら、天皇に直結しているという国家制度の欠陥ゆえに独善に傾斜しやすく（拙著『ポツダム宣言と軍国日本』）、近衛自身も大正期にその危険性に気づいて批判したこともあった。

陸軍の政治的台頭は、日本が国際社会に甚大な迷惑をかけ、内外に計り知れない犠牲を出して悲惨な敗戦を迎えることになった要因として、反国際連盟的な外交論とともに極めて重要である。その意味で、日本の国際的立場の維持・強化に焦るあまり、近衛が陸軍を支持したことは、まさに「悪魔に魂を売る」行為であった。国家至上主義の破綻である。

このように、持論についても、手段についても決定的な誤りをおかし、その結果、内外にあまたの犠牲と悲劇をもたらした以上、敗戦後、近衛が内外から厳しい批判を受けたのはやむをえないことだった。近衛は、少なくとも敗戦と同時に政治家を引退すべきであったし、戦犯指定にも甘んじるべきであった。

そもそも伝統的な貴族階級の出身で、その立場にとどまったまま権力を握った近衛の持論正当化の手段は、民意ではなく観念論哲学だった。政治家としての経歴も、少なくとも第一次内閣の首相就任までは、元老という憲法には規定されていないのに強大な権力を持つ、伝統貴族階級の出身の政治家（西園寺公望）の後援によって築かれた部分が大きい。近衛は敗戦後には総選挙出馬の可能性もあったが、結局は直接民意の審判を受ける以前に世論の厳しい批判を受け、自殺を待たずに政治生命を失った。

こうしたことをふまえると、近衛は、大日本帝国憲法と統帥権の独立という欠陥だらけの国家制度を持っていた日本（『ポツダム宣言と軍国日本』）が、安定的な民主国家となるに至るまでの試行錯誤の過程、別の言い方をすれば、大正デモクラシーが持続可能なデモクラシーへと変容していく過程における、負の遺産を代表する政治家だったのである。

略系図

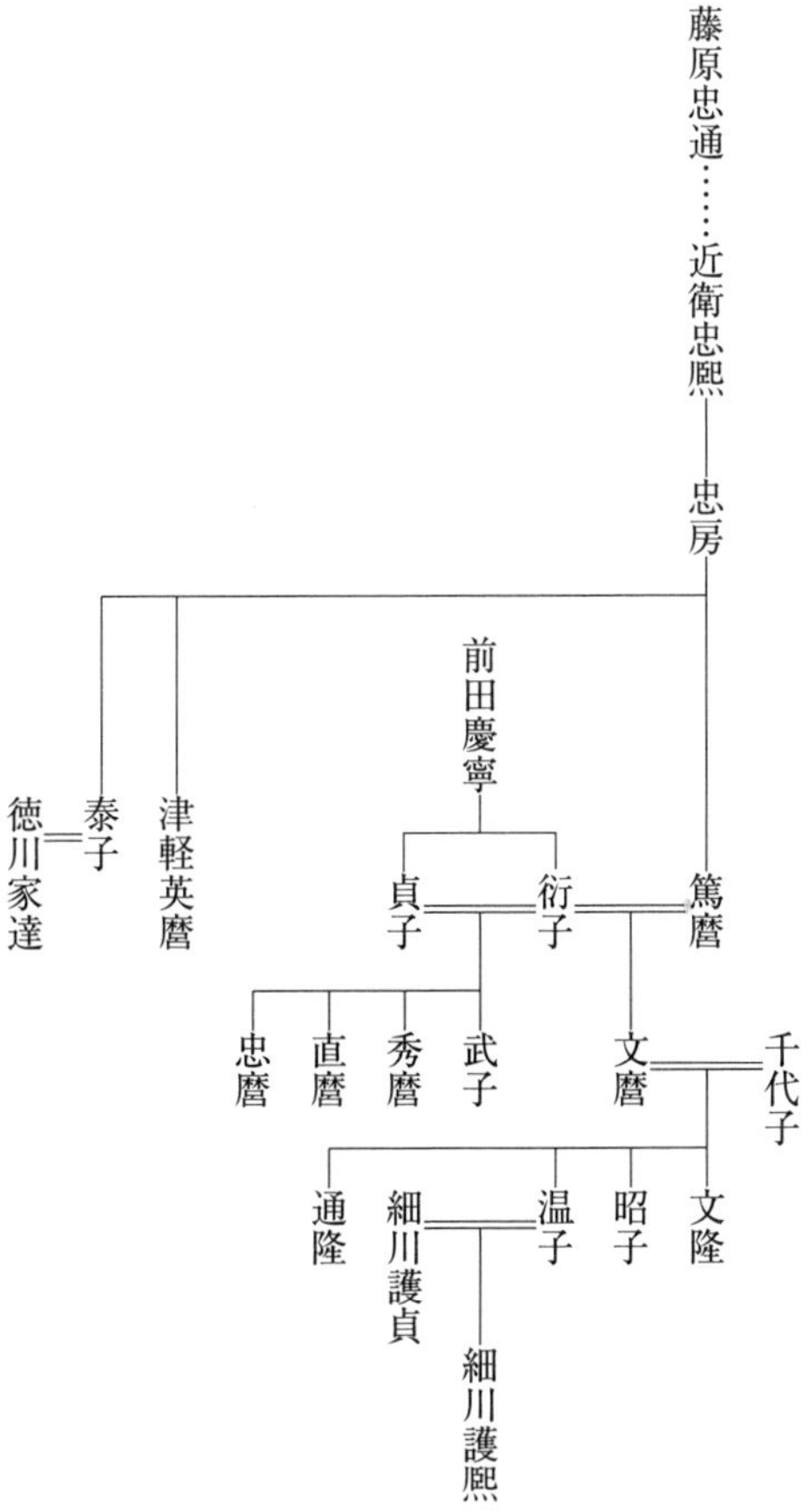
藤原忠通……近衛忠熈
忠房
篤麿
津軽英麿
泰子
徳川家達
前田慶寧
衍子
貞子
文麿
千代子
武子
秀麿
直麿
忠麿
文隆
昭子
温子
細川護貞
通隆
細川護熈

略年譜

年次	西暦	年齢	事蹟	参考事項
明治二四	一八九一	〇	一〇月一二日、文麿出生○同月二〇日、母衍子死去	
二五	一八九二	一	一一月、父篤麿、貞子と再婚	
二七	一八九四	三		八月、日清戦争勃発
二八	一八九五	四		四月、日清講和条約調印
三〇	一八九七	六	九月、学習院初等科入学	
三一	一八九八	七	一一月二日、父篤麿、東亜同文会結成	
三七	一九〇四	一三	一月一日、父篤麿死去○一月二十三日、襲爵	二月、日露戦争勃発
三八	一九〇五	一四		九月、日露講和条約調印
四二	一九〇九	一八	三月、学習院中等学科卒業○九月、第一高等学校入学	
四三	一九一〇	一九		一〇月、辛亥革命勃発、中華民国成立
大正　元	一九一二	二一	七月、第一高等学校卒業○九月、東京帝国大学文科大学哲学科入学○一〇月、京都帝国大学法科大学転学	七月、明治天皇死去

二	一九一三	二二	一一月九日、毛利千代子と結婚	二月、大正政変
三	一九一四	二三	四月、『新思潮』五月号にワイルド評論の翻訳を掲載	七月、第一次世界大戦勃発
四	一九一五	二四	四月三日、長男文隆出生	
五	一九一六	二五	一〇月一二日、貴族院議員（公爵議員）就任	
六	一九一七	二六	七月、京都帝国大学法科大学卒業	一一月、ロシア革命
七	一九一八	二七	四月、内務省事務嘱託○一二月『日本及日本人』に「英米本位の平和主義を排す」掲載	九月、原敬内閣成立○一一月、第一次世界大戦終結
八	一九一九	二八	一月一二日、西園寺公望全権随員としてパリ講和会議に出発○三月二日、パリ到着○一一月二一日、帰国	六月、ベルサイユ講和条約調印
九	一九二〇	二九	六月、『戦後欧米見聞録』出版	一月、国際連盟発足
一一	一九二二	三一	三月、東亜同文会副会長就任○九月二七日、研究会（貴族院会派）入会	二月、ワシントンで海軍軍縮条約、九ヵ国条約調印○一二月、ソ連邦成立
一二	一九二三	三二		九月、関東大震災
一三	一九二四	三三	五月三一日、研究会常務委員就任	一月、第二次護憲運動○六月、加藤高明内閣成立
一四	一九二五	三四	三月二九日、新日本同盟発足に際し近衛参加○一一月二一～二四日、『東京日日新聞』に「我国貴族院の採るべき態度」連載	四月、治安維持法公布○五月、普通選挙法公布

昭和元	一九二六	三五	五月、東亜同文書院院長就任（〜昭和六年一二月）	一月、第一次若槻礼次郎内閣成立○一二月、昭和天皇践祚
二	一九二七	三六	一一月一二日、研究会脱会○同月二九日、火曜会（貴院院内会派）結成○一二月三〇日、大礼使長官就任（〜昭和四年一月まで）	三月、金融恐慌勃発○四月、田中義一内閣成立
三	一九二八	三七		六月、張作霖爆殺事件勃発○八月、不戦条約調印○一一月、昭和天皇即位大礼
四	一九二九	三八		五月、陸軍中堅将校一夕会結成○七月、浜口雄幸内閣成立○一〇月、世界恐慌勃発
五	一九三〇	三九		四月、ロンドン海軍軍縮条約調印
六	一九三一	四〇	一月一六日、貴族院副議長就任	三月、三月事件勃発○四月、第二次若槻内閣成立○九月、満洲事変勃発○一二月、犬養毅内閣成立
七	一九三二	四一	一月一七日、国維会結成に理事として参加○四月二八日、文隆、米国留学出発	三月、満洲国建国○五月、五・一五事件○同月、斎藤実内閣成立○九月、日満議定書調印
八	一九三三	四二	一月、『国維』第八号に「真の平和」掲載○同月、『キング』二月号「世界の現状を改造せよ」掲載○六月九日、貴族院議長就任	三月、国際連盟脱退○五月、塘沽停戦協定調印

九	一九三四	四三	五月一七日、渡米○八月一日、帰国	七月、岡田啓介内閣成立○一〇月、陸軍省新聞班『国防の本義と其強化の提唱』発行
一〇	一九三五	四四		二月、天皇機関説問題発生○一〇月、広田外相、中国に広田三原則提示
一一	一九三六	四五	一月、東亜同文会会長就任○三月四日、大命降下（翌日拝辞）	二月、二・二六事件勃発○三月九日、広田弘毅内閣成立○一一月、日独防共協定締結○一二月、西安事件
一二	一九三七	四六	一月一日、『東京朝日新聞』に「我が政治外交の指標」掲載○六月四日、第一次近衛文麿内閣成立○七月七日、盧溝橋事件（日中戦争）勃発○八月一三日、第二次上海事変勃発○同月一五日、暴支膺懲声明発出○九月九日、国民精神総動員運動開始○同月一一日、演説「時局に処する国民の覚悟」○一〇月一五日、臨時内閣参議官制公布○一一月一八日、大本営設置	二月、林銑十郎内閣成立○五月三一日、林内閣総辞職○九月二三日、第二次国共合作成立○一〇月六日、国際連盟総会、日本の行為を九ヵ国条約違反と決議○一二月一三日、南京陥落
一三	一九三八	四七	一月一一日、御前会議で支那事変処理根本方針決定○同月一六日、第一次近衛声明（対手にせず声明）○四月一日、国家総動員法公布○五月二六日、内閣改造○一一月三日、第二次近衛声明（東亜新秩序声明）○同月三〇日、御前会議で日支新関係	九月二七日、国際連盟、日本を侵略国と認定○一〇月二七日、日本軍、武漢三鎮占領○一二月二〇日、汪兆銘、ハノイへ脱出

			調整方針決定○一二月二二日、第三次近衛声明	
昭和一四	一九三九	四八	一月四日、第一次近衛内閣総辞職○同月五日、平沼騏一郎内閣成立、近衛は無任所相兼枢密院議長となる○八月三〇日、阿部信行内閣成立、近衛は枢密院議長専任となる	七月二六日、米、日米通商航海条約破棄通告○八月二三日、独ソ不可侵条約締結○九月一日、第二次世界大戦勃発
一五	一九四〇	四九	六月二四日、枢密院議長辞任○七月一七日、大命降下○同月二二日、第二次近衛文麿内閣成立○同月二六日、基本国策要綱閣議決定○八月二八日、第一回新体制準備会開催○九月二三日、北部仏印進駐開始○同月二七日、日独伊三国同盟締結○一〇月一二日、大政翼賛会発会式○一二月二一日、平沼騏一郎内相就任	一月一六日、米内光政内閣成立○二月、斎藤隆夫の反軍演説事件起る○六月一日、木戸幸一内大臣就任○同月二二日、仏、独に降伏○七月一六日、米内内閣総辞職○同月二六日、米、石油屑鉄輸出許可制
一六	一九四一	五〇	一月二七日、衆院予算委で日中戦争責任認める○二月八日、衆院予算委で翼賛会改組を言明○四月二日、翼賛会改組○同月一三日、日ソ中立条約締結○同月一六日、日米交渉開始○七月二日、御前会議で情勢の推移に伴ふ帝国国策要綱決定○同月一八日、第三次近衛内閣成立○同月二八日、南部仏印進駐○八月二六日、近衛、米に首脳会談を提起（近衛メッセージ）○九月六日、御前会議で帝国国策遂行要領決定○一〇月二日、米、日米首脳	四月一日、国民学校令施行○六月二二日、独ソ戦開始○八月一日、米、対日石油完全禁輸○一〇月一八日、東条英機内閣成立○一二月八日、太平洋戦争開戦

			会談を事実上拒否○同月一六日、第三次近衛内閣総辞職	
一七	一九四二	五一		五月、ゾルゲ事件報道解禁○六月、ミッドウェー海戦敗北
一八	一九四三	五二	一月一日頃、木戸幸一あての書簡で共産主義者陰謀論を展開	九月八日、伊、無条件降伏○九月二九日、ゾルゲ事件判決
一九	一九四四	五三		七月七日、サイパン陥落○同月一八日、東条英機内閣総辞職○同月二二日、小磯国昭内閣成立
二〇	一九四五	五四	二月一四日、天皇に意見具申（近衛上奏文）○七月一〇日、最高戦争指導会議、近衛ソ連派遣決定○八月一七日、東久邇宮稔彦王内閣成立、近衛、無任所相就任○九月一三日、マッカーサーと会見○一〇月五日、東久邇内閣総辞職○同月一一日、宮内省御用掛就任（憲法改正案調査に従事）○一一月二二日、昭和天皇に憲法改正案を報告○同月二八日、衆院本会議で斎藤隆夫が近衛の戦争責任追及○一二月六日、近衛、戦犯に指名される○同月一六日、自殺	三月一〇日、東京大空襲○四月七日、鈴木貫太郎内閣成立○五月七日、独、降伏○七月二六日、ポツダム宣言発表○八月六日、広島に原爆投下○同月八日、ソ連対日宣戦布告○同月九日、長崎に原爆投下○同月一五日、玉音放送（終戦）

参考文献

一　近衛本人の著作（単行本、冊子体にまとめられたもののみ）

『戦後欧米見聞録』　外交時報社　大正九年（中公文庫に収録）
『上院と政治』　日本読書協会　大正一三年
『貴族院改革と現行制度の運用』　民友社　昭和二年
『国際平和の根本問題』　昭和一〇年
『近衛文麿清談録』（伊藤武雄編）　千倉書房　昭和一一年

二　近衛の伝記（本書で言及したもののみ）

岡　義武『近衛文麿』　岩波書店　昭和四七年
工藤美代子『われ巣鴨に出頭せず』　日本経済新聞社　平成一八年
杉森久英『近衛文麿』　河出書房新社　昭和六一年
筒井清忠『近衛文麿』　岩波書店　平成二一年
矢部貞治『近衛文麿』全二巻　弘文堂　昭和二六～二七年

山本有三『濁流』　毎日新聞社　昭和四九年

三　研究者・研究家による著作（本書で言及したもののみ）

畔上直樹『「村の鎮守」と戦前日本』　有志社　平成二二年
家近亮子『蔣介石の外交戦略と日中戦争』　岩波書店　平成二四年
伊香俊哉『満州事変と日中全面戦争』　吉川弘文館　平成一九年
伊藤　隆『近衛新体制』　中央公論社　昭和五六年
同　右『昭和十年代史断章』　東京大学出版会　昭和五六年
同　右『昭和期の政治』　山川出版社　昭和五八年
同　右『昭和期の政治［続］』　山川出版社　平成五年
臼井勝美『日中外交史研究』　吉川弘文館　平成一〇年
内田健三ほか編『日本議会史録』四　日本法規出版　平成二年
蛯原八郎『日本欧字新聞雑誌史』　名著普及会　昭和九年（復刻版　昭和五五年）
大内和裕「隠蔽された記憶」（『現代思想』平成七年一月号）
大野芳『近衛秀麿』　講談社　平成一八年
大畑篤四郎「日独防共協定・同強化問題」（国際政治学会太平洋戦争原因研究部編『太平洋戦争への道』新装版五）　朝日新聞社　昭和六二年

奥中康人『和洋折衷音楽史』　春秋社　平成二六年
加藤陽子『模索する一九三〇年代』　山川出版社　平成五年
同　右『日本人はそれでも「戦争」を選んだ』　朝日出版社　平成二一年
川島真・服部龍二編『東アジア国際政治史』　名古屋大学出版会　平成一九年
河島真「新日本同盟の基礎的研究」（『紀要』〈神戸大学文学部〉四〇）　平成二五年
後藤致人『昭和天皇と近現代日本』　吉川弘文館　平成一五年
小林英夫『日中戦争と汪兆銘』　吉川弘文館　平成一五年
五明祐貴「天皇機関説排撃運動の一断面」（『日本歴史』六四九）　平成一四年
小山俊樹『憲政の常道と政党内閣』　思文閣出版　平成二四年
崎村義郎著・久保田文次編『萱野長知研究』　高知市民図書館　平成八年
塩崎弘明『日英米戦争の岐路』　山川出版社　昭和五九年
柴田紳一「昭和十五年大竹貫一怪文書事件」（『国学院大学日本文化研究所紀要』七七）　平成八年
同　右「昭和二十年二月重臣拝謁の経緯と意義」（同右八七）　平成一三年
庄司潤一郎「近衛文麿像の再検討」（近代外交史研究会編『変動期の日本外交と軍事』）　原書房　昭和六二年
須藤眞志「〈随想〉近衛文麿の京都時代」（『世界の窓』四）　昭和六三年

住友陽友『皇国日本のデモクラシー』 有志社 平成二四年
住谷悦治『人物叢書 河上肇』 吉川弘文館 昭和三七年
園部良夫「昭和一〇年代の貴族院改革問題をめぐって」（『日本歴史』四四七） 昭和六〇年
高岡裕之『総力戦体制と「福祉国家」』 岩波書店 平成二三年
高橋正衛『二・二六事件 改訂版』 中央公論新社 平成六年
竹内好「アジア主義の展望」（竹内好編集『現代日本思想大系9 アジア主義』） 筑摩書房 昭和三八年
武田知己「近代日本の「新秩序」構想の〈新しさ〉と〈正しさ〉」（武田知己・萩原稔編『大正・昭和期の日本政治と国際秩序』） 思文閣出版 平成二六年
種稲秀司『近代日本外交と「死活的利益」』 芙蓉書房出版 平成二六年
筒井清忠『日本型「教養」の運命』 岩波書店 平成七年
同右『二・二六事件とその時代』 筑摩書房 平成一八年
同右『昭和十年代の陸軍と政治—軍部大臣現役武官制の虚像と実像—』 岩波書店 平成一九年
手嶋泰伸『海軍将校たちの太平洋戦争』 吉川弘文館 平成二六年
戸部良一「桐工作をめぐって」（『政治経済史学』五〇〇） 平成二〇年
内藤一成『貴族院』 同成社 平成二〇年

中島康比古「太平洋戦争下の宇垣・真崎提携運動」（『早稲田政治公法研究』三六）　平成三年
中西寛「近衛文麿「英米本位の平和主義を排す」論文の背景」（『法学論叢』一三二―四・五・六）　平成五年
中村隆英・原朗「経済新体制」（『年報政治学一九七二』）　岩波書店　昭和四八年
野島義敬「一九三六年における貴族院改革運動」（『日本史研究』六〇八）　平成二五年
朴順愛「「十五年戦争期」における内閣情報機構」（『メディア史研究』三）　平成七年
秦郁彦『盧溝橋事件の研究』　東京大学出版会　平成八年
八本木浄『両大戦間の日本における教育改革の研究』　日本図書センター　昭和五七年
服部聡『松岡外交』　千倉書房　平成二四年
服部龍二『広田弘毅』　中央公論新社　平成二〇年
馬場明『日中関係と外政機構の研究』　原書房　昭和五八年
原秀成『日本国憲法制定の系譜』第三巻　日本評論社　平成一八年
平井博『オスカーワイルド考』　松柏社　昭和五五年
廣田直美「内大臣府の憲法調査」（『青山ローフォーラム』第二巻第一号）　平成二五年
藤田由之編『音楽家近衛秀麿の遺産』　音楽之友社　平成二六年
古川江里子『美濃部達吉と吉野作造』　山川出版社　平成二三年
古川隆久『昭和戦中期の総合国策機関』　吉川弘文館　平成四年

同　　　右『戦時議会』　吉川弘文館　平成一三年
同　　　右『昭和戦中期の議会と行政』　吉川弘文館　平成一七年
同　　　右「昭和天皇首相叱責事件の再検討」（『研究紀要』〔日本大学文理学部人文科学研究所〕七六）　平成二〇年
同　　　右『東条英機』　山川出版社　平成二一年
同　　　右『昭和天皇』　中央公論新社　平成二三年
同　　　右『ポツダム宣言と軍国日本』　吉川弘文館　平成二四年
同　　　右「近衛文麿像の再検討」（『研究紀要』第八八号）　平成二六年
同　　　右「新体制運動の歴史的意味」（『歴史と地理』第六七二号）　平成二六年
堀田慎一郎「一九三〇年代の日本陸軍と政治についての一考察」（『歴史の理論と教育』一一六号）　平成一五年
マイルズ・フレッチャー〔竹内洋ほか訳〕『知識人とファシズム―近衛新体制と昭和研究会―』　柏　書　房　平成二三年
牧野邦昭『戦時下の経済学者』　中央公論新社　平成二二年
松浦正孝『「大東亜戦争」はなぜ起きたのか―汎アジア主義の政治経済史―』　名古屋大学出版会　平成二二年
松尾尊兊「敗戦前後の佐々木惣一」（『人文学報』九八）　平成二一年

松本健一『昭和史を陰で動かした男』新潮社 平成二四年
三好信浩編『日本教育史』福村出版 平成一五年
三輪宗弘「日独伊三国同盟締結時における、日独伊ソ構想への疑問」(『日本大学生産工学部研究報告B』第二五巻第一号) 平成四年
村瀬信一『帝国議会改革論』吉川弘文館 平成九年
森靖夫『日本陸軍と日中戦争への道』ミネルヴァ書房 平成二二年
安井淳『太平洋戦争開戦過程の研究』芙蓉書房出版 平成二五年
山口浩志「東亜新秩序論の諸相(I)」(『明治大学大学院紀要 政治経済学編』二六) 昭和六三年
山本茂樹『近衛篤麿』ミネルヴァ書房 平成一三年
山本智之『日本陸軍戦争終結過程の研究』芙蓉書房出版 平成二二年
遊佐道子『伝記 西田幾多郎』燈影社 平成一〇年
横谷英暁「検証近衛文麿・山本五十六会談」(『軍事史学』四九―一) 平成二五年
吉田裕『アジア・太平洋戦争』岩波書店 平成一九年
吉見直人『終戦史』NHK出版 平成二五年
立命館大学西園寺公望伝編纂委員会編『西園寺公望伝』第三巻 岩波書店 平成五年
劉傑『日中戦争下の外交』吉川弘文館 平成七年

同　　右『漢奸裁判』 中央公論新社 平成一二年
若井敏明『平泉澄』 ミネルヴァ書房 平成一八年
Gordon.M.Berger, "Japan's Young Prince:Konoe Fumimaro's Early Political Career 1916-1931" *Monumenta Nipponica* XXIX:4, 1974

四 同時代の文献・関係者による伝記・組織史など

有馬頼寧『友人近衛』 弘文堂 昭和二三年
井上日召『一人一殺』 日本週報社 昭和二八年
大谷敬二郎『新装版 昭和憲兵史』 みすず書房 昭和五四年
井原頼明『増補皇室事典』 冨山房 昭和一七年
学習院百年史編集委員会編『学習院百年史』第一編 学習院 昭和五六年
河上肇『自叙伝』〈岩波文庫〉第一・五巻 岩波書店 平成八〜七年（初版 世界評論社 昭和二四年）
木舎幾三郎『近衛公秘聞』 高野山出版社 昭和二五年
熊谷辰治郎編刊『大日本青年団史』 昭和一七年
近衛忠大『近衛家の太平洋戦争』 NHK出版 平成一六年
近衛秀麿『新装版 風雪夜話』 講談社 昭和四二年

近衛正子ほか編『近衛文隆追悼集』陽明文庫 昭和三四年
桜田倶楽部編刊『秋山定輔伝』第一巻 昭和五二年
下中弥三郎編『翼賛国民運動史』翼賛運動史刊行会 昭和二九年（復刻版 ゆまに書房 平成一〇年）
住本利男『占領秘録』中央公論社 昭和六三年
東亜文化研究所編『東亜同文会史』霞山会 昭和六三年
霞山会編刊『東亜同文会史 昭和編』平成一五年
富田健治『敗戦日本の内側』古今書院 昭和三七年
野口昭子『時計の歌』全生社 昭和六〇年
同 右『回想の野口春哉』筑摩書房 平成一八年
馬場恒吾『政界人物評論』中央公論社 昭和五年
室 淳編刊『近衛直麿追悼録』昭和八年
山浦貫一『政界を繞る人びと』四海書房 昭和元年
同 右『森恪』森恪伝記編纂会 昭和一五年（復刻版 原書房 昭和五七年）
陸軍省新聞班編『国防の本義と其強化の提唱』陸軍省 昭和九年
Achille Loria, *Contemporary Social Problems*, Swan Sonnenschein and Co.Limited 1911
John Spargo, *Karl Marx; his life and work*, Huebsch 1912

五　史資料集など

石川準吉編『綜合国策と教育改革案』清水書院　昭和三七年
稲葉正夫他編『太平洋戦争への道』別巻　資料編〈新装版〉朝日新聞社　昭和六三年
伊藤隆校訂・解説「荒木貞夫日記」（『中央公論』平成三年三月号）
伊藤隆・尚友倶楽部編『有馬頼寧日記』第一～四巻　山川出版社　平成九～一三年
伊藤隆・野村実編『海軍大将小林躋造覚書』山川出版社　昭和五六年
伊藤隆・渡辺行男編『続　重光葵手記』中央公論社　昭和六三年
伊藤隆・佐々木隆編「鈴木貞一日記」（『史学雑誌』八七―一・八七―四）昭和五三年
伊藤隆編『高木惣吉　日記と情報』上・下　みすず書房　平成一二年
伊藤隆・広瀬順皓編『牧野伸顕日記』中央公論社　平成二年
伊藤隆・季武嘉也編『真崎甚三郎日記』第四～六巻　山川出版社　昭和五八～六二年
江藤淳監修『終戦工作の記録』下　講談社　昭和六一年
衛藤瀋吉監修『近衛篤麿と清末要人』原書房　平成一六年
大窪愿二訳『ハーバート・ノーマン全集』第二巻　岩波書店　昭和五二年
岡義武・林茂編『大正デモクラシー期の政治』岩波書店　昭和三四年
小川平吉文書研究会編『小川平吉関係文書』第一・二巻　みすず書房　昭和四八年

奥村直彦『ヴォーリズ評伝―日本で隣人愛を実践したアメリカ人―』
（「ヴォーリズ日記」収録）出版：港の人・発売：新宿書房　平成一七年
小尾俊人解説『現代史資料』一〜三　みすず書房　昭和三七年
外務省編『日本外交年表並主要文書』下　原書房　昭和四一年
同右編刊『日本外交文書　日米交渉』上　平成一一年
河上肇『河上肇全集』第九巻　岩波書店　昭和五七年
北河賢三ほか編『風見章日記・関係資料』みすず書房　平成二〇年
木戸日記研究会編『木戸幸一日記』上・下　東京大学出版会　昭和四一年
木戸日記研究会編『木戸幸一関係文書』東京大学出版会　昭和四一年
木下道雄『側近日誌』文芸春秋　平成一一年
近代日本史料研究会編刊『大蔵公望日記』第三巻　昭和四九年
グルー（石川欣一訳）『滞日十年』下　筑摩書房　平成二三年
憲法調査会事務局編刊『帝国憲法改正諸案及び関係文書（六）（増補版）』昭和三六年
近衛篤麿日記刊行会編『近衛篤麿日記』全四巻　鹿島研究所出版会　昭和四三年
小山完吾『小山完吾日記』慶應通信　昭和三〇年
酒井三郎「酒井メモ」（昭和同人会編『昭和研究会』）経済往来社　昭和四三年
佐藤元英『御前会議と対外政略』第一巻　原書房　平成二三年

参謀本部編『杉山メモ』普及版 上　原書房　平成元年
尚友倶楽部編『岡部長景日記』　柏書房　平成五年
角田順校訂『宇垣一成日記』第二巻　みすず書房　昭和四五年
内政史研究会編刊『後藤隆之助氏談話速記録』　昭和四三年
中山優『中山優選集』　中山優選集刊行委員会　昭和四七年
西田幾多郎『西田幾多郎全集』第一巻・第一七巻　岩波書店　昭和四一年
日本大学今泉研究所編刊『今泉定助先生研究全集』第一巻　昭和四四年
野島陽子校訂・解説「続　荒木貞夫日記」（『中央公論』平成三年四月号）
原田熊雄述『西園寺公と政局』第一～七巻　岩波書店　昭和二五～二七年
東久邇稔彦『東久邇日記』　徳間書店　昭和四三年
細川護貞『細川日記』上・下　中央公論社　昭和五四年
前田多門・高木八尺編『新渡戸博士追憶集』　故新渡戸博士記念事業実行委員　昭和一一年
（収録　新渡戸稲造全集編集委員会編『新渡戸稲造全集』別巻　教文館　昭和六二年）
森松俊夫編『参謀次長沢田茂回顧録』　芙蓉書房　昭和五七年
矢部貞治著・日記刊行会編『矢部貞治日記』銀杏の巻　読売新聞社　昭和四九年
『ニューズウィーク日本版別冊　激動の昭和』　TBSブリタニカ　平成元年

六　新聞・雑誌など（史料として使用したもの、紙誌名のみ）

『大阪朝日新聞』『大阪時事新報』『国民新聞』『中外商業新報』『東京朝日新聞』（昭和一五年九月より『朝日新聞』）『東京タイムス』『東京日日新聞』（昭和一八年一月一日より『毎日新聞』）『東京毎夕新聞』『報知新聞』『読売新聞』（昭和一七年八月より『読売報知新聞』）『The Herald of Asia』『The New York Times』

『維新』『改造』『官報』『教育』『キング』『銀行通信録』『近代思想』『国維』『国際知識』『国際連盟』『実業の世界』『実業の日本』『支那』『斯民』『週報』『新思潮』『政界往来』『1936』『太陽』『大陸』『中央公論』『東洋経済新報』『日本及日本人』『日本評論』『日の出』『婦女界』『婦人公論』『文芸春秋』『The Millard's Review of the Far East』

七　未刊行史料

「有馬頼寧関係文書」（国立国会図書館憲政資料室蔵）
「伊藤隆氏旧蔵近衛文麿関係史料」（同右）
「後藤新平文書」　マイクロフィルム（同右）
「近衛文麿関係文書」　マイクロフィルム（同右）

「昭和天皇実録」（宮内庁編、宮内公文書館蔵）
「内閣総理大臣官房総務課資料」（国立公文書館蔵、国立公文書館デジタルアーカイブ）
「東久邇宮日誌」（防衛省防衛研究所戦史研究センター史料室蔵）
「近衛国務相、「マックアーサー」元帥会談録」（国立国会図書館電子展示会「日本国憲法の誕生」）
「Interrogation of Prince Konoye」（国立国会図書館デジタルコレクション「米国戦略爆撃調査団文書」所収）

著者略歴

一九六二年生まれ
一九九二年東京大学大学院人文科学研究科博士課程修了
現在　日本大学文理学部教授

主要著書
昭和戦中期の総合国策機関　昭和戦中期の議会と行政　戦時議会（日本歴史叢書）　皇紀・万博・オリンピック　戦時下の日本映画　大正天皇（人物叢書）　東条英機　昭和天皇　ポツダム宣言と軍国日本

人物叢書　新装版

近衛文麿

二〇一五年（平成二十七）九月二十日　第一版第一刷発行

著　者　古《ふる》川《かわ》隆《たか》久《ひさ》
編集者　日本歴史学会
代表者　笹山晴生
発行者　吉川道郎
発行所　株式会社　吉川弘文館
東京都文京区本郷七丁目二番八号
郵便番号一一三―〇〇三三
電話〇三―三八一三―九一五一〈代表〉
振替口座〇〇一〇〇―五―二四四
http://www.yoshikawa-k.co.jp/
印刷＝株式会社 平文社
製本＝ナショナル製本協同組合

© Takahisa Furukawa 2015. Printed in Japan
ISBN978-4-642-05275-7

JCOPY 〈(社)出版者著作権管理機構　委託出版物〉
本書の無断複写は著作権法上での例外を除き禁じられています．複写される場合は，そのつど事前に，(社)出版者著作権管理機構（電話 03-3513-6969，FAX 03-3513-6979，e-mail：info@jcopy.or.jp）の許諾を得てください．

『人物叢書』(新装版)刊行のことば

人物叢書は、個人が埋没された歴史書が盛行した時代に、「歴史を動かすものは人間である。個人の伝記が明らかにされないで、歴史の叙述は完全であり得ない」という信念のもとに、専門学者に執筆を依頼し、日本歴史学会が編集し、吉川弘文館が刊行した一大伝記集である。

幸いに読書界の支持を得て、百冊刊行の折には菊池寛賞を授けられる栄誉に浴した。

しかし発行以来すでに四半世紀を経過し、長期品切れ本が増加し、読書界の要望にそい得ない状態にもなったので、この際既刊本の体裁を一新して再編成し、定期的に配本できるような方策をとることにした。既刊本は一八四冊であるが、まだ未刊である重要人物の伝記についても鋭意刊行を進める方針であり、その体裁も新形式をとることとした。

こうして刊行当初の精神に思いを致し、人物叢書を蘇らせようとするのが、今回の企図である。大方のご支援を得ることができれば幸せである。

昭和六十年五月

日本歴史学会
代表者　坂本太郎

日本歴史学会編集

人物叢書〈新装版〉

日本武尊　聖徳太子　秦河勝　蘇我蝦夷・入鹿　額田王　持統天皇　藤原不比等　長屋王　県犬養橘三千代　山上憶良　行基　光明皇后　鑑真　藤原仲麻呂　道鏡　吉備真備　佐伯今毛人　和気清麻呂　桓武天皇

坂上田村麻呂　最澄　平城天皇　円仁　伴善男　円珍　菅原道真　聖宝　三善清行　藤原純友　紀貫之　小野道風　良源　藤原佐理　紫式部　一条天皇　大江匡衡　源信　源頼光

藤原道長　藤原行成　清少納言　和泉式部　源義家　大江匡房　奥州藤原氏四代　藤原頼長　藤原忠実　源頼政　平清盛　源義経　西行　後白河上皇　千葉常胤　源通親　文覚　畠山重忠　法然

栄西　北条義時　大江広元　北条政子　慈円　明恵　藤原定家　北条泰時　道元　北条重時　親鸞　北条時頼　日蓮　阿仏尼　北条時宗　一遍　叡尊・忍性　京極為兼　金沢貞顕

菊池氏三代　新田義貞　花園天皇　赤松円心・満祐　卜部兼好　覚如　足利直冬　佐々木導誉　細川頼之　足利義満　今川了俊　足利義持　世阿弥　上杉憲実　山名宗全　一条兼良　亀泉集証　蓮如　宗祇

万里集九　三条西実隆　大内義隆　ザヴィエル　三好長慶　今川義元　武田信玄　朝倉義景　浅井氏三代　織田信長　明智光秀　大友宗麟　千利休　足利義昭　前田利家　長宗我部元親　安国寺恵瓊　石田三成　真田昌幸

高山右近　島井宗室　淀君　片桐且元　藤原惺窩　支倉常長　伊達政宗　天草時貞　立花宗茂　宮本武蔵　小堀遠州　佐倉惣五郎　徳川家光　由比正雪　林羅山　松平信綱　国姓爺　野中兼山　隠元

▽没年順に配列　▽一、二〇〇円～二、四〇〇円（税別）
▽残部僅少の書目もございます。品切の節はご容赦ください。

徳川和子
酒井忠清
朱舜水
池田光政
山鹿素行
井原西鶴
松尾芭蕉
三井高利
河村瑞賢
徳川光圀
契沖
市川団十郎
伊藤仁斎
徳川綱吉
貝原益軒
前田綱紀
近松門左衛門
新井白石
鴻池善右衛門
石田梅岩
太宰春台
徳川吉宗
大岡忠相
賀茂真淵
平賀源内
与謝蕪村
三浦梅園
毛利重就
本居宣長
山村才助
木内石亭
小石元俊
山東京伝
杉田玄白
塙保己一
上杉鷹山
大田南畝
只野真葛
小林一茶
大黒屋光太夫
松平定信
菅江真澄
島津重豪
狩谷棭斎
最上徳内
渡辺崋山
柳亭種彦
香川景樹
平田篤胤
間宮林蔵
滝沢馬琴
調所広郷
橘守部
黒住宗忠
水野忠邦
帆足万里
江川坦庵
藤田東湖
二宮尊徳
広瀬淡窓
大原幽学
島津斉彬
月照
橋本左内
井伊直弼
吉田東洋
佐久間象山
真木和泉
高島秋帆
シーボルト
高杉晋作
川路聖謨
横井小楠
小松帯刀
山内容堂
江藤新平
和宮
西郷隆盛
ハリス
森有礼
松平春嶽
中村敬宇
河竹黙阿弥
寺島宗則
樋口一葉
ジョセフ＝ヒコ
勝海舟
臥雲辰致
黒田清隆
伊藤圭介
福沢諭吉
星亨
中江兆民
西村茂樹
正岡子規
清沢満之
滝廉太郎
副島種臣
田口卯吉
福地桜痴
陸羯南
児島惟謙
荒井郁之助
幸徳秋水
ヘボン
石川啄木
乃木希典
岡倉天心
桂太郎
徳川慶喜
加藤弘之
山路愛山
伊沢修二
秋山真之
前島密
成瀬仁蔵
前田正名
大隈重信
山県有朋
大井憲太郎
河野広中
富岡鉄斎
大正天皇
津田梅子
豊田佐吉
渋沢栄一
有馬四郎助
武藤山治
坪内逍遙
山室軍平
南方熊楠
山本五十六
中野正剛
近衛文麿
河上肇
牧野伸顕
御木本幸吉
尾崎行雄
緒方竹虎
石橋湛山
八木秀次
▽以下続刊